MICHAEL BOCK

Kriminologie als Wirklichkeitswissenschaft

Sozialwissenschaftliche Schriften

Heft 10

Kriminologie
als Wirklichkeitswissenschaft

Von

Michael Bock

DUNCKER & HUMBLOT / BERLIN

CIP-Kurztitelaufnahme der Deutschen Bibliothek

Bock, Michael:
Kriminologie als Wirklichkeitswissenschaft / von
Michael Bock. – Berlin: Duncker und Humblot, 1984.
  (Sozialwissenschaftliche Schriften; H. 10)
  ISBN 3-428-05535-7
NE: GT

Alle Rechte vorbehalten
© 1984 Duncker & Humblot, Berlin 41
Gedruckt 1984 bei Buchdruckerei Bruno Luck, Berlin 65
Printed in Germany
ISBN 3-428-05535-7

Vorwort

Über Erfahrungswissenschaft zu schreiben, ist zur eigenen Objektivierung sowie zur Darstellung für und Mitteilung an andere durchaus nützlich. Erfahrungswissenschaft zu betreiben heißt jedoch, für die Substanz zu sorgen, von der die Wissenschaft lebt. Deshalb gilt mein Dank und meine Hochachtung zuerst Prof. Dr. Dr. *Hans Göppinger*, dessen kriminologische Forschungen zum „Täter in seinen sozialen Bezügen" mich zu dieser Arbeit anregten und der sie mit dem immer auf die Sache gerichteten Blick des praktizierenden Erfahrungswissenschaftlers kritisch begleitete.

Eine zweite Voraussetzung zur Durchführung dieser Arbeit schuf Prof. Dr. *F. H. Tenbruck*. Ihm verdanke ich die Einsicht in die historische und aktuelle Bedeutung der Wissenschaftslehre *Max Webers*. Sowohl die Gelegenheit zur Auseinandersetzung mit einem Lehrstück unmittelbarer Erfahrungswissenschaft als auch die Vermittlung der Bedeutung der Geisteswissenschaften als Erfahrungswissenschaften vom Menschen sind heute ausgesprochen selten geworden. Insofern spiegelt sich in der vorliegenden Arbeit das glückliche Zusammentreffen zweier jeweils für sich schon ungewöhnlicher Einflüsse einer akademischen Ausbildung.

Was die strafrechtlichen Fragen im engeren Sinn betrifft, stehe ich in der Schuld von Prof. Dr. *Th. Lenckner*, der mir mit viel Geduld und Wohlwollen entgegenkam.

Schließlich gilt noch ein besonderer Dank meinem Kollegen *Jörg-Martin Jehle*, der die Arbeit von den ersten Entwürfen bis zum Abschluß durch unermüdliche engagierte und sachkundige Kritik gefördert hat. Durch seine interessierte Anteilnahme regte er mich zu ständiger Präzisierung an. Diese Art produktiver wissenschaftlicher Auseinandersetzung gehört zu den erfreulichen Umständen, die ich im Rückblick besonders hervorheben möchte.

Die Arbeit war 1982 abgeschlossen. Später erschienene Literatur wurde nur noch in Ausnahmefällen berücksichtigt.

Im November 1983

M. Bock

Inhaltsverzeichnis

I. Einleitung   11

II. Zur Problemlage in der Kriminologie
  1. Wissenschaft als Grundlage kriminalpolitischer Programme   16
  2. Beispiele für den Anspruch der ätiologischen Kriminologie   19
    2.1. Der „praktische" Anspruch des multifaktoriellen Ansatzes   19
    2.2. Das Ziel einer allgemeinen soziologischen Kriminalitätstheorie   21
    2.3. Das Ziel einer allgemeinen biochemischen Kriminalitätstheorie   23
    2.4. „Humanisierung" als Hintergrund   24
  3. Zum „interpretativen Paradigma" in der „neuen" Kriminalsoziologie   25
    3.1. Die Verkehrung eines richtigen Ansatzes in sein Gegenteil   25
    3.2. Zur Rekonstruktion dieses Rückfalls   27
  4. Die geisteswissenschaftliche Tradition bei juristischen Vertretern der deutschen Kriminologie   30
    4.1. „Verstehen" bei *Franz Exner*   30
    4.2. Anthropologisch begründete Kritik am herrschenden Wissenschaftsverständnis   31
  5. Zusammenfassung   32

III. Zum Wirklichkeitsverlust des „empirischen" Wissens
  1. Vorbemerkung   34
  2. Allgemeine Grundsätze der „empirischen" Wissenschaft   35
    2.1. Die Entwertung der Erfahrung   35
    2.2. „Ziel der Wissenschaft ist ein System allgemeiner Gesetze"   38
    2.3. „Es gibt kein Sonderproblem der Geisteswissenschaften"   39
    2.4. „Wissenschaft betrachtet ihren Gegenstand von außen"   41
  3. Kriminologische Beispiele   42
    3.1. Die Gemeinsamkeit „induktiver" und „deduktiver" Ansätze   42
    3.2. Wirklichkeitsverlust durch „verallgemeinernde" Theoriebildung   43

3.3. Reduktionistische Tendenzen in der empirischen Forschungspraxis 46
3.4. Ungelöste Probleme multifaktorieller Vergleichsstudien 49
    3.4.1. Wirklichkeitsfremde Zusammenfassungen von Einzelkorrelationen 49
    3.4.2. Die problematische „Geltung" lediglich illustrativer Einzelfallbeschreibungen 52
4. Zusammenfassung 54

IV. Max Webers Programm einer Wirklichkeitswissenschaft

1. Die wissenschaftsgeschichtliche Ausgangslage 56
2. Wirklichkeitswissenschaft als besondere Art der „denkenden Ordnung des Wirklichen" 57
    2.1. Irrationale Vorstellungen von „Persönlichkeit" und „Freiheit" 57
    2.2. „Kulturbedeutung" als Kriterium wirklichkeitswissenschaftlicher Begriffsbildung 59
3. Die Überwindung des „Subjektivismus" 61
    3.1. Versuche zur Ausgrenzung der Deutung aus der Wissenschaft 61
    3.2. Der Vorgang der Objektivierung 62
        3.2.1. Erlebnis und Begriff 62
        3.2.2. Die „theoretische Wertbeziehung" 63
        3.2.3. Die Differenz zwischen Evidenz und Geltung 65
    3.3. Die Bedeutung des Objektivierungsproblems für die Kriminologie 66
        3.3.1. Die Wertbezogenheit des Gegenstandes 66
        3.3.2. Evidenz und Geltung 67
        3.3.3. Ausgrenzungstendenzen als Folge mangelnder Objektivierung 67
4. Anthropologische und weltanschauliche Implikationen .. 69
    4.1. Unterschiedliche Ziele von Gesetzes- und Wirklichkeitswissenschaft 69
    4.2. Konsequenzen dieser Ziele für die jeweilige Erkenntnisart 72
5. Zusammenfassung 74

V. Methodologische Grundprobleme von „Wirklichkeitswissenschaft"

1. Einzelfall und nomologisches Wissen 76
    1.1. Die Notwendigkeit nomologischen Wissens als Erkenntnismittel 76
    1.2. Die Grenze des „methodologischen Individualismus" 78

Inhaltsverzeichnis

2. Die besondere Art der „Geltung" nomologischen Wissens bei „sinnhaftem" Handeln 79
   2.1. Zur Problemlage in den Naturwissenschaften 79
   2.2. Sonderbedingungen bei Wissenschaften von menschlichem Handeln 81
   2.3. Konsequenzen dieser Sonderbedingungen für die Kriminologie 83
3. Mißverständnisse über „Verstehen" und „idealtypische Begriffsbildung" 84
   3.1. Das „subjektivistische" Mißverständnis 84
   3.2. Das „rationalistische" Mißverständnis 86
4. „Objektive Möglichkeit" und „adäquate Verursachung" . 89
   4.1. Die Ermittlung der kausal wesentlichen Komponenten des Geschehens 89
   4.2. Zufällige und adäquate Verursachung als Grenzbegriffe der Zurechnung 91
5. Zur Abgrenzung von der (straf)rechtlichen Lehre von der adäquaten Verursachung 93
   5.1. Die Lehre von der adäquaten Verursachung zur Zeit *Max Webers* 93
   5.2. Grundsätzliche Probleme dieser Lehre im (Straf-)Recht 95
   5.3. Konsequenzen für die Kriminologie 96
6. Zusammenfassung 97

VI. Die Erfassung des „Täters in seinen sozialen Bezügen" als Beispiel wirklichkeitswissenschaftlicher Kriminologie

1. Zum wissenschaftsgeschichtlichen und -theoretischen Hintergrund 99
   1.1. Abgrenzung von der „empirischen" Wissenschaft ... 99
   1.2. Kriminologie als Wissenschaft von menschlichem Handeln 100
   1.3. Zur historischen Kontinuität 103
2. Entstehung und Bedeutung des nomologischen Erfahrungswissens 105
   2.1. Das Grunddilemma der herrschenden Methodologie 105
   2.2. Die Besonderheit der Tübinger Jungtäter-Vergleichsuntersuchung 106
   2.3. Die Konkordanz von „Sinnadäquanz und Erfahrungsprobe" 110
   2.4. Konsequenzen für eine selbständige, integrierende Kriminologie 113
3. Die kriminologische Kausalanalyse 114
   3.1. Das Verhältnis von Einzelfall und nomologischem Wissen 114

3.2. Die logische Struktur des Verfahrens 115
4. Schwierigkeiten dieser Kausalanalyse 117
 4.1. Die Unmöglichkeit einfacher Subsumtionsschlüsse . 117
 4.2. Die Gefahr zirkulärer Begründungen 119
 4.3. Die Unentbehrlichkeit von Erfahrung, Intuition und Verantwortung 119
5. Zusammenfassung 121

VII. Die praktische Bedeutung einer kriminologischen Wirklichkeitswissenschaft

1. Werturteilsfreiheit als Bescheidung der Wissenschaft 123
2. Theorie und Praxis in den herrschenden Schulen der Kriminologie 124
 2.1. Die latenten normativen Ansprüche „wertfreier" Wissenschaft 124
 2.2. Ein kriminologisches Beispiel: Resozialisierung als Vollzugsziel 126
 2.3. Ähnliche Argumente bei der „neuen" Kriminalsoziologie 128
3. Die (Kultur-)Bedeutung einer kriminologischen Wirklichkeitswissenschaft 129
4. Zusammenfassung 131

VIII. Schluß 132

Literaturverzeichnis 137

I. Einleitung

Wissenschaftstheoretische und methodologische Erörterungen sind selten für die sachlichen Fortschritte einer Wissenschaft verantwortlich gewesen, und auch für den Wert von Forschungen ist das richtige methodische „Bewußtsein" des Forschers keineswegs eine notwendige Voraussetzung. Es kann unter Umständen geradezu hinderlich sein, so „wie derjenige, welcher seine Gangart fortlaufend an anatomischen Kenntnissen kontrollieren wollte, in Gefahr käme zu stolpern" (*Weber,* Wissenschaftslehre, im folgenden abgekürzt als WL, 217).

Trotz der nötigen Relativierung der Methodologie im Vergleich zu der tatsächlichen Forschung, die sich in diesem Bild ausdrückt, verstehen sich die folgenden Ausführungen als „methodologisch". Freilich nicht im Sinne eines Organons, in dem sozusagen eine Dogmatik über das Vorgehen der Kriminologie entfaltet würde und auch nicht als Diskussion einzelner Probleme der Forschungstechnik. Beides würde eine Lage voraussetzen, die nicht besteht: Einen breiten Grundkonsens über die Ziele und Mittel einer wissenschaftlichen Kriminologie, so daß nur noch eine gelungene Form der Darstellung oder die Klärung von Einzelpunkten anstehen würde. Dieser Grundkonsens besteht in der gegenwärtigen Kriminologie nicht. Die verschiedenen Schulen und Richtungen sprechen sich die wissenschaftliche Existenzberechtigung ab. Es fehlt nicht an radikalen, von epochalem Bewußtsein begleiteten Strömungen, die sich wie die „neue" gegen die „alte" Kriminologie, die „normzentrierte" gegen die „täterorientierte" erst durch eine totale Frontstellung formten. In dieser Lage hat eine Besinnung auf die Ziele und Mittel einer wissenschaftlichen Kriminologie eine andere Berechtigung und mit dieser Maßgabe ist hier von „Methodologie" die Rede.

Über Methodologie in diesem Sinn kann man nicht ohne Bezug zu den sachlichen Zentralproblemen eines Faches sprechen. Sie kann nur betrieben werden als eine „Selbstbesinnung auf die Mittel ..., welche sich in der Praxis (der wissenschaftlichen Forschung, M.B.) bewährt haben" (WL 217). Im Hinblick auf diese Bewährung sieht es jedoch in der Kriminologie nicht besser aus. Das Scheitern aller namhaften Schulen an der wissenschaftlichen Bewältigung des Verbrechens ist das Pendant zu ihrer inneren Zerstrittenheit. Ihr Unvermögen, sich gegenüber den Spezialdisziplinen ihrer Bezugswissenschaften, vor allem der Kriminalsoziologie, als selbständige Disziplin zu konstituieren, komplettiert das Bild.

Von wo soll also eine Besinnung auf die Grundfragen des Faches ausgehen, wenn dessen eigene Lösungen jenem Bewährungskriterium nicht standhalten? Der Blick auf die Bezugswissenschaften liegt hier nahe. Von dort hat sich die Kriminologie von jeher die Methodologie entlehnt, sofern sie nicht ohnehin von Vertretern dieser Wissenschaften betrieben wurde, die sich ohne weiteres auf „ihre" Methodologie verließen. Daß diese Methodologie, ich nenne sie hier zunächst ganz unprätentiös moderne Wissenschaftstheorie, im ganzen wohlbegründet und erfolgversprechend sei, wurde von der Mehrzahl der Kriminologen, die sich ihrer bedienen, als selbstverständlich angenommen, als „taken for granted". Mit angemessener Verspätung wurden auch die verschiedenen Gegenmodelle aus den Bezugswissenschaften importiert. Auch das „interpretative Paradigma", auf das sich die „neue" und „normzentrierte" Kriminologie beruft, stammt aus dem sogenannten symbolischen Interaktionismus und den phänomenologischen Schulen der Sozialwissenschaften. So ist die Lage der Kriminologie nur ein Spiegel der Lage in den Human- und Sozialwissenschaften insgesamt, die z.B. schon Anlaß einer breiten Diskussion zum Thema „Krise der Soziologie" geworden ist (vgl. etwa die Arbeiten von *Gouldner* 70, *Goudsblom* 79, *Boudon* 79, *Eisermann* 76).

Statt nun gewissermaßen auch noch die Argumentationsmuster aus der „Krise der Soziologie" in die Kriminologie zu importieren, soll die Besinnung auf „bewährte Mittel" in einem Rückgriff auf eine weitgehend vergessene oder falsch rezipierte wissenschaftliche Tradition erfolgen. In der Wissenschaftslehre *Max Webers* (73 zuerst 1922) liegt die Auffassung dieser Tradition in der am weitesten durchdachten Form vor. Der Rückgriff auf *Max Weber,* der mit seinem programmatischen Satz, „die Sozialwissenschaft, die *wir* treiben wollen, ist eine *Wirklichkeitswissenschaft*" (WL 170), auch das Thema dieser Abhandlung bestimmt hat, bietet sich aus zwei Gründen besonders an. Zum einen ist die damalige Problemlage des sogenannten Methodenstreits der Nationalökonomie und der grundsätzlichen erkenntnistheoretischen Debatten der letzten Jahrhundertwende von unserer heutigen Situation gar nicht so verschieden. Dies gilt sowohl für die wissenschaftlichen Positionen im engeren Sinn als auch für die Lage einer völligen Zerstrittenheit in den betreffenden Fächern, in der *Weber* vor allem die Berechtigung für seine methodologischen Arbeiten sah. Zum anderen hat *Max Weber* stets gesehen, daß methodische Fragen nie reine Methodenfragen sind, sondern daß sie unlösbar verbunden sind a) mit weltanschaulichen Grundpositionen, die in Form unausgesprochener Vorannahmen aller Methode (zunächst) zugrunde liegen, und b) mit Folgen für die praktische gesellschaftliche Bedeutung und Stellung einer Wissenschaft, die sich aus aller Methode (letztlich) ergeben.

Allerdings hat sich diese Problematik seit *Webers* Zeit noch wesentlich verschärft. Er war sich zwar darüber im klaren, daß von der Gestalt, die die sich neu formierenden Kulturwissenschaften annehmen sollten, die Kultur selbst und damit die Welt- und Selbstverständnisse beeinflußt werden. Das Ausmaß, in dem diese Wissenschaften inzwischen tatsächlich die öffentlich-repräsentativen Wissensbestände und selbst die privaten Hoffnungen, Enttäuschungen und Rationalisierungen durchsetzen, konnte er allenfalls ahnen. Mit der gesellschaftlichen Bedeutung dieser Fächer zusammen wächst jedoch auch die Bedeutung der Frage, welche Ziele und Mittel denn eigentlich die Gestalt dieser Wissenschaften bestimmen.

Auf diese Frage ist die Hauptthese der vorliegenden Untersuchung bezogen. Sie besagt folgendes: Fast ausnahmslos sehen die repräsentativen Vertreter oder Schulen der Kriminologie das Ziel ihrer Wissenschaft in der Erkenntnis *allgemeiner* Zusammenhänge *des Verbrechens* als Gesamtphänomen mit *bestimmten* Ursachen. Dieses Ziel ist meist verbunden mit der Hoffnung, aufgrund der Erkenntnis dieser allgemeinen Ursachenzusammenhänge in diese selbst gestaltend eingreifen zu können — in der Regel im Sinn einer weitestgehenden Ausschaltung „des Verbrechens" und seiner Folgen — indem man die Ursachen beseitigt oder ändert. Diese Grundorientierung ist dafür verantwortlich zu machen, daß der wissenschaftliche Ertrag der Kriminologie gemessen am Aufwand in *sachlicher* Hinsicht unbefriedigend ist, daß sie in *methodischer* Hinsicht völlig zerstritten ist und auch kein gemeinsames Selbstverständnis als *selbständige* Wissenschaft hat.

Sieht man einmal vom konkreten Inhalt der jeweils prätendierten Ursachen und der Maßnahmen zu ihrer Bekämpfung ab, so wird in dieser Grundorientierung eine gemeinsame Auffassung über die Ziele einer wissenschaftlichen Kriminologie sichtbar, in der sich auch Schulen einig sind, die sich in den gegenwärtigen wissenschaftlichen und kriminal- bzw. gesellschaftspolitischen Auseinandersetzungen ansonsten unversöhnlich gegenüberstehen. Dies sollen die folgenden Kapitel (II und III) zeigen, freilich in einer eher kursorischen und exemplarischen Darstellung. Schon deshalb legt es sich nahe, die hier beabsichtigte Besinnung nicht vom einen oder anderen der Standpunkte aus zu führen, die selbst Ausdruck dieser Grundorientierung sind. Sonst bestünde die Gefahr, nur die bestehenden, für die These der Arbeit jedoch vordergründigen Alternativen einmal mehr zu reproduzieren.

Die Auffassung, für die der Begriff „Wirklichkeitswissenschaft" steht, ist dagegen im Kanon der heutigen Human- und Sozialwissenschaften gar nicht repräsentiert. Daß es Forschungen gibt, und zwar gerade solche, die im Zweifelsfall an der Sache orientiert sind und nicht an den geltenden methodologischen Standards, die *faktisch* von dieser Auffassung getragen sind, wird damit nicht bestritten. Im Gegenteil ist es für die Frage der „Bewährung" dieser anderen Auffassung von grundlegender Bedeutung, daß solche Forschungen vorliegen. In der wissenschaftstheoretischen und methodologischen Diskussion jedoch ist von „Wirklichkeitswissenschaft" nicht die Rede.

Der Unterschied von „Wirklichkeitswissenschaft" zu der herrschenden Grundorientierung in den Human- und Sozialwissenschaften allgemein und der Kriminologie besonders wirkt sich auf den verschiedensten Ebenen aus. Es handelt sich um einen von ganz anderen Voraussetzungen getragenen Zugang zur Wirklichkeit. So sind die methodologischen (jetzt im engeren, technischen Sinn) Differenzen nur zu verstehen, wenn man die weltanschaulichen und anthropologischen Implikationen beider Auffassungen mitberücksichtigt, die sich letztlich auch in ganz unterschiedlichen Auffassungen über den Sinn der Wissenschaft in der modernen Kultur auswirken.

„Wirklichkeitswissenschaft" ist kein kriminologisches Wissenschaftsmodell. *Max Weber* sprach von der Geschichtswissenschaft, der Nationalökonomie und der Soziologie als von Wissenschaften, die diesen Zugang zur Wirklichkeit wählen sollten. Es handelt sich um ein Modell für Wissenschaften, die menschliches Handeln zu ihrem Gegenstand haben. Und ebenso wenig wie *Max Webers* Arbeiten damals für eine kleine Fachdisziplin geschrieben waren, erschöpft sich ihre heutige Aktualität in ihrer Bedeutung für die Kriminologie. Wohl hat die Kriminologie aus der Besonderheit ihres Gegenstandes resultierende Sonderprobleme, die hier behandelt werden, doch ist über weite Strecken die Erörterung als beispielhaft für andere human- und sozialwissenschaftliche Disziplinen zu lesen.

Die hier im folgenden zugrundegelegte Bedeutung des Begriffs „Wirklichkeitswissenschaft" ist strikt auf die Position *Max Webers* beschränkt, die vor allem in IV und V entfaltet wird. Einen teilweise abweichenden Gehalt erhält er schon in *H. Freyers* „Soziologie als Wirklichkeitswissenschaft" (1931) und vollends etwa bei *C. Dernedde* in „Staatslehre als Wirklichkeitswissenschaft" (1934). Bei letzterem etwa findet sich eine der für jene Zeit charakteristischen normativen Aufwertungen von Seinsgegebenheiten zu Sollensforderungen, die der Wissenschaftsauffassung *Max Webers* diametral entgegenstehen (vgl. hierzu etwa *Bock* 84). Insgesamt würde eine nähere Abgrenzung des Gebrauchs dieses Begriffs, etwa auch in der neukantianischen Philosophie, tief in die Ideengeschichte und Wirkungsgeschichte der Wissenschaftslehre *Max Webers* hinein und damit vom eigentlichen Thema abführen. Nicht gemeint ist allerdings auch ein Gebrauch des Begriffs, wie er etwa bei *Popper* vorliegt, der ihn nahezu bedeutungsgleich mit „empirische Wissenschaft" verwendet und dabei Kriterien von „empirisch" zum Durchbruch verholfen hat, die für eine Wirklichkeitswissenschaft ebenfalls inakzeptabel sind (s. unten III). In seinem berühmten Prinzip der Falsifikation sieht *Popper* ein Kriterium, das „die ‚Wirklichkeitswissenschaften', die empirisch-wissenschaftlichen Systeme gegen die metaphysischen ... Systeme mit hinreichender Schärfe abzugrenzen" (33, 427) gestattet. Für *Max Weber* geht es mit dem Begriff jedoch um eine Abgrenzung innerhalb der *Popper*'schen „empirisch-wissenschaftlichen Systeme".

Ganz unspezifisch schließlich spricht auch *Kaiser* beiläufig von der Kriminologie gleichsam als der „Wirklichkeitswissenschaft des Strafrechts" (80, 6). Auch hier ist mit der normativen Strafrechtswissenschaft als Komplementärbegriff eher an „empirisch" ganz allgemein gedacht (vgl. etwa auch 80, 53 ff.) und auch *Kaiser* vertritt Kriterien von „empirisch", denen eine Wirklichkeitswissenschaft, die sich gerade von der empirisch-nomothetischen- oder Gesetzeswissenschaft abhebt, kritisch gegenüberstehen muß. Die hier gemeinte Bedeutung hat also auch *Kaiser* keineswegs im Auge.

II. Zur Problemlage in der Kriminologie

Nach der These der Arbeit haben die wichtigsten kriminologischen Schulen ungeachtet ihrer sonstigen Unterschiede eine gemeinsame Grundorientierung. Sie besteht in der Suche nach allgemeinen Zusammenhängen des Verbrechens mit bestimmten Ursachen. Sie ist stets mit der Vorstellung verbunden, in diese Zusammenhänge aufgrund der Kenntnis ihrer Gesetzmäßigkeiten gestaltend eingreifen zu können. Einer der besten Indikatoren für die Vorherrschaft dieser Grundorientierung ist die, gewollte oder nicht gewollte, Unmöglichkeit, Kriminologie als selbständige wissenschaftliche Disziplin auszuweisen. Denn jeder tatsächliche oder vermeintliche Erfolg bei dem Versuch, das Verbrechen mit bestimmten Ursachen in gesetzmäßigen Zusammenhang zu bringen, macht Kriminologie zu einer Spezialdisziplin derjenigen Wissenschaft, zu deren Gegenstandsbereich die jeweilige Ursache gerechnet wird.

1. Wissenschaft als Grundlage kriminalpolitischer Programme

Historisch gesehen konnte sich ein Selbständigkeitsanspruch der Kriminologie zunächst vor allem nicht gegenüber den extremen Vertretern der Kriminalbiologie auf der einen, der Kriminalsoziologie auf der anderen Seite durchsetzen. Die Angriffe von diesen Seiten waren in sich durchaus konsequent. Nach den deterministischen Vorstellungen, die in diesen Fächern vor allem im 19. Jahrhundert herrschten, mußte als Gegenstand der „Täter" als das beim Verbrechen (aktiv) handelnde Subjekt (nicht dagegen: einzelne seiner Merkmale) ausfallen: Wenn das Verbrechen biologisch determiniert ist, kann der Täter nur als (reaktives) Glied einer *an ihm* ablaufenden Kette von Ursachen und Folgen erscheinen. Wenn es allein die Folge sozialer Umstände oder Zuschreibungen ist, kann er ebenfalls nur als austauschbares Exemplar in einer objektiven Gesetzmäßigkeit Platz finden. Kriminologie entfällt damit als selbständige Wissenschaft, sie geht in der Biologie bzw. Soziologie auf. Vor allem im 19. Jahrhundert ist der unmittelbare Bezug dieser Theorien zu kriminalpolitischen oder sozialpolitischen Forderungen unübersehbar. Durch eine Bekämpfung seiner *natürlichen* Ursachen sollte das Verbrechen abgeschafft oder zunächst wenigstens reduziert werden, nicht mehr durch rechtliche Sanktionen.

In der marxistischen Kriminalsoziologie etwa wird mit geringen Abweichungen bis zu *Lekschas* (71) von der Auflösung der Klassengesellschaft und dem Absterben des Staates ohne weiteres das Verschwinden des Verbrechens erwartet, da dieses nur Ausdruck der Widersprüche der Klassengesellschaft sei und demnach mit dieser zusammen hinfallen müsse. Die unabweisbar gegenteiligen Tatsachen in den bestehenden sozialistischen Gesellschaften werden durch Zusatzannahmen als Restphänomene eingestuft.

Ganz ähnlich stellt sich der Zusammenhang nach den Lehren der sogenannten positivistischen Schule dar, für die zunächst Namen wie *Lombroso*, *Ferri* und *Garofalo* stehen. Ganz wie der *Comte*'sche Positivismus von vornherein ein Programm der praktischen Reorganisation der Gesellschaft auf wissenschaftlicher Grundlage war (vgl. hierzu etwa *Bock* 80, Kap. II), wie es in dem bekannten Diktum „savoir pour prevoir pour pouvoir" zum Ausdruck kommt, ist für die positivistische Kriminalistenschule die Wissenschaft Grundlage einer Ersetzung der traditionellen Strafjustiz durch ein kriminal- und sozial*politisches* Programm, analog zur medizinischen Hygiene. Statt anderer sei hierzu *E. Ferri* zitiert:

„Wir haben die unerschütterliche Zuversicht, daß durch die Kraft der wissenschaftlichen Wahrheit die menschliche Strafjustiz zur einfachen Ausübung des Schutzes der Gesellschaft vor dem Morbus des Delikts werden wird. ... Nur die wissenschaftliche Methode, welche im physischen und psychischen Organismus des Delinquenten, in seiner Familie und in seinem Milieu nach den Ursachen der gefährlichen Krankheit, Verbrechen genannt, forscht, nur durch sie kann die Strafjustiz, von der Wissenschaft geleitet, zu einer klinischen Funktion werden, deren erste Betätigung es sein muß, in der Gesellschaft und bei den Individuen die Ursachen zu beseitigen oder abzuschwächen, die zum Verbrechen treiben" (03, 23).

Mit dem „Schutz der Gesellschaft" (défense sociale) ist auch das Stichwort all jener kriminalpolitischen Lehren und Programme gegeben, die das Verbrechen (auch) durch außerrechtliche Maßnahmen bekämpfen wollen. An der breiten Darstellung der Geschichte der Bewegung der „Sozialverteidigung" durch *Marc Ancel* (70) kann man sich von der ungeheuren Verbreitung dieser Lehren überzeugen. Insbesondere die sogenannte „Neue Sozialverteidigung", die *Ancel* vertritt, integriert durch ihre weite Begriffsbestimmung[1] nahezu die gesamte wissenschaftliche Kriminologie. Sie sei durch die Formulierung: „la prévention du crime et le traitement des delinquants" (*Ancel* 70, 19), die bei der Gründung der Sektion für Sozialverteidigung der Vereinigten Nationen 1948 angenommen wurde, bestens charakterisiert.

Hier zeigt sich gerade für die vorliegende Thematik eine große Übereinstimmung bei sonst erheblichen Gegensätzen, etwa zwischen Kriminalsoziologie und -biologie, zwischen einer Favorisierung general- oder spezialpräventiver Maßnahmen (vgl. hierzu *Schöch* 80a) sowie zwischen radikalen Forderungen nach vollständiger *Ersetzung* des Legalsystems durch sonstige „Maßnahmen"

---

[1] Die Grenzen sind eigentlich nur noch (gegenüber den Positivisten) der „materialistische Determinismus" (70, 27/28) und die Position des klassischen Strafrechts, nach welcher die Strafe den Schutz der Gesellschaft *allein* „durch Vergeltung oder durch allgemeine Abschreckung sichern sollte" (70, 29).

oder den vermittelnden Ansätzen, die seit *v. Liszts* Konzeption der gesamten Strafrechtswissenschaft vorgebracht wurden. Denn ob die gewünschten Maßnahmen zu einer Reaktion auf die Verletzung einer strafrechtlichen *Norm* hinzukommen oder diese ganz ersetzen sollten, überwiegend sah man ihre Grundlage in einem gesetzmäßigen *empirischen* Zusammenhang zu bestimmten Ursachen in der physischen oder psychischen Konstitution des Täters oder in den Umständen seines sozialen Milieus. Bezüglich der konkreten Forderungen und ihrer wissenschaftlichen Begründungen ergibt sich also ein breites Spektrum von Möglichkeiten. Entsprechend ist die allgemeine Grundorientierung keineswegs auf einige radikale Außenseiter der Kriminologie beschränkt, sondern für den Hauptstrom durchaus repräsentativ. Sie ist auch keineswegs begriffsnotwendig an die Programmatik einer Bewegung wie der Sozialverteidigung gebunden, die etwa in der Bundesrepublik Deutschland nach dem zweiten Weltkrieg von geringerer Bedeutung war als im romanischen Sprachraum oder in Skandinavien. Sie kann auch einer losen interdisziplinären Arbeitsteilung zugrundeliegen, die, in allen Belangen „gemäßigt", von den Annahmen einer multifaktoriellen Verursachung des Verbrechens, entsprechender Vielfalt in den anzuwendenden Einwirkungsmöglichkeiten und einer den Vereinigungstheorien zuneigenden Strafzwecktheorie ausgeht.

Auch hier bestehen übrigens erhebliche Schwierigkeiten, den Gegenstand einer selbständigen wissenschaftlichen Kriminologie zu fassen. Darin kann man eine zusätzliche Bestätigung für die Gemeinsamkeiten in den diesbezüglichen Auffassungen sehen. Denn das Bekenntnis zur interdisziplinären Arbeitsteilung kann gerade auch bedeuten, daß der Gegenstand „Verbrechen" *restlos* auf die Spezialabteilungen der beteiligten Fächer aufgeteilt wird. So böte sich etwa ganz zwanglos die Aufteilung an, daß — von der normativen Behandlung der „Tat" durch die Strafrechtswissenschaft einmal abgesehen — der „Täter" (und evtl. das Opfer) bezüglich seiner somatischen Eigenschaften von der allgemeinen Medizin, seiner psychischen Eigenschaften von Psychiatrie und Psychologie und seines Sozialverhaltens von der (Mikro-)Soziologie zu behandeln wäre, die gesamtgesellschaftlichen Aspekte dagegen der (Makro-)Soziologie zufielen. Einer *besonderen* Wissenschaft Kriminologie bliebe dabei allenfalls die Zusammenstellung der Ergebnisse der Einzelwissenschaften, etwa im Sinne einer „clearing-Zentrale", wie sie *Frey* (51) und *Kaiser* (80, 15) vorschwebt.

Entsprechend dürftig sind die Begründungen für eine gleichwohl beanspruchte Selbständigkeit der Kriminologie. Gegen das vielzitierte Wort vom Kriminologen als eines „Königs ohne Land" werden eher rein assertorische Behauptungen als Argumente vorgebracht (vgl. etwa *Mergen* 78, 1; *Schneider* 73, 23 unter Hinweis auf den Einsatz der vollen Arbeitskraft für kriminologische Forschung; *Eisenberg* 79, 8 f. mit Hinweisen auf die faktische Organisation des Wissenschaftsbetriebes; ähnlich *Mannheim* 74, 20 f.; skeptischer in bezug auf die Lage und die zukünftigen Möglichkeiten *Kaiser* 80, 11 ff.). Nirgends erscheint das

Problem als das einer spezifisch kriminologischen wissenschaftlichen Erkenntis, sondern nur als äußeres Organisationsproblem.

2. Beispiele für den Anspruch der ätiologischen Kriminologie

Einige Beispiele sollen nun zeigen, wie man sich denn eigentlich solche generellen Zusammenhänge zwischen „Ursachen" und „Verbrechen" vorstellt und wie daraus die „praktischen" Folgerungen zu ziehen seien.

2.1. Der „praktische" Anspruch des multifaktoriellen Ansatzes

Bei dem in den USA und Skandinavien verbreiteten multifaktoriellen oder Mehrfaktorenansatz etwa werden bekanntlich in aufwendigen Vergleichsuntersuchungen zwischen Delinquenten und Nichtdelinquenten „Merkmale" identifiziert, die mit Delinquenz korrelieren. Die trennkräftigsten dieser Merkmale werden oft zu einer Prognosetafel zusammengefaßt. Der Gehalt einer solchen Tafel läßt sich vereinfacht ungefähr so als allgemeine Wahrscheinlichkeitsaussage formulieren: Je mehr der Merkmale a, b, c, bis n ein Proband aufweist, desto größer ist die Wahrscheinlichkeit, daß er eine (weitere) Straftat begehen wird. Bei der praktischen Anwendung auf den Einzelfall wird ein individueller Punktwert auf der Tafel ermittelt und durch einen Subsumtionsschluß in eine Wahrscheinlichkeitsaussage über die „Gefährdung" des Probanden umgewandelt.

Ganz deutlich ist hier, trotz der intendierten Widerlegung der einseitigen namentlich soziologischen Kriminalitätstheorien, die Hoffnung auf generelle Zusammenhänge zu sehen, kraft derer man Kriminalität „in den Griff" bekommen will. Allerdings zeichnen sich hier bereits einige charakteristische Einschränkungen ab, die aus der gesamten Wissenschaftslage zu erklären sind (s. dazu u. III, 2; IV, 1). Zum einen wird die endgültige, einheitliche Erklärung des Verbrechens ans Ende eines kumulativen sozialwissenschaftlichen Erkenntnisprozesses vertagt. *Sheldon Glueck* etwa faßt die mit seiner Frau durchgeführten Studien wie folgt zusammen:

„While our investigations cannot be said to comprise a completely coherent system, we think it fair to say that they at least approximate the scientific tradition in spirit and method – something extremely difficult to accomplish in the Social Sciences. The scientific spirit suggests that investigations should grow systematically, building on preceding work and thereby painstakingly contributing more and more to the construction of a unified factual an explanatory system which, hopefully, can be applied in coping with the problems of humanity" (*Glueck/Glueck* 74 VI; zu den auch hier sichtbaren „humanistischen" Motiven s. näher u. 4.).

Zum anderen wird, in vollem Bewußtsein der Problematik des Kausalitätsbegriffes des 19. Jahrhunderts und in voller Anerkennung des äußerst bescheidenen Wissens über *konkrete* Kausalzusammenhänge, aus „pragmatischen" Erwägungen heraus die (statistische) Häufung bestimmter Merkmale bei Delinquenten quasikausal interpretiert, und zwar mit der Begründung, wegen ihrer prognostischen Fähigkeiten reichten solche Merkmalsbündel bereits aus, das Problem *praktisch* besser „in den Griff" zu bekommen, unbeschadet der aufs Unbestimmte vertagten Einsicht in die wirklichen Zusammenhänge:

„There has been altogether too much seemingly profound but essentially superficial writing on the theme (borrowed from the pure sciences) that one must never use the term „cause", but only such evasive expressions as „associated factor", or „decision theory", etc. But the issue is a pragmatic, not a semantic, one. Where a considerabel number of factors that „make sense" from the point of view of common and clinical experience are found to characterize delinquents far more than nondelinquents (the difference not being attributable to chance) it is highly probable that what is involved is an etiologic connection between them ... The soundness of such a conception of „causation" from a practical point of view is provable by (a) the fact that the concatenation of different traits and factors yields high predictive power ... and (b) the fact that when such patterns of assumedly criminogenic traits and factors are absent from or are eliminated from a situation, delinquency usually does not exist or is greatly diminished. The possibility that some day variations in the behavior of people may be explainable largely in the more ultimate terms of differences in, say, endocrine gland function, or of microscopic physico-chemical reactions does not, in the meantime, prevent effective action on the basis of existing cruder assessments of reality ... Medicine made therapeutic strides in several fields long before the specific etiologic agents in certain diseases were discovered (in the treatment of malaria, for example)" (*Glueck/Glueck* 74, 293/94)[2].

---

[2] Ähnliche Stellungnahmen zum Zusammenhang von Ursachenforschung und entsprechenden Maßnahmen sind: „comparative studies ... offer the only possible basis for the shaping of wiser policies for the prevention and treatment of delinquency and crime" (*Healy/Bronner* 26, V). Von besonderem Interesse, weil die Beharrlichkeit trotz schwerer Enttäuschungen ausdrückend, ist die Einleitung der Nachuntersuchung der Cambridge Somerville Youth Study durch *McCord/McCord:* „Our research based on this experiment leads, unfortunately, to some very discouraging conclusions. They are discouraging in that our investigation of the origins of criminality reveals that the roots of crime lie deep in early familial experiences – so deep that only the most intensive measures, applied very early in life, can offer hope of eradicating them. The research is the discouraging, too, for we are forced to admit that the treatment administered by the Cambridge-Somerville program, probably the most extensive and costly experiment in the prevention of delinquency, largely failed to accomplish its goals. It failed primarily because it did not affect the basic psychological and familial causes of crime ... The most important section of this book is, we feel, that part which concerns causation. For as we increase our knowledge of causation, our ability to conquer social problems may also increase. As one consequence of this investigation, we have begun to understand the specific determinants of those crimes which the community regards as the most dangerous" (59, VII).

Statistische Gesetze ermöglichen es, zur Tat zu schreiten, bevor noch die tatsächlichen Kausalverhältnisse wirklich von der Wissenschaft entdeckt sind[3]. Gerade vor dem Hintergrund der pragmatischen Philosophie mußte diese Vorstellung eine große Anziehungskraft entfalten. Die Wissenschaft konnte bezüglich der „problems of humanity" praktisch verwertbare Erkenntnisse vorweisen und schien überdies auf dem richtigen Weg, den sie nach der Tradition des englischen Empirismus ohnehin haben sollte.

2.2. Das Ziel einer allgemeinen soziologischen Kriminalitätstheorie

An diesen Stellungnahmen werden wichtige Modifikationen sichtbar. Die Auffassung, die Erkenntnis gesetzmäßiger Zusammenhänge ermögliche eine diesen entsprechende Praxis, mußte den jeweiligen wissenschaftlichen Standards angepaßt werden. Dies gilt nicht nur für die großen Vergleichs- und Langzeituntersuchungen der *Gluecks* und anderer, sondern auch für Studien kleineren Zuschnitts in den Bezugswissenschaften der Kriminologie, die insoweit von einer interdisziplinären Arbeitsteilung innerhalb der kriminologischen scientific community ausgehen.

Ungebrochen zeigt sich hier bis heute der Glaube, jedes empirische Forschungsvorhaben sei ein Beitrag zur Gewinnung jener allgemeinen Gesetze bzw. der allgemeinen Theorie, durch die eine entsprechende Praxis die Probleme des Gegenstandsfeldes mindestens besser lösen könne. Der profilierteste Vertreter dieser Richtung in Deutschland ist wohl *Karl-Dieter* OPP.

---

[3] Ein überaus einflußreiches Dokument hierfür ist *J. St. Mills* Kapitel „On the Logic of the Moral Sciences" in seinem Hauptwerk „A System of Logic". Er trifft dort eine Unterscheidung zwischen „empirical laws" und „real laws", wobei die ersteren einfach Generalisationen der unmittelbar vorfindlichen Phänomene sind, ohne daß bekannt wäre, aufgrund welcher Ursachen sich die Erscheinungen den beobachteten Regelmäßigkeiten fügen. Dies müßten erst die „real laws", die gewissermaßen erst erklären, warum die „empirical laws" gelten (*Mill* 1860[3], II, 432 ff. zuerst 1843) ans Licht bringen. Bei den *Gluecks* wären dies etwa jene „more ultimate terms of differences", die sich auf z.B. „endocrine gland function" oder microscopic physiochemical reactions" beziehen. Obwohl für *Mill* die Erkenntnis von „real laws" Desiderat einer echten Sozialwissenschaft ist, gesteht er die praktische Fruchtbarkeit der „empirical laws" ganz im Sinne der Äußerungen *Gluecks* zu:
„... a degree of knowledge far short of the power of actual prediction (die nur aufgrund von „real laws" möglich wäre, M.B.) is often of much practical value. There may be great power of influencing phenomena with a very imperfect knowledge of the causes by which they are in any given instance determined. It is enough that we know that certain means have a *tendency* to produce a given effect, and that others have a tendency to frustrate it" (1860[3], II, 442).
Eine entsprechende Differenzierung liegt bei *Kurt Lewin* vor, der unbeschadet seiner sonstigen Kritik von statistischen Durchschnittsberechnungen (s. dazu u. III, 2.3. sowie IV. 4.2.) durchaus zugesteht, daß beispielsweise Durchschnittswerte von „den einjährigen Kindern Wiens oder New Yorks im Jahre 1928 ... für den praktischen Schulmann zweifellos von größter Bedeutung sind" (31, 443).

Sein erklärtes Ziel ist „die Konstruktion allgemeiner Verhaltenstheorien" (70, 16), genauer gesagt: „allgemeine(r), empirisch bestätigte(r) Theorie(n) (70, 1 Anm. 1). Dieses Ziel bietet verschiedene Vorteile, führt es doch zu „neuem Wissen" (70, 1), „zu einer Modifikation bestehenden Wissens" (70, 3), „zu einer neuen Bestätigung vorhandenen Wissens" (70, 6), ist „ökonomischer" (70, 8) und hat schließlich „eine Integration und Kumulation unseres Wissens zur Folge" (70, 10). Aufgrund dieser forschungsstrategischen Vorzüge ist dieses Ziel anderen möglichen Zielen der Sozialwissenschaften vorzuziehen, etwa zunächst spezielle Verhaltenstheorien zu bilden (*Merton*) oder kategoriale Analysen voranzutreiben (*Parsons*) (70, 12 und 14 ff.). Gegenüber einem dritten möglichen, nicht nur strategisch, sondern prinzipiell anderen Ziel, der Deskription (70, 13), zeichnen sich allgemeine Verhaltenstheorien zusätzlich als „ein wirksames Instrument zur Lösung praktischer Probleme" (70, 7) aus.

„Deskriptive Untersuchungen vermitteln nur Informationen über die Verteilung eines Merkmals zu einem bestimmten Zeitpunkt ... und an einem bestimmten Ort; wir werden nicht über die „Ursachen" oder die Wirkungen dieser Verteilung informiert. Die starke deskriptive Orientierung der Forschung in den Sozialwissenschaften führt also zu einer Stagnation oder nur sehr langsamen Vermehrung unseres Wissens über kausale Zusammenhänge. Da die Kenntnis solcher Zusammenhänge auch für die Lösung praktischer Probleme notwendig ist, folgt weiterhin, daß die genannte deskriptive Orientierung ... nur in sehr beschränktem Maße der *praktischen Gesellschaftsgestaltung* förderlich ist" (70, 13).

Wie die praktische Gesellschaftsgestaltung mittels allgemeiner sozialwissenschaftlicher Verhaltenstheorien vonstatten gehen soll, führt *Opp* u.a. am Beispiel des Rechts aus. Er beginnt mit der Feststellung, daß die wichtigsten „Arten juristischer Probleme" (73, 14 ff.) im Grunde nichts anderes seien als Variationen von Erklärungsproblemen. Die Erklärungs-, Prognose-, Maßnahme- und Deskriptionsprobleme im Bereich des Rechts haben eine einheitliche „Lösungsstruktur" (73, 33), nämlich ein Schlußverfahren von Theorien und Randbedingungen (Explanans) auf singuläre Ereignisse (Explanandum): „Man sucht die Theorien und Randbedingungen und leitet das Explanandum ab" (73, 27). Dasselbe gilt von Beiträgen zu Wertproblemen, sofern bei Diskussionen *über* Wertprobleme eben Erklärungs-, Prognose- und Deskriptionsprobleme auftreten (73, 33 ff.).

Bei dieser Lage der Dinge hängt nun offenbar der Wert der Sozialwissenschaften für die „praktische Gesellschaftsgestaltung" vom Grad der Verläßlichkeit ab, mit dem Theorien geprüft und Randbedingungen ermittelt werden können. Im Hinblick auf beide Bedingungen sind die Methoden der empirischen Sozialforschung nach *Opp* in der Lage, die *nötigen* Sicherheiten zu liefern (73, 22). Allerdings — und hier zeigt sich wieder die Differenz zu manchen in dieser Hinsicht naiven Vorstellungen des 19. Jahrhunderts — bestreitet *Opp* die Möglichkeit strenger Verifikation von Theorien und absoluter Sicherheit bei der Ermittlung der Randbedingungen. Ebenso verweist er darauf, daß sozialwissenschaftliche Theorien nicht deterministisch, sondern probabilistisch seien, so daß das oben genannte Schlußverfahren nicht eine streng logische Deduktion sein könne, sondern nur eine Vermutung mit einer bestimmten Wahrscheinlichkeit (73, 23 ff.). Trotz diesen Einschränkungen bleibt freilich die *Verknüpfung von allgemeiner Theorie und praktischer Gesellschaftsgestaltung* erhalten.

Der Fortschritt in der Methodologie, den er von der Präzisierung und Formalisierung von Theorien einerseits, der Entwicklung und Verfeinerung mathematisch-statistischer Verfahren in der Sozialforschung andererseits abhängig sieht (etwa 74), ist deshalb für OPP konsequent „nicht nur für den ‚internen Gebrauch' des Sozialwissenschaftlers von Bedeutung, sondern vor allem auch für eine bessere *gesellschaftliche Praxis*" (76, 22), die für *Opp* – der Bereich des Rechts ist hier nur *ein* Fall – ganz allgemein in der Lösung von „Erklärungs-, Prognose-, Maßnahme- und Wertproblemen" (ebenda) besteht.

2.3. Das Ziel einer allgemeinen biochemischen Kriminalitätstheorie

In der Vorstellung einer (einzigen) allgemeinen sozialwissenschaftlichen Verhaltenstheorie ist als eine weitere Konsequenz enthalten, daß Kriminalität nur als Gegenstand einer Spezial- oder Bindestrich-Sozialwissenschaft in den Blick kommen kann. Alles, was nicht von dieser Theorie unmittelbar erfaßt wird, kann nur noch in den sogenannten Randbedingungen berücksichtigt werden. Wenn überhaupt, so lassen sich Erkenntnisse einer solchen Spezial-Sozialwissenschaft als Beitrag zu einer sozusagen „additiven" interdisziplinären Forschung einbringen. Genau dies scheint auch die Absicht beispielsweise von *Leonhard Hippchen* zu sein, der repräsentative Arbeiten der neueren *ökologischen und biochemischen Forschungsrichtungen* zusammenstellt. In seinem programmatischen Einführungsaufsatz beklagt er die beschränkte Erklärungskraft bisheriger Kriminalitätstheorien (78, 9 f.), die – neben der jeweils nur fachspezifischen Blickrichtung und anderem – vor allem darauf zurückzuführen sei, daß „criminological theory has not yet benefited from the extensive research that has been conducted in biochemistry in recent years" (78, 10). Erst wenn dieser bisher vergessene Bereich zu den bisherigen Erkenntnissen *hinzugenommen* werde, erfülle sich die Hoffnung auf eine *vollständige* Kriminalitätstheorie, die dann auch – ganz wie bei allen bisherigen „Schulen" – über Vorhersage und Kontrolle jenes „in den Griff bekommen" ermöglicht:

„Biochemistry ... has developed a wide range of evidence and theory suggesting a possible biochemical basis for much behavior seen as „antisocial" or „delinquent-criminal". This knowledge can be combined with knowledge relating to socio-psychological factors to develop a much more nearly complete theory of crimerelated types of behavior. Once the behavior is understood causatively, then it can be subjected to greater prediction and control, one of the major aims of scientific endeavour" (78, 15).

Im übrigen tendiert *Hippchen* – reziprok zu *Opp* – dazu, das sogenannte „psychosocial environment", wenn nicht ausdrücklich als residual zu behandeln, so doch dem „biophysical environment" in seiner generellen kausalen Bedeutung für das Verbrechen nachzuordnen (die Theorie der zwei „Umwelten" des Individuums entnimmt er *Hoffer* 78). Hier liege die *eigentliche* Ursache des „antisocial behavior" und darin sei auch das Scheitern des bisherigen, an psychologischen und soziologischen Theorien ausgerichteten „treatment" begründet. Folgerichtig müßten sich die praktischen Bemühungen *zuerst* auf die biophysische Umwelt beziehen.

„In essence, prevention involves the early detection and correction of all biochemical and physiological abnormalities, as well as maintenance of a supernutritional diet for all family members. But it also includes general knowledge of, and abstention from, those substances, such as tobacco, alcohol, drugs, and other toxins, known to be injurious to the full and healthy functioning of the body and mind. The prevention approach, although still some time away, holds out the greatest possibility, it is felt, for the reduction of antisocial forms of behavior. Attainment of an optimum biochemical environment, of course, would need to be matched by attainment of an optimum socio-psychological environment, but this would be more a long – than a short – term goal of prevention. Man lives in both an internal biochemical-psychological and an external socio-cultural world. The two are inextricably interrelated; thus, ideally all areas need to be functioning at optimum levels if full health and development of man's potentalities are to be realized for all persons (78, 17).

Schließlich bietet *Hippchen* ein instruktives Beispiel für das Erwachen der alten Hoffnung, die sich meist mit der Entdeckung einer neuen Ursache verbindet: daß das Verbrechen wie ein böser Spuk, dem die Psychologen und Soziologen — statt an das Ideale zu glauben — in ihrer Verfallenheit an das Gegebene aufgesessen seien, verschwinden wird:

„Criminologists may be missing the causative links (sc. des Verbrechens, M.B.) by concentrating too much merely on studying the ‚average' criminal or the ‚average' society. It has been suggested that we need to study more a ‚self-actualized' or more fully functioning and healthy groups of humans, so that we develop a better understanding of the potentialities of man. Then, with this new base of understanding, the ‚criminal' may better be understood. From this viewpoint it may be discovered that the criminal primarily is a person who was born with unusually high potentialities for growth, but has been blocked in growth expression and turned to crime out of frustration!" (78, 10)

2.4. „Humanisierung" als Hintergrund

Deutlicher als in manchen Einzelbeiträgen aus dem Alltag der Forschungspraxis zeigt sich hier die Kontinuität in den der Wissenschaft insgesamt zugrundeliegenden Prämissen: Kriminologie als Mittel zur Beseitigung einer der Störungen, die den Menschen daran hindern, sich seinem Wesen entsprechend zu entfalten. Auch diese „humanistische" Begründung *Hippchens* ist keineswegs nur die eines Außenseiters. Die Tradition des Geistes, in dem *Beccaria* gegen das „alte Recht" aufgestanden war, soll mit wirksameren Mitteln fortgeführt werden. Seien es Veränderungen innerhalb des bestehenden Systems der Strafrechtspflege oder seine völlige Ersetzung durch andere Maßnahmen, stets ist die damit intendierte Humanisierung der Verhältnisse die letzte Rechtfertigung. So ist etwa *Ferri* im Unterschied zu *Beccaria* und der klassischen Schule der Überzeugung, „daß ein wahrhaft humaner Gesetzgeber das fressende Übel des Verbrechertums nicht sowohl durch das Strafgesetzbuch zu lindern vermag, als durch die Heilmittel, welche in allen übrigen Bestandteilen des sozialen Lebens und der Gesetzgebung vorhanden sind" (03, 47). Und auch für den gemäßigten, integrativen Standpunkt der „Neuen Sozialverteidigung" spricht *Marc Ancel* von einer „sozio-humanistischen Kriminalpolitik" (70, 25), von der Forderung einer „zunehmenden *Humanisierung* des neuen Strafrechts..., welches alle Reserven des Individuums zu mobilisieren suchen muß" (70, 27). Sie sei eine „Kunst, die im Menschen ihren Maßstab sucht" und somit „universalistisch in ... ihrer Berufung", setze eine „humanistische Philosophie" voraus und vertrete die Ansicht „daß die Gesellschaft nur durch und nur für den Menschen existiert, und daß sie nur in dem Maße ihre Rechtfertigung findet, als sie die volle Entfaltung des menschlichen Wesens sichert" (alles 70, 27/28).

3. Zum „interpretativen Paradigma" in der „neuen" Kriminalsoziologie

An den bisher behandelten Schulen und Richtungen der Kriminologie wurde seit den 60er Jahren zunehmend massive Kritik geübt. Diesen „ätiologischen" Ansätzen wurden die „normzentrierten" Ansätze gegenübergestellt. In methodischer Hinsicht reihen sich diese Bemühungen in die vielfältigen, gegen die herrschende neupositivistische Wissenschaftstheorie aufgetretenen Strömungen ein, die man neuerdings mit Bezug auf die Theorie *Thomas Kuhns* als „interpretatives Paradigma" bezeichnet hat (*Meinefeld* 77, 205).

3.1. Die Verkehrung eines richtigen Ansatzes in sein Gegenteil

Repräsentativ für diese Kritik an der ätiologischen Kriminologie sind z.B. die Ansichten von *Fritz Sack*. Trotz der beträchtlichen Vielfältigkeit innerhalb der „neuen" Kriminalsoziologie soll er hier in ähnlicher Weise als typischer Vertreter dieser Richtungen gelten wie vorhin *Karl-Dieter Opp* für die „herrschende" neupositivistische Wissenschaftsauffassung. *Sack* schreibt über diese Kriminologie — übrigens bezeichnenderweise im Zusammenhang mit deren Unfähigkeit, über die Vorstellung einer interdisziplinären Zusammenarbeit hinaus ihr eigenes Forschungsfeld zu bestimmen (78, 205) — folgendes:

> „Diese Kriminologie ist infolge ihrer skizzierten Grundstruktur auf zwei Probleme gestoßen, die sie bislang nicht hat befriedigend lösen können. Das eine besteht in der Frage, wie sie die vielfältigen Faktoren zueinander in Beziehung zu setzen hat. Das andere drückt

sich in dem Dauerstreit um die Frage nach dem Verhältnis von „Anlage" und „Umwelt" in bezug auf kriminelles Handeln aus" (ebenda, S. 206). *Sack* gibt auch den Grund für dieses Scheitern an, indem er sagt: „Die Vorstellung, somatische oder physiologische oder psychische Merkmale einer Person könnten in einem direkten Verursachungszusammenhang zu dem Verhalten dieser Person stehen, unterschlägt einfach die Tatsache, daß diese individuellen Merkmale das menschliche Handeln nur durch Bewertungs- und Erwartungszusammenhänge vermittelt beeinflussen" (ebenda, S. 207).

Wer nun allerdings glaubt, *Sack* und die von ihm vertretene „normzentrierte" Kriminologie würden sich den in der Tat zentralen Fragen zuwenden, *wie* sich jeweils individuelle Merkmale über *welche* Bewertungs- und Erwartungszusammenhänge vermittelt auswirken, der sieht sich leider getäuscht. Die von *Sack* vertretenen Strömungen fallen nämlich weitgehend hinter die Grundintentionen des „interpretativen Paradigmas" zurück. Zur Begründung genügen im vorliegenden Zusammenhang (ansonsten zu *Sacks* Beitrag *Leferenz* 79) folgende Punkte:

Vom „symbolischen Interaktionismus", auf den sich Vertreter des labelingapproach gern berufen, wird das entscheidende Element eliminiert: Als Folge von Stigmatisierungs-, Etikettierungs- und Zuschreibungsprozessen ist Kriminalität letztlich nur noch *Re*aktion, nicht mehr *Inter*aktion. *Lipp* (75) sieht hier „fachideologische" Tendenzen am Werk, „Abweichung primär ‚sozial', als Definitionsprodukt der ‚Gesellschaft' . . . kaum jedoch (entgegen der Absicht des symbolischen Interaktionismus, M.B.) . . . als Absicht und konkrete Strategie der Abweichenden selbst . . . zu bestimmen" (S. 28). Dadurch würde, so *Lipp* weiter, Abweichung „erneut objektivistisch, als Zwangsprozeß" (S. 29) dargestellt, wodurch gerade das aktive Element des „taking the role of the other" (ebenda) vernachlässigt werde.

Dieser Umschlag gegenüber der ursprünglichen Absicht wird in der Regel mit einem Machtgefälle im Prozeß des „Definierens" oder „Aushandelns" der sozialen Normen begründet. Als Folge davon richtete sich das wissenschaftliche Interesse der empirischen Forschung dieser Schulen fast ausschließlich auf die „Instanzen der sozialen Kontrolle", die Rechtstatsachenforschung und die Normgenese. Gegenüber der — auf bestimmten rechtssoziologischen Annahmen beruhenden — „Ableitung" des Rechts- und Kontrollsystems aus letztlich bestimmenden sozialen Strukturen (System-, Macht-, Herrschafts-, Klassen-, Differenzierungs-) trat die oben genannte „interpretative" Aufgabe völlig in den Hintergrund; die Methoden der Analyse von Polizei und Justiz etwa sind denn auch weitgehend die gängigen der empirischen Sozialforschung, als deren Gegner sich einst die Vertreter des „interpretativen Paradigmas" erhoben hatten. Bei den Dunkelfeldforschungen ist dies ohnehin ganz offensichtlich (vgl. hierzu *Göppinger* 80, 159 ff.).

3.2. Zur Rekonstruktion dieses Rückfalls

Sehr lehrreich für diese Entwicklung ist die historische Darstellung von *Matza* (73), der die schrittweise Konsolidierung jener Forschungseinstellung beschreibt, in der die Perspektive der handelnden Subjekte eingenommen wird. Diese Einstellung bezeichnet er als „Naturalismus", wobei er diesen Begriff in einem ganz spezifischen Sinn gebraucht. Ausdrücklich wendet er sich gegen den sogenannten objektiven Naturalismus, der in den Sozialwissenschaften herrsche. Als naturalistisch könne dieser objektive Naturalismus, für den etwa der Behaviourismus steht, nur dann legitimerweise bezeichnet werden, wenn der Gegenstand der Erkenntnis tatsächlich „Objekte" im eigentlichen Sinn seien. Davon sei aber in den Sozialwissenschaften keine Rede. Dort führe stattdessen der objektive Naturalismus zu einer „Reduktion des Menschen" (73, 14) und müsse deshalb durch einen Naturalismus, der diesen Namen auch wirklich verdiene, abgelöst werden:

„Der Mensch nimmt an sinnvoller Tätigkeit teil. In mühevoller Tätigkeit schafft er seine Wirklichkeit und die der Welt um sich. Seiner Natur nach — und keinesfalls nur übernatürlich — transzendiert der Mensch die Seinsbereiche, in denen die Begriffe von Ursache, Kraft und Reaktion ohne weiteres anwendbar sind. Dementsprechend können Auffassungen, die den Menschen als Gegenstand begreifen und Methoden, die menschliches Verhalten untersuchen, ohne sich mit dem Sinn dieses Verhaltens zu beschäftigen, nicht als naturalistisch betrachtet werden. Solche Auffassungen und Methoden sind das genaue Gegenteil des Naturalismus, weil sie die zu untersuchenden Phänomene im vorhinein manipulieren. Gerade weil der Naturalismus Treue zu der empirisch erfahrbaren Welt beansprucht, hat er bei der Erforschung des Menschen keine andere Wahl, als den Menschen als Subjekt aufzufassen. Denn in der empirischen Welt ist der Mensch Subjekt und nicht Objekt, es sei denn, er wird von sich selbst oder von einem anderen zum Objekt gemacht. Der Naturalismus muß sich auf den subjektiven Standpunkt stellen, und infolgedessen die naturwissenschaftlichen Methoden mit den spezifischen Instrumenten der Humanwissenschaften wie Erfahrung, Intuition und Einfühlung, verbinden" (ebenda, 14/15).

Diese „antipositivistische" Einstellung zeigt sich auch in der Ablehnung des „Präventionsgedankens" als der leitenden Prämisse des objektiven Naturalismus, wie er in der Kriminologie insbesondere durch die ätiologischen „surveys" repräsentiert sei.

„Wenn Phänomene der Abweichung von der Präventionsperspektive aus erfaßt und untersucht werden, erhöht sich die Gefahr, das Phänomen ... auf das zu reduzieren, was es nicht ist. Das Ziel der Ausmerzung des Phänomens manifestiert sich am deutlichsten in dem überwältigenden gegenwärtigen Interesse für die Fragen der Verursachung oder Ätiologie. Der letzte Zweck der Liquidation spiegelt sich in dieser in höchstem Maße unproportionierten Teilung der Aufmerksamkeit zwischen Beschreibung und Erklärung" (73, 24).

An diesen Äußerungen *Matzas* wird das große Stück gemeinsamen Weges sichtbar, das die frühen und klassischen Vertreter des „interpretativen Paradigmas" in ihrer Kritik des vorherrschenden kriminologischen Wissenschaftsverständnisses mit der hier vertretenen Auffassung gehen. Diese Gemeinsamkeit findet jedoch auch bald ihre Grenzen. *Matza* nennt *Max Weber* und *George H. Mead* in einem Atemzug als Kronzeugen seines Naturalismus (73, 14). Doch obwohl er die „Verstehensperspektive" als angemessene Einstellung vertritt, folgt er — wie die anderen Vertreter der Chicago-Schule — nicht *Weber*, sondern *Mead*. Das „Verstehen" *Webers* ist jedoch nicht das „taking the role of the other" *Meads*. Und aus dieser Differenz läßt sich die Verkehrung des Interaktionismus plausibel machen, an deren Ende *Sack* steht. Die „Einfühlung", von der *Matza* als Methode der Humanwissenschaften spricht, wird ihm nämlich unversehens zum „Mitgefühl" (bei Späteren dann zur „Parteilichkeit"), und aus dem „Verstehen" wird das „Verständnis". Beides sind in *Webers* Augen unmögliche und durchaus vermeidbare Zugeständnisse an den „Subjektivismus" (s. dazu u. IV, 3.3.2.). In der Methode der teilnehmenden Beobachtung, wie sie in der Chicago-Schule insgesamt gepflegt wurde, ist die Gefahr des „going native", von dem die Ethnologen sprechen, die Kehrseite der intimen Kenntnis des „subjektiven Sinnes" der Handelnden. So gibt *Matza* denn auch zu: „Häufig hatte es den Anschein, als ob sie sich mit dem Außenseiter ebenso sehr aus persönlicher Neigung als aus professionellem Interesse identifizierten" (73, 42). Mögen die fraglos vorhandenen Glanzleistungen der Chicago-Schule Ergebnisse aus einem Balanceakt zwischen Identifikation und Vergegenständlichung in der Darstellung sein, ihr einseitiges Umkippen mußte jedoch zwangsläufig verhängnisvoll werden, sobald die Instanzen der sozialen Kontrolle in den Blick kamen. Denn diesen gegenüber konnte schwerlich ebenfalls „Verständnis" aufgebracht werden, von „Identifikation" ganz zu schweigen. Diese andere Seite der sogenannten Normsetzer und -durchsetzer konnte nur noch im Rahmen der Frage in den Blick kommen, woher denn nun die Definitions*macht* komme, aufgrund der bestimmte und nicht andere Definitionen als gültig behandelt werden. Dann aber konnten auf dieser anderen Seite die Perspektiven der (anderen) handelnden Subjekte *nicht* als eigentliche Realität genommen werden, sie mußten vielmehr zum ideologischen Hilfsmittel werden, zu Rationalisierungen, wodurch sich die Herrschenden legitimieren und damit zu etwas Abgeleitetem. Von da an waren sie aber auch wieder „Objekte", die bei ihrer Deduktion aus einer sozialwissenschaftlichen Theorie als „erklärt" gelten, ganz wie es *Matza* am objektiven Naturalismus kritisiert hatte. Schließlich mußte auch die „Präventionsperspektive" wieder durch die Hintertür hereinkommen, auch wenn es sich um eine andere Art von „Ausmerzung" des Verbrechens handelt, wenn *Sack* auf den Buchdeckel eines von ihm mitherausgegebenen Readers das Motto setzt: „Die Geschichte des Strafrechts ist die Geschichte seiner Abschaffung" (*Lüderssen/Sack* 75), ein Motto übrigens, das *Ferris* Kriminalsoziologie wohl angestanden hätte! Jedenfalls glaubte man sich, ganz wie die alte Kriminalsoziologie, wieder auf der Suche nach denjenigen Ursachen, mit denen zusammen das Verbrechen verschwinden würde.

Gerade *Sack* und die Richtungen, als deren Sprecher er auftritt, stehen also der von ihm gescholtenen „positivistischen Kriminologie" in der hier anstehenden Frage in nichts nach: Sie suchen nach *den* allgemeinen (sozialen) Ursachen

3. Zum „interpretativen Paradigma" in der „neuen" Kriminalsoziologie

des Verbrechens: „das zentrale Ziel wissenschaftlicher Analyse ... besteht in der Gewinnung von Aussagen allgemeiner Art über Struktur, Entstehung und Funktion von Kriminalität" (*Sack* 78, 274).

Auch was die wissenschaftstheoretische Orientierung selbst betrifft, wird ein Rückfall in die „naive Verwendung des Begriffs der ‚empirischen Daten' als Kriterium eines sozialwissenschaftlichen ‚Evidenzniveaus'" (*Schelsky* 72, 604) konstatiert. *Schelsky* bezieht sich hier auf einen Beitrag von *E. Blankenburg, W. Kaupen, R. Lautmann* und *F. Rotter,* in dem diese sich auf den „Standard verfahrenstechnischer Evidenz der heutigen Soziologie und Psychologie" (72, 600) berufen. Es geht hierbei zwar um die empirische Rechtssoziologie, diese ist jedoch gerade nach dem Verständnis dieser Richtung sowohl nach Personen, als auch durch die gemeinsamen rechtssoziologischen Annahmen nahezu umfangsgleich mit der neuen Kriminalsoziologie bzw. deren empirischen Forschungen. Mit dieser unkritisch übernommenen Methodik der empirischen Sozialforschung, einschließlich der Erwartung einer allgemeinen Theorie der Gesellschaft als Ergebnis kumulativer Erkenntnis (72, 601) soll nun verhindert werden können, daß einseitig „Herrschaftswissen" (ebenda) produziert wird. Dagegen hatten doch alle „kritischen" Schulen gerade in der inneren Logik dieser Methoden selbst ein Vehikel der Produktion von „Herrschaftswissen" gesehen (vgl. hierzu etwa *R. W. Friedrichs* 70, 135 ff.). Weder den frühen Vertretern des „interpretativen Paradigmas" noch etwa denen der „Kritischen Theorie" wäre es eingefallen, von einem „borniert-positivistischen Anspruch her alle anderen wissenschaftlichen Erkenntnisformen der Geistes- und Handlungswissenschaften als ‚niedriges Evidenzniveau' (zu) diffamieren" (*Schelsky* 72, 604). Die Kritik *Matzas* am „objektiven Naturalismus" dürfte in dieser Hinsicht schon deutlich genug sein.

Auch diese Richtungen bleiben also die Antwort auf die Frage schuldig, an der *Sack* sein vernichtendes Urteil über die täterorientierte Forschung aufhängt (um sich selbst letztlich damit zu treffen): Außer einzelnen illustrativen Fallschilderungen, die sich übrigens ebenso bei Vertretern des multifaktoriellen Ansatzes finden und die in ihrer Singularität entweder unverbindlich oder exotisch sind (s. hierzu u. II, 3.4.2.), bleibt gerade offen, *wie* sich die geltend gemachten sozialen Ursachen in das konkrete Handeln von Individuen hinein vermitteln.

4. Die geisteswissenschaftliche Tradition bei juristischen Vertretern der deutschen Kriminologie

4.1. „Verstehen" bei Franz Exner

Es hieße allerdings *Sacks* Vorwurf des angeblichen „Antiamerikanismus" der deutschen Kriminologie allzu ernst nehmen, wollte man nicht darauf hinweisen, daß das berechtigte Anliegen des „interpretativen Paradigmas", das *Sack* gegen die ätiologische Kriminologie ins Feld führt, keinesfalls eine Neuentdeckung ist, auch nicht in der Kriminologie. Mindestens die ältere deutsche Kriminologie hatte ein deutliches Bewußtsein davon, daß menschliches Handeln an eine Wissenschaft, die es sich zum Gegenstand nimmt, besondere Anforderungen stellt. So schreibt schon *F. Exner,* der hier besonders zu nennen ist:

„... die Erklärung einer menschlichen Tat erschöpft sich nicht in einem Aufzeigen von Ursachen im Sinne der Naturwissenschaft (seien es nun soziale oder biologische, M.B.). Es gilt, die Tat aus seelischen Beweggründen zu begreifen, es gilt zu verstehen und verständlich zu machen. Verstehen ist Erfassen der Sinnzusammenhänge. Ich verstehe ein Verbrechen, wenn ich den Sinn erfasse, den die Tat im Zuge des Denkens, Fühlens und Wollens des Täters erfüllt, wenn ich die seelischen Zustände und Beweggründe, aus denen sie entsprungen ist, nachfühlend erkenne. Mit anderen Worten: wenn ich die Tat erfasse als sinngemäß zusammenhängend mit der inneren und äußeren Lage des Täters" (39, 16/17), ähnliche Hinweise bei *Mezger* 51, 8 ff.; *Sauer* 50, 6; *Seelig* 63, 30, zuerst 50).

Doch auch bei *Exner* bleibt das „Verstehen der Sinnzusammenhänge" eine nicht eingelöste programmatische Forderung. Seine Bemühungen, den Mangel an „empirischer" Erkenntnis durch kriminalstatistische Analysen einerseits und durch Rezeption amerikanischer Forschungen auszugleichen, führte selbst unmittelbar zu der Vorherrschaft jenes Denkens in der Kriminologie, gegen das sich seine oben zitierte Äußerung richtet. Zwar sind seine Vorbehalte gegenüber der statistischen Prognose deutlich genug, wenn er schreibt:

„... selbstverständlich kann eine derartige zergliedernde Betrachtungsweise wie das Punkteverfahren die psychologische Gesamtwürdigung und ganzheitliche Betrachtung der Persönlichkeit nur vorbereiten, nie ersetzen" (39, 352).

Doch leistete er selbst bezüglich der Prognose einer verhängnisvollen Alternative Vorschub, die sich auch sonst durch den Vormarsch der empirischen Sozialforschung durchsetzte: Man könne entweder „intuitiv" oder „statistisch" vorgehen und allein das letztere sei, da zu objektiven und gültigen Ergebnissen führend, für die Wissenschaft zugelassen.

In den neueren deutschen Lehrbüchern der Kriminologie behaupten die auf die neupositivistische Wissenschaftstheorie gegründeten Methoden der empirischen Sozialforschung unangefochten das Feld, vom „Verstehen" und von „Sinnzusammenhängen" ist nicht mehr die Rede (vgl. etwa *Eisenberg* 79, 76 ff.; *Mergen* 78, 38 ff.; *Schneider* 77; *Kaufmann* 71; *Kaiser* 80, 121 ff.). Selbst bei

Hermann Mannheim (74), der durch die Breite seiner Perspektiven in mancher Hinsicht als Ausnahme gelten kann, findet man außer der Forderung nach Offenheit auch in methodologischen Fragen (etwa 74, 104 f.) kaum diesbezügliche Hinweise.

4.2. Anthropologisch begründete Kritik am herrschenden Wissenschaftsverständnis

So verwundert es nicht, daß es kriminologisch interessierte Juristen waren, die am ehesten noch jenes Wissenschaftsverständnis hatten, von dem auch *Exner* ausgegangen war. *Thomas Würtenberger* etwa sah Einheit und Selbständigkeit der Kriminologie von einer ganzheitlichen (anthropologischen) Betrachtung des „rechtsbrechenden Menschen" (59, 44) abhängig, die die Kriminologie durch Lösung „aus der naturalistisch-positivistischen Umklammerung" und Orientierung an der geisteswissenschaftlichen Methode des „Verstehens" (59, 42) leisten sollte. Nach seiner Ansicht sollten „ihre sinngebende Mitte ... alle diese der kriminologischen Forschung dienenden ‚Grundwissenschaften' ... in der ‚philosophischen Anthropologie' (finden), die die Stellung des Menschen im Ganzen der Welt zum wissenschaftlichen Hauptproblem macht" (59/44). Daß dieses Programm bei gegebener wissenschaftlicher Lage unbeachtet blieb, führte wohl zu den kritischen Äußerungen, wonach „mitunter nur der mit empirischen Methoden der *Natur-* und *Sozialwissenschaft* arbeitende Forscher als ‚der' Kriminologe schlechthin gilt" (72, 84). Allen anderen wissenschaftlichen Methoden, insbesondere den „Sehweisen der *Geistes-* und Kulturwissenschaften" bzw. deren „Methode des ‚deutenden Verstehens'" werde der „wissenschaftliche Rang" bestritten (alles 72, 84).

Mit den Arbeiten von *Richard Lange* (70) und *Hellmuth Mayer* (62 und 77) wurden zwei weitere kriminologische „Gegenentwürfe" vorgelegt. Wie *Würtenberger* messen sie die Kriminologie an anthropologischen Ergebnissen und stellen dabei erhebliche reduktionistische Tendenzen in der herrschenden Wissenschaftsorientierung fest. Beachtenswert ist an diesen Entwürfen, daß es eine auf empirischen Befunden aufgebaute Kritik „von unten" (*Lange* 70, 345) ist. *Mayer* hatte die (trügerische) Hoffnung, daß in der Kriminologie „endlich ... die Früchte der entscheidenden wissenschaftstheoretischen Erkenntnis der Jahrhundertwende gezogen werden könnten, nämlich daß die geisteswissenschaftliche Empirie als Realerkenntnis gleichberechtigt neben der Naturwissenschaft steht" (62, 1). *Lange* zitiert zentrale Äußerungen von *Theodor Litt*, *Wilhelm Dilthey* und anderen, die die Behauptung enthalten, daß es hier um Wirklichkeitsbereiche geht und insofern gerade in bezug auf Wirklichkeitserkenntnis einem verengten Wissenschafts- und Erfahrungsbegriff entgegengetreten werden muß:

„Wir verhalten uns gegenüber dem Leben, dem eigenen so gut wie dem fremden, verstehend. Und dieses Verhalten vollzieht sich in eigenen Kategorien, welche dem Naturerkennen als solche fremd sind. Es wird ein Zusammenhang aufgesucht, der nicht in der bloßen Reaktion von Ursachen und Wirkungen besteht. Will man ihn ansprechen, so hat man nur Worte für ihn wie Wert, Zweck, Sinn, Bedeutung" (*Dilthey*, zitiert nach *Lange* 70, 47).

Mit diesen Äußerungen nähern sich *Lange* und *Mayer* fraglos sachlich und historisch der Auffassung, die hinter *Max Webers* „Wirklichkeitswissenschaft" steht. Sie rezipieren den zentralen Gedanken der deutschen Geistes- und Kulturwissenschaften, daß der Mensch sich zu dem, was ihm an äußerer *und* innerer „Natur" gegenübertritt, immer noch auf die eine oder andere Weise verhalten muß, daß er „Handeln" muß und sich dazu eine „sinn"- und „bedeutungsvolle" soziale, kulturelle, geistige Welt schafft. Bezeichnenderweise spielt jedoch *Max Weber* keine Rolle bei ihnen, sondern andere Autoren. Es wird bei der Auseinandersetzung mit *Max Weber* (unten IV. und V.) zu zeigen sein, daß die Gefahr groß ist, aus der berechtigten Abwehr des „naturalistischen Positivismus" nun in andere Annahmen über das „Wesen" des Menschen zu verfallen — Annahmen von „Ganzheit" oder „Einheit" etwa —, die teilweise hinter die von *Max Weber* erarbeitete Position zurückfallen. Immerhin muß man die Außenseiterstellung von *Lange* und *Mayer* selbst als bezeichnende Tatsache für die herrschende Orientierung der modernen Kriminologie ansehen.

5. Zusammenfassung

Die Hauptströmungen der Kriminologie vertreten — mit Unterschieden in den wissenschaftlichen Begründungen, den prätendierten Ursachen und Maßnahmen sowie den Folgerungen für die Selbständigkeit der Kriminologie — eine Grundauffassung, wonach die Erkenntnis allgemeiner Gesetze der natürlichen Ursachen des Verbrechens als Grundlage einer effektiven und „humanen" Praxis dienen soll. Die Gegenentwürfe der „neuen" Kriminologie sehen zwar richtig den Hauptmangel der ätiologischen Kriminologie in einer von den Erwartungs-, Bewertungs- und Sinnzusammenhängen des menschlichen Handelns absehenden und dadurch die eigentliche Aufgabe der Kriminologie verfehlenden Vorgehensweise, doch fallen sie weitgehend hinter diese Erkenntnis zurück, wenn sie zu eigenen „empirischen" Forschungen übergehen. Der hier intendierten Wissenschaftsauffassung am nächsten kommen einige kriminologisch interessierte Juristen durch ihre Vertrautheit mit der Tradition der deutschen Geisteswissenschaften. Doch auch hier sind, unten (IV, 2. und 3.) zu begründende, Vorbehalte zu machen, abgesehen davon, daß sich keine eigenen erfahrungswissenschaftlichen kriminologischen Forschungen an die programmatischen Entwürfe angeschlossen haben.

5. Zusammenfassung

Die Selbständigkeit einer Wissenschaftsdisziplin Kriminologie wird entweder verneint oder lediglich mit äußerlichen Argumenten der faktischen Organisation des Wissenschaftsbetriebes gerechtfertigt. Während sonst das Problem in der Abgrenzung von den Human- und Sozialwissenschaften gesehen wird, drängt sich bei *Würtenberger,* unter dem Eindruck der Unfähigkeit der letzteren, zu einem ganzheitlichen Menschenbild vorzudringen, die Vorstellung auf, daß der Jurist dazu berufen ist, „die Leitlinien der kriminologischen Erkenntnis festzulegen" (59, 45). Auch hier wird also — von einer anderen Seite — letztlich dem Anspruch der Kriminologie auf eigenes Wissen eine deutliche Grenze gezogen.

In ganz unterschiedlicher Weise und aus anderen Gründen sehen *Sack* auf der einen, *Exner* und andere Juristen auf der anderen Seite eine Aufgabe der Kriminologie, der sie bisher nicht gerecht geworden ist. Ihre vorwiegend in der Kritik der herrschenden Auffassung übereinstimmenden Argumente lassen sich zu der Aussage zusammenfassen, daß in einer Wissenschaft, die es mit Handlungen von Menschen zu tun hat, die Feststellung von natürlichen Ursachen nicht das letzte Wort sein kann. Wie sich eine wirklichkeitswissenschaftliche Kriminologie dieser Aufgabe stellt, wird im Verlauf dieser Arbeit zu zeigen sein. Vorerst kann nur eine These aufgestellt werden, daß mit der Erfüllung dieser Aufgabe (1) in sachlicher Hinsicht der entscheidende Beitrag zum Verständnis der konkreten Wirkungszuammenhänge geleistet wird und (2) in methodisch-wissenschaftstheoretischer Hinsicht jenes Desiderat einer autonomen Kriminologie bezeichnet ist, mit dem sie über die Summe der Befunde ihrer Bezugswissenschaften hinausgreift.

III. Zum Wirklichkeitsverlust des „empirischen" Wissens

1. Vorbemerkung

Wenn *Hellmuth Mayer* sachlich richtig, aber in einer Fehleinschätzung der Lage der Wissenschaft von einer bald zu rezipierenden Tradition „geisteswissenschaftliche(r) Empirie als Realerkenntnis" (62, 1) spricht, *Würtenberger* dagegen beklagt, daß den „Sehweisen der *Geistes-* und *Kulturwissenschaften* ... (der) wissenschaftliche Rang" (72, 84) bestritten wird, so wird hier ein entscheidender historischer Bruch sichtbar. Eine besondere Art von Realerkenntnis und ihre Methoden müssen irgendwann aus dem Bereich der Wissenschaft abgedrängt worden sein, wie es *Würtenbergers* Wort von der Aberkennung des wissenschaftlichen Ranges zum Ausdruck bringt. Hier zeigt sich schlaglichtartig eine verhängnisvolle Alternative, wonach wissenschaftliche Realerkenntnis umfangsgleich ist mit den „empirischen Methoden der *Natur-* und *Sozialwissenschaften*" (*Würtenberger* 72, 84), während alle andere Erkenntnis aus dem Bereich des wissenschaftlich Gültigen herausfällt, als vorwissenschaftlich oder spekulativ, intuitiv, subjektiv, privat und beliebig gilt. Eine ähnliche Alternative sieht man auch schon in *Exners* Aufteilung der Prognoseverfahren in intuitive und statistische. Ganz in den Kategorien dieser Alternative steht auch die moderne Methodenlehre der Kriminologie. So liest man etwa im Kleinen Kriminologischen Wörterbuch:

> „Man kann die Kriminologie ... in einem weiteren Sinne zu den *nomothetischen Wissenschaften* zählen, weil sie ähnlich wie die Naturwissenschaften nach ‚Gesetzen' sucht, d.h. nach Generalisierungen im Sinne von Verallgemeinerungen empirisch erfaßbarer Phänomene ... Neben Generalisierung und empirischem Bezug zur Realität kennzeichnet diese Wissenschaften eine analytische Vorgehensweise. Die empirisch-analytische Vorgehensweise steht im Gegensatz zur *ganzheitlichen Methode* (Phänomenologie, Hermeneutik, Dialektik) ... Ihre Vertreter erfassen und interpretieren ihren Forschungsgegenstand als Ganzheit ... und lassen damit das Individuelle als Individuelles sichtbar werden. Eine solche Methode ist sinnvoll, wenn es um das Erkennen des Individuellen in seiner Einzigartigkeit geht. Diese Methode führt aber zu Schwierigkeiten hinsichtlich der Verallgemeinerungsfähigkeit ihrer Aussgen. Die verallgemeinernden Allsätze einer empirisch-nomothetischen Wissenschaft werden dadurch möglich, daß komplexe Ganzheiten in ihre Elemente aufgelöst werden, um darüber dann allgemeine Aussagen zu machen" (*Dolde* 74, 350; ähnlich am selben Ort *Kupke* 74, 216).

Was überhaupt noch neben den „verallgemeinernden Allsätzen" einer empirisch-nomothetischen Wissenschaft in den Blick kommt, mit „ganzheitliche Methode" übrigens bezeichnend einseitig wiedergegeben, ist von solcher Art, daß es zu „Schwierigkeiten" in bezug auf das angeblich entscheidende Kriterium *wissenschaftlicher* Erkenntnis führt: Verallgemeinerungsfähigkeit.

Mayer und mit ihm *Lange* und *Würtenberger* sehen in dieser Entwicklung keineswegs einen Fortschritt der Wissenschaft. In dem Maße, wie nämlich die aus der Wissenschaft verbannte Erkenntnis auf einen wesentlichen Teil der Wirklichkeit bezogen gedacht wird, muß dieser Vorgang als Wirklichkeits*verlust* und Reduktionismus zu Buche schlagen, den gerade das heute als „empirisch" geltende Wissen zur Folge habe. Die Kriminologie hat, ohne sich des angedeuteten historischen und systematischen Bruches auch nur bewußt zu sein, das siegreiche Modell der modernen neupositivistischen Wissenschaftstheorie aus ihren Bezugswissenschaften übernommen. Einige Hinweise zu der dort erfolgten Entwicklung sollen Aufschluß über die heutige Lage der „empirischen" Kriminologie geben.

2. Allgemeine Grundsätze der „empirischen" Wissenschaft

2.1. Die Entwertung der Erfahrung

Was ihr Selbstverständnis als „empirische" Wissenschaft betrifft, steht die Kriminologie zusammen mit ihren human- und sozialwissenschaftlichen Bezugswissenschaften in allgemeinen Zusammenhängen der Wissenschaftsgeschichte. Schon sprachlich zeigt sich ein fundamentaler Wechsel der Bedeutung in der Tatsache, daß die Erfahrung, die umgangssprachlich als das Resultat vieler „Erfahrungen" bezeichnet und üblicherweise dem älteren Menschen zugesprochen wird, von den sogenannten „empirischen" Wissenschaften als subjektiv, ungenau und wertverdächtig abgelehnt wird. „Empirisch" sei dagegen ein Wissen, das die beschränkten und durch physiologische, psychologische und soziale Faktoren korrumpierten individuellen Erfahrungen grundsätzlich übersteige. Diese Entwertung der subjektiven Erfahrung ist ein Generalthema der Wissenschaftsgeschichte seit dem 19. Jahrhundert.

Von grundsätzlicher Bedeutung für den Zerfall der naiven „Abbildtheorie", wonach Erkenntnis und Wahrheit in einer adäquatio intellectus ad rem zustandekommen, deren Möglichkeit man für fraglos gegeben hielt, waren die Entwicklungen in der Sinnesphysiologie und später -psychologie (vgl. hierzu *E. G. Boring*, 57), die sich unter dem Stichwort „psychophysischer Parallelismus" zusammenfassen lassen. Für die Human- und Sozialwissenschaften von ähnlicher Tragweite waren die Behauptungen der tiefenpsychologischen Schulen über Störungen der Wahrnehmung und die im Gefolge der marxistischen Ideologiekritik entstandene wissenssoziologische Theorie von der „Seinsgebundenheit" allen Denkens. Die „Erfahrung" konnte seither nicht mehr der Weg zur wahren Erkenntnis sein.

Einen vorläufigen Abschluß erreicht dieser Vorgang in der modernen Wissenschaftstheorie, die sich auf die Philosophie des sogenannten Wiener Kreises stützt und für die heutigen Methoden der empirischen Sozialforschung und Kriminologie Gültigkeit erlangt hat.

Bekanntlich ist der Wiener Kreis mit dem Anspruch aufgetreten, die Probleme, die man traditionell unter dem Titel „Erkenntnistheorie" abgehandelt hatte, einer endgültigen Lösung zugeführt zu haben. Sie besteht in einer Ersetzung der Frage nach der Möglichkeit von Erkenntnis durch die logische Analyse von Sätzen und Satzsystemen.

„An die Stelle von Untersuchungen des menschlichen ‚Erkenntnisvermögens' tritt ... die Besinnung über das Wesen des Ausdrucks, der Darstellung ... Die Fragen nach der ‚Geltung und den Grenzen der Erkenntnis' fallen fort. Erkenntnis ist alles, was sich ausdrücken läßt, und das ist alles, wonach man sinnvoll fragen kann" (*Schlick* 31, 7).

Die hier vollzogene Auflösung des Erkenntnisproblemes führte zu einer Einteilung aller „sinnvollen" Sätze in Protokollsätze und logische Umformungen (Tautologien). Damit waren die Kriterien gültiger Erkenntnis entscheidend verschoben. „Erkenntnis" sagt *Schlick*, ist „nur vermöge ihrer *Form* Erkenntnis" (31, 7, Herv. von mir). Zwar bleibt für *Schlick* und für *Carnap* immer noch das „Erlebnis" unverzichtbar (*Schlick* 31, 7; *Carnap* 31, 24), doch ist dieser Restbestand der eigenen, subjektiven Erfahrung nicht mehr Grund der Gewißheit.

Zur Verdeutlichung dieser Verschiebung mag eine Kontroverse dienen, die innerhalb des Wiener Kreises ausgetragen wurde.

Schon 1934 sah sich *Moritz Schlick* genötigt, sich erneut „Über das Fundament der Erkenntnis" zu äußern, als er sah, was aus seiner 1931 proklamierten endgültigen „Wende der Philosophie" geworden war. *Schlick* muß hier zugeben, daß das Problem möglicher Erkenntnis durch die alleinige Gründung auf Protokollsätze nicht gelöst ist. Diese führten nämlich in einen „Relativismus" (34, 82), nur zu einer formalen Wahrheit, die aber von der „*materialen* Wahrheit" zu unterscheiden sei (34, 85). Sie führten zur „coherence theory of truth", die Verträglichkeit der Aussagen untereinander als alleiniges Wahrheitskriterium habe. *Schlick* hält dagegen daran fest, daß Wahrheit in irgendeinem Sinn an die besondere Gewißheit der *eigenen* Wahrnehmungen gebunden ist, in denen eine „Übereinstimmung mit der Wirklichkeit" (34, 86) konstatiert wird. Man müsse also „die Stücke des Cartesischen Weges benutzen, soweit sie gut und gangbar sind" (34, 91) ohne in die „Vexiergänge ..., die unter den Namen ‚Evidenz der inneren Wahrnehmung', ‚Solipsismus', ‚Instantansolipsismus', ‚Selbstgewißheit des Bewußtseins', u.s.w. ..." (34, 89) bekannt sind, zu geraten. Er gelangt auf diesem Weg zu den sogenannten „Konstatierungen" gegenwärtiger Wahrnehmungen, wie etwa „‚Hier fallen jetzt zwei schwarze Punkte

2. Allgemeine Grundsätze der „empirischen" Wissenschaft 37

zusammen', ... oder auch ‚Hier jetzt Schmerz ...' u.s.w." (34, 96). Das entscheidende dieser Konstatierungen sei, daß sie hinweisende Worte enthalten. Man müsse also, um „den Sinn eines solchen Beobachtungssatzes zu verstehen, ... die Gebärde gleichzeitig ausführen, man muß irgendwie auf die Wirklichkeit hindeuten ... den Sinn einer ‚Konstatierung' kann ich nur dadurch verstehen, daß ich sie mit den Tatsachen vergleiche, also jenen Prozeß ausführe, der bei allen synthetischen Sätzen für die Verifikation erforderlich ist" (34, 97). Nur in solchen Konstatierungen, die, obgleich sie flüchtig sind und beim Versuch ihrer Objektivierung zu Protokollsätzen werden, Erfüllung im Sinn eines Befriedigungserlebnisses hervorrufen, habe die Erkenntnis ein endgültiges Fundament.

Die Antwort *Otto Neuraths* zeigt, daß er hier nur einen Rückfall hinter die Wende der Philosophie sieht. Auch im Ton zügelt ihn der Respekt vor dem großen Gründer nur unvollkommen. Seine Widerlegung erfolgt in der Art, daß er schon die Frage *Schlicks* und die Sprache, die dieser (notgedrungen) verwenden muß, von seinem Standpunkt des radikalen Physikalismus aus abweisen muß. „Im Sinne eines konsequenten Empirismus suchte man immer wieder auf die ‚Erfahrung' zurückzugreifen, was allerdings leicht zu einer Lehre von den ‚Erlebnissen' führt, die dann in die idealistische Metaphysik abgleitet" (34, 348). Unter dieses Verdikt stellt er auch *Schlicks* Suche nach dem absoluten Fundament der Erkenntnis und bekräftigt seinen Standpunkt, daß „alle Realsätze der Wissenschaft ... auf Grund von Entschlüssen ausgewählt und ... grundsätzlich geändert werden (können)" (34, 348). Als letzte Antwort auf die Problematik *Schlicks* bleibt dann nur: „Die Praxis des Lebens reduziert all die Vieldeutigkeit sehr rasch" (34, 352).

Ob die Lösung *Schlicks* tragfähig ist, kann hier offenbleiben. Jedenfalls ist an *Neuraths* Position sichtbar, in welch radikalem Sinn das Gewißheitskriterium der eigenen Erfahrung aus der Wissenschaft ausgeschieden wird. Was dies insbesondere für die Human- und Sozialwissenschaften bedeutet, erhellt schon die ganz einfache Frage, woher denn eigentlich die „Entschlüsse" kommen sollen und wie die „Praxis des Lebens" die Vieldeutigkeit reduzieren können soll, wenn sie *selbst* Gegenstand der Erkenntnis *ist* und schon aufgrund dieser Erkenntnis eingerichtet wird?

Was auch immer die praktischen, insbesondere wissenschafts*politischen* Folgen dieser Ansicht sein mögen, jedenfalls fügt sie sich bruchlos in die allgemeine Entwertung der Erfahrung als Kriterium der Gewißheit an.

Daß *die* Wissenschaft „empirisch" zu sein hat, wird seitdem mit drei Annahmen verbunden, die das Auseinanderstreben von Erfahrung und Empirie geradezu zum Kern der Methodologie werden lassen. Es sind dies folgende:

2.2. „Ziel der Wissenschaft ist ein System allgemeiner Gesetze"

Dieses Postulat ist historisch gesehen das Ergebnis der Tatsache, daß die historischen Disziplinen in den verschiedenen „Methodenstreiten" der letzten Jahrhundertwende als „Verlierer" gelten. Das individuelle, konkrete Ereignis kommt insofern in *der* Wissenschaft allein als Gegenstand einer Prognose, einer Anwendung oder als Fall zur empirischen Überprüfung (Experiment) in Betracht. Mit Blick auf die wichtigsten Disziplinen, in denen solche Kontroversen ausgetragen wurden (s.u. IV, 1.), schreibt z.B. *Otto Neurath:*[1]

„Geschichte und Nationalökonomie können erst dann in den Bereich der Wissenschaften eingehen, wenn man aus ihnen eine Soziologie ... gestaltet, mit Hilfe deren man allgemeine Aussagen macht, die ... dazu dienen, einmalige geschichtliche Vorgänge vorauszusagen ... Am schwersten kann die wissenschaftliche Betrachtungsweise (sic!) dort ansetzen, wo man sich für das künftige Schicksal von einzelnen Individuen interessiert ... wo es sich um Massen und Gefüge von Menschen handelt, ist die Stabilität größer, kommt die Labilität des Individuellen weniger zum Vorschein. Daher sind solche Fragen der wissenschaftlichen Behandlung zugänglicher, und *das Interesse an solchen Fragen fördert die wissenschaftliche Einstellung* (sic!). Die moderne statistische Betrachtungsweise, die in der Physik so bedeutungsvoll geworden ist, stammt ja ursprünglich aus den soziologischen Methoden, wie sie um die Mitte des 19. Jahrhunderts und auch schon früher von *Quetelet* und anderen vertreten wurden" (Erkenntnis I, S. 121/22).

An der unbestrittenen Gültigkeit dieses Zieles *der* Wissenschaft ändert es im übrigen gar nichts, daß gerade die „statistische Betrachtungsweise", die *Neurath* hier empfiehlt, und die in den Human- und Sozialwissenschaften bis heute vorwiegend praktiziert wird (einschließlich der gesamten „empirischen" Kriminologie), gerade in der ihr hierbei zugedachten Funktion empfindliche Schwächen aufweist. So weist etwa *Kurt Lewin,* der in dieser Hinsicht als repräsentativ für noch wesentlich weitergehende Forderungen angesehen werden kann, mit Recht darauf hin, daß statistische Gesetze für den konkreten Einzelfall *gar nichts* besagen und auch durch erwartungswidrige Einzelergebnisse bei experimentellen Prüfungen *nicht* falsifizierbar seien. Insofern habe selbst die Psychologie, die bekanntlich am weitesten in dieser Hinsicht fortgeschritten zu sein glaubt, die Wende von der „aristotelischen" zur „galileischen Begriffsbildung" noch vor sich. Erst raum-zeitlich invariante Gesetze von ausnahmsloser

---

[1] *Otto Neurath* ist sicher ein weniger bekannter Vertreter des Wiener Kreises als *Moritz Schlick, Rudolf Carnap* oder *Hans Reichenbach*, doch wird seine Bedeutung für die Geschichte der Sozialwissenschaften weithin unterschätzt. Denn während die genannten Hauptvertreter und später auch *Popper* sich vorwiegend mit den Naturwissenschaften befaßten, war *Neurath* von Anfang an derjenige, der die Konsequenzen aus der neupositivistischen Philosophie für die Sozialwissenschaften zog. *Neurath* war es auch, der wenig später im Exil als „Editor in Chief" die überaus einflußreiche „International Encyclopedia of Unified Science" herausgab und in programmatischen Einführungsaufsätzen seinen schon in der Zeitschrift „Erkenntnis" dargelegten Standpunkt einer weiteren Verbreitung zuführte (vgl. etwa *Neurath* 38). Damit wurde *Neurath* ein entscheidender Integrationspunkt für die Strömungen des Neupositivismus, Behaviourismus und Pragmatismus, die nach dem zweiten Weltkrieg durch die Verbreitung der amerikanischen Human- und Sozialwissenschaften „herrschend" wurden.

2. Allgemeine Grundsätze der „empirischen" Wissenschaft

Gültigkeit schaffen nach *Lewin* die „Möglichkeit, auch solche Prozesse in die Forschung, insbesondere in die experimentelle Untersuchung einzubeziehen, die eine ausgeprägte Individualität zeigen" (31, 448).

Gerade am Ziel ausnahmsloser Allgemeingültigkeit von Gesetzen gemessen, mache sich die Psychologie einer „Bagatellisierung wie Überbewertung des Individuellen" schuldig" (31, 436), da sie das Individuelle entweder als „zufällig" behandle *oder* als etwas „Außergewöhnliches" von solcher Originalität, daß es „letzten Endes einen mystischen nur noch intuitiv, aber nicht mehr wissenschaftlich erfaßbaren Charakter besitzt" (ebenda).

Lewin strebt also im Grunde nur einen höheren Grad an Allgemeingültigkeit an, ein Ziel übrigens, das die Vertreter der „statistischen Betrachtungsweise" durch die statistische „Kontrolle" von raum-zeitlichen Variablen und durch inferenzstatistische Berechnung der Verallgemeinerungsfähigkeit *ebenfalls* anstreben und insofern von der aristotelischen Erfahrung wohl ähnlich weit entfernt sind. Bezeichnend genug ist freilich, daß die entscheidende *Schwäche* der „aristotelischen" Begriffsbildung nach *Lewin* die „*unmittelbare* Bezogenheit auf die historische Wirklichkeit" ist, „die für die ... Methodik des ‚Empirikers' *Aristoteles* charakteristisch ist" (429/30). Diejenige „Erfahrung", aus der heraus die aristotelische Begriffsbildung ihre Abstraktion vom Individuellen vornahm, und welche die statistische Betrachtungsweise in den Augen *Lewins* vergeblich abzustreifen versucht, wird durch einen „neuen Empirismus" abgelöst (31, 432)[2], für den die nur geschichtlich (sic!) bedingte Häufigkeit oder Regelmäßigkeit eines Geschehens zufällig ist. Das heißt aber nichts anderes, als daß die „Erfahrungen", die jemand in der gegebenen Wirklichkeit machen kann, prinzipiell wertlos werden gegenüber der methodischen Konstruktion von Sonderfällen (Experiment). Ziel der Wissenschaft sind dann Gesetze von solcher Allgemeinheit, daß sie sich gerade am untypischen Sonderfall bewähren können.

2.3. „Es gibt kein Sonderproblem der Geisteswissenschaften"

Für diesen Fundamentalsatz *der* empirischen Wissenschaften steht in der Philosophie des Wiener Kreises der Gedanke der Einheitswissenschaft, der einheitlichen wissenschaftlichen Weltauffassung. Für die Wissenschaften vom Menschen bedeutet dies:

---

[2] Lewin sieht sich genötigt, von der Paradoxie des neuen, galileischen Empirismus zu sprechen. „Man gibt an, Allgemeingültigkeit, Konkretheit und Empirie anzustreben und benutzt dazu eine Methode, die sich, wenn man sie mit den Augen der vorangehenden Epoche betrachtet, über die geschichtlich gegebenen Fakten hinwegsetzt und sich auf individuelle Zufälligkeiten, ja auf ausgesprochen seltene Ausnahmen stützt" (31, 449, ähnlich 433).

III. Zum Wirklichkeitsverlust des „empirischen" Wissens

„Gegenstand der Betrachtung ist der Ablauf menschlichen Zusammenlebens... Dieser Ablauf wird von einer streng wissenschaftlichen Soziologie nicht anders betrachtet, wie das Leben in einem Ameisennest oder in einem Bienenstock! Man untersucht eben den Einfluß solcher Abläufe auf die *Lebenslage*, auf die Bedingungen der Lust und Unlust der Beteiligten, wobei Lust und Unlust konsequent durch wahrnehmbares Verhalten definiert wird ... Eine solche Darstellung der physischen Abläufe ... bildet geschlossene Ketten, ohne daß auf ‚Psychisches' rekurriert werden müßte. Alles ‚Psychische' ist eingliederbar, wenn es im Sinne des ‚Behaviourismus' dargestellt wird" (*Neurath* 31, 122).

Läßt man zunächst einmal das sachliche Problem beiseite, daß hier von „Sinn" und „Bedeutung" menschlichen Handelns völlig abgesehen wird (zu diesem entscheidenden Wirklichkeitsverlust s. unten IV.), so scheint auf der methodischen Seite wiederum die Ausschaltung bestimmter „Erfahrungen" Kennzeichen der „empirischen" Wissenschaft zu sein. Wenn nicht mehr auf „Psychisches" rekurriert zu werden braucht, wird diejenige Art von „Erfahrung" entbehrlich, ohne die „Psychisches" unzugänglich bleibt: eine wie auch immer näher zu qualifizierende innere Nachbildung, die zu einem Evidenz-„erlebnis" führt, wenn sich das Geschehen zu einem „sinnvollen" Zusammenhang fügt. Es leuchtet unmittelbar ein, daß diese innere *Nach*bildung gerade an den wissenschaftlich bedeutsamen Punkten des nicht ohnehin Selbstverständlichen mindestens teilweise „Erfahrung" voraussetzt, eine Fähigkeit also, die nicht a priori besteht, sondern durch Erfahrungen zustandekommt, die man erst einmal *machen* muß. Für den Erkenntnisweg *der* „empirischen" Wissenschaft bedeutet diese Station jedoch nur eine Einbruchstelle für die Gefahren des Subjektivismus und Irrationalismus. Sie will die Wissenschaft allein auf Protokollsätze physikalischen Inhalts und logische Umformungen (Tautologien) beschränken.

Man braucht für die Abweisung eines Sonderproblems der Geisteswissenschaften gar nicht unbedingt auf extreme Vertreter des Physikalismus und Behaviourismus wie *Otto Neurath* oder *George H. Lundberg* (vgl. hierzu *Bock* 80, 91 ff.) zurückzugreifen. An prominenter Stelle im von *R. König* herausgegebenen „Handbuch der empirischen Sozialforschung" beginnt etwa auch *Hans Albert* mit der Feststellung, die moderne Wissenschaftslehre habe den Anspruch „auf methodologische Autonomie der Geisteswissenschaften von jeher bestritten" (73, 58). Erfolgreich bestritten wäre zu ergänzen, denn mit Ausnahme derjenigen wissenschaftlichen Tradition, die *Matza* vor allem in ihren kriminologisch relevanten Teilen rekonstruiert und in der die „Perspektive der Handelnden" eingenommen wird (s.o. II, 3.2.), wird bei allen gängigen Techniken der empirischen Sozialforschung beabsichtigt, durch geeignete Operationalisierungen den Forschungsprozeß so zu gestalten, daß nicht auf „Psychisches" rekurriert werden muß[3].

---

[3] Vor allem seit sich nach dem Zweiten Weltkrieg die amerikanischen Human- und Sozialwissenschaften weltweit durchsetzten, war die Dominanz dieser Art von Sozialforschung nahezu total (vgl. etwa *R. W. Friedrichs* 70). Seit den 60er Jahren ist eine vielfach verzweigte Gegenbewegung in Gang gekommen. Für einen Teil dieser Ansätze wurde der

2.4. „Wissenschaft betrachtet ihren Gegenstand von außen"

Auch dieser Grundsatz *der* empirischen Wissenschaft richtet sich gegen eine Sonderbehandlung eines wie auch immer abgegrenzten Gebietes von Geistes- oder Kulturwissenschaften.

Betrachtet man wie z.B. *Otto Neurath* das menschliche Handeln genauso wie das Leben in einem Ameisenhaufen oder Bienenstock (31, 122; 32, 406), so ergibt sich eine ebenso klare Trennung von Subjekt und Objekt der Erkenntnis wie bei den traditionellen Naturwissenschaften. Geht man dagegen wie die Vertreter der gegenteiligen Ansicht davon aus, daß uns diejenigen Aspekte des menschlichen Zusammenlebens, die für uns überhaupt als wissens*wert* erscheinen können, nur aufgrund unserer *Teilnahme* an diesem Zusammenleben als solche erscheinen, ist diese Trennung mindestens am Ausgangspunkt der Erkenntnis (s. dazu u. IV) aufgehoben. Die „Erfahrung" von Geschichte und Kultur hat dann entscheidende Bedeutung für den Gang der Erkenntnis. Damit halten aber die alten Bedenken der „empirischen" Wissenschaft wieder Einzug, die Erkenntnis gerade dadurch in Abhängigkeit von geschichts-, kultur-, klassenspezifischer „Erfahrung" gebracht sehen. *R. König* spricht hier von einer verhängnisvollen „Lebensnähe" der „historisch-existentialistischen" Wissenschaften, die sie unfähig mache, „in der sozialen Welt eine übergeschichtliche und der ‚Situation' überlegene Ordnung zu erfassen und zu begründen" (75, 268). Dadurch büße sie insbesondere ihre Objektivität ein.

Was „der Situation überlegen" heißt, kann man sich an *Durkheims* für die Kriminologie äußerst folgenreicher Methodenlehre klarmachen. Die Wissenschaft habe zwischen „Normalem" und „Pathologischem" zu unterscheiden. Dies könne sie jedoch nicht durch Bezug auf die in einer Gesellschaft tatsächlich *gültigen* Normen (die nach *König* in der „Situation" befangen sind), sondern nur durch Bezug auf die „allgemeinen Existenzbedingungen des Kollektivs" (65, 152 zuerst 1895). In bezug auf diese gibt es jedoch nicht eigentliche „Verbrechen", denen als solchen ein normativer „Unwert" zukommt, sondern nur „abweichendes Verhalten" und dieses ist solange durchaus „normal", als es nicht ein „pathologisch" hohes oder geringes Ausmaß aufweist. Der Standort des wissenschaftlichen Betrachters von Verbrechen wird so außerhalb des Gültigkeitsbereiches von Normen „der Situation" verlegt, d.h. alle „Erfahrung"

Begriff des „interpretativen Paradigmas" geprägt (s. oben II, 3.1.), weil sie sich dem „subjektiven Sinn" des Handelns verpflichtet fühlten. Grundsätzlich ist dieser Tendenzwende, die sich auf methodischer Ebene in einer Neubelebung „qualitativer Sozialforschung" niederschlägt, zu begrüßen, doch scheinen die Erfahrungen mit der neuen Kriminologie darauf hinzudeuten, daß sich an der Praxis der empirischen Forschung (mindestens in diesem Bereich) nicht viel geändert hat. Es besteht vielfach die Gefahr, daß „qualitative" Erkenntnisse nur zu explorativen, illustrativen oder zu heuristischen Zwecken, jedenfalls außerhalb der eigentlichen Prüfverfahren eingesetzt werden, oder sie gleiten in den Subjektivismus bzw. die Parteilichkeit der Aktionsforschung ab.

in der Situation wird überflüssig bzw. nur noch hinderlich. Die „empirische" Wissenschaft führt, so wieder *König* mit erhellendem Sprachgebrauch, ihre „Sonde" in die Wirklichkeit ein (73, 19)[4].

Derselbe Grundgedanke findet sich auf dem Gebiet der Psychologie bei *Lewin*. Er verteidigt die „Lebensferne" (31, 444) der experimentellen Psychologie mit der Begründung, hier würden Prozesse untersucht, „die nicht die individuelle Eigenheit eines einzelnen Falles darstellen, sondern die als ‚einfache Elemente' (etwa einfache Bewegungen) allem Verhalten *gemeinsam* sind, die sozusagen immer und überall vorkommen" (ebenda). Dagegen liege bei der Forderung nach Lebensnähe eine verfehlte „Orientierung an der ‚historischen Bedeutsamkeit' vor" (ebenda).

3. Kriminologische Beispiele

3.1. Die Gemeinsamkeit „induktiver" und „deduktiver" Ansätze

Was als „empirisch" zu gelten hat, scheint auf den ersten Blick durchaus nicht so unumstritten zu sein, wie es die vorstehenden Bemerkungen vermuten lassen. Es besteht vielmehr eine Kontroverse zwischen einer „induktiven" und

---

[4] Auch in dieser Hinsicht war die Stellung der „empirischen" Sozialforschung nie unbestritten. Insbesondere Vertreter der Frankfurter Schule haben sich, wie etwa *Lieber* „Zum Erfahrungsbegriff der empirischen Sozialforschung" (57) geäußert. Er wendet sich gegen die verbreitete „Auffassung der Empiriker . . ., daß *alles* Theoretische sich der Umsetzung in Empirie . . . so *restlos* als fähig und auch bedürftig erweisen muß, daß alles, was dieser Forderung nicht genügt, mit Recht als Theorie übersteigende Spekulation mißachtet werden darf" (57, 500). Gerade das letztgenannte Postulat der empirischen Wissenschaft, die absolute Trennung von Subjekt und Objekt der Erkenntnis, sieht er nicht wie *König* als Überwindung des Subjektivismus, sondern als einen „Rückfall in einen naiven erkenntnistheoretischen Realismus", wie er „vor der mit *Dilthey* beginnenden erkenntnistheoretischen Reflektion datiert" (57, 498). Bei aller Berechtigung dieser Vorbehalte gilt jedoch gegenüber der Frankfurter Schule ähnliches wie gegenüber dem später als methodologisches Programm des Antipositivismus an ihre Stelle getretenen „interpretativen Paradigma". Die berechtigte Seite der Kritik wird verabsolutiert und schlägt ihrerseits in eine Beschwörung der „Totalität" und der „Dialektik", was als „Holismus" dem angeblichen „Irrationalismus" der Geisteswissenschaften zuzuschlagen dem Neupositivismus nicht schwerfiel (vgl. statt anderer wiederum die „kanonische" Version im „Handbuch der empirischen Sozialforschung" durch *Albert* 73, 60).
Auf der anderen Seite verfällt sie bei dem Versuch der „empirischen" Kontrolle ihrer Aussagen denselben Gefahren, wie der gescholtene Positivismus. Das gilt sowohl für *Horkheimers* „Institut für Sozialforschung", dessen wissenschaftliche Bemühungen sich auf die „Beherrschung der Natur in und außer uns durch vernünftigen Entschluß" richten (*Horkheimer* 34, 411; vgl. hierzu auch *Bock* 80, 95, ff.), als auch für *Adornos* Studien zum „autoritären Charakter", die selbst ein hervorragendes Beispiel für seine eigene Kritik an den Methoden der empirischen Sozialforschung (57) abgegeben hätten, weil sie in hohem Maße Wirklichkeit *herstellen*, statt zu deuten (vgl. hierzu im einzelnen *Estel* 83).
Auch hier bestätigt sich übrigens, daß die späteren Positionen weitgehend hinter *Max Weber* zurückfallen. Schon dieser hatte den *Hegel*schen „Panlogismus" und „Emanatismus" abschließend kritisiert, so daß sich etwa *Albert* in *dieser* Hinsicht auf *Max Webers* Postulate der „Werturteilsfreiheit" und des „methodologischen Individualismus" *gegen* die Geisteswissenschaften berufen kann (73, 65 und 60).

einer „hypothetisch-deduktiven" Variante. Dem Verständnis der neupositivistischen Richtungen, es vollziehe sich ein kumulativer Erkenntnisfortschritt im Wechselspiel zwischen exakter analytischer Theorie und empirischer Überprüfung, wobei die Trennung von Subjekt und Objekt oberstes methodologisches Ziel ist, steht das angeblich streng induktive Vorgehen des sogenannten multifaktoriellen Ansatzes gegenüber, der gewissermaßen naive Erfahrungen mit dem Gegenstand zur (Anti-)Methodologie erklärt, weil man sich nur dadurch für das Unerwartete offenhalte (*West* 69, 3). Dieser Gegensatz ist jedoch nicht so extrem, wie ihn manche Vertreter „theoriegeleiteter" Forschung in ihrer Kritik hervorheben[5]. Denn, wie aus den obigen Zitaten der *Gluecks* ersichtlich, bleiben die Vertreter des multifaktoriellen Ansatzes teilweise *auf halbem Weg stehen*, verstehen sie doch das induktive Vorgehen oft nur als notwendigen Anfang, der alsbald strenger hypothesentestender Überprüfung zu weichen habe, und sind doch die Erhebungs- und Auswertungsmethoden oft genau dieselben wie bei hypothesentestenden Studien, nur eben auf denkbar viele „Merkmale" bezogen. Als „empirisch" legitimieren sich diese Studien in der Regel also letztlich doch durch die Verfahren und an den Kriterien der neupositivistischen Wissenschaftstheorie. Umgekehrt läßt ja auch die Wissenschaftstheorie im „context of discovery" (*Albert* 73, 58 und 66 im Anschluß an *H. Reichenbach*) Verfahren zu, die im „context of justification" (ebenda) verboten sind, etwa „Einfühlung", „Intuition" oder auch ganz allgemein jenes „naive Faktensammeln" (*Dolde* 74, 349), über das die moderne Krimonologie dank der „Theorien" ihrer Bezugswissenschaften hinausgekommen sei. Doch nicht nur im Bezug auf die von beiden Seiten intendierte Mehrstufigkeit des kriminologischen Erkenntnisweges ist die Alternative zwischen hypothetisch-deduktiver Methode und multifaktoriellem Ansatz vordergründig. Beide versuchen außerdem, der Gefahr des Wirklichkeitsverlustes zu entgehen, indem sie ihrer Forschung Einzelfallanalysen beigeben oder sie beziehen sich auf Material, in dem die „Perspektive der Handelnden" eingenommen wird. Es gelingt jedoch in beiden Fällen nicht, die Wirklichkeitsnähe dieses Materials in die eigentlichen wissenschaftlichen Prüfverfahren einzubeziehen. Die Einzelfallanalysen bleiben auf der Ebene „illustrativer" Beispiele, das Material beschreibender Studien wird durch Verallgemeinerung seines empirischen Gehaltes entleert.

3.2. Wirklichkeitsverlust durch „verallgemeinernde" Theoriebildung

Besonders anschaulich läßt sich das letztere wiederum an einem Beispiel von *Opp* zeigen. Bei seinen Versuchen, die vorhandenen Kriminalitätstheorien zu explizieren und zu formalisieren, um kumulative Forschung zu ermöglichen,

---

[5] *Dolde* etwa spricht in dieser Hinsicht von einem „naiven Faktensammeln" (74, 349).

stößt er auch auf theoretische Bestände — den Begriff Theorie würde *Opp* hier gerade ablehnen, da sich mit diesen „rein beschreibenden" Studien nichts „erklären" und mithin nichts „ändern" lasse (74, 196 f.) — von Vertretern des „interpretativen Paradigmas", wie etwa die „Neutralisierungstechniken" von *Sykes* und *Matza*. Opp will diese „Theorie", wonach delinquente Jugendliche, welche die bestehenden Normen akzeptieren, ihr Verhalten durch „Rationalisierungen" rechtfertigen, verallgemeinern: sie soll für Personen allgemein umformuliert werden und auf von beliebigen, nicht nur konformen, Normen abweichendes Verhalten ausgedehnt werden. In allgemeiner Formulierung lautet die „Theorie" folgendermaßen:

„In je geringerem Grade Personen Normen als bindend für ihr Verhalten betrachten, je stärker diese Personen Rationalisierungen akzeptieren, die von diesen Normen abweichendes Verhalten rechtfertigen, je mehr diese Personen den Wunsch haben, diese Norm zu brechen, je wirksamer die Möglichkeiten sind, von diesen Normen abweichendes Verhalten auszuführen, desto eher wird dieses von den Normen abweichende Verhalten auftreten" (74, 108).

A. Hahn sieht hier die „Tendenz zur Verflüchtigung aller Erfahrung" (o.J., 3). Er begründet dies mit dem vollkommenen abstrakten Gebrauch von Kategorien wie „Wunsch" und „Möglichkeit", wie er insbesondere in der mathematischen Fassung jener Theorie gemacht werde. Diese lautet: „$A = (R - N) \cdot W \cdot M$" (74, 109), wobei A die Wahrscheinlichkeit für das Auftreten abweichenden Verhaltens ist, R der Grad, in dem Rationalisierungen akzeptiert werden und N der Grad in dem Normen als bindend betrachtet werden. W ist die Intensität des Wunsches, eine Norm zu brechen und M die Wirksamkeit der Möglichkeiten. Das Ergebnis sind, wie *Hahn* ausführt, Trivialitäten, die den empirischen Gehalt der vorliegenden Theorie zunichte machen.

„Daß jemand, der Normen für sich nicht als bindend ansieht und sogar den Wunsch hat, sie zu übertreten, dies auch tut, wenn er die Möglichkeit sieht, dies straflos zu tun, ist kaum verwunderlich. Die Pointe der Untersuchung von *Sykes* und *Matza* war es ja gerade, zu zeigen, warum Menschen zu Abweichlern werden, obwohl sie nicht den ‚Wunsch' haben, bestimmte Normen zu übertreten. Die ‚Explikation' *Opps* läßt die ursprüngliche Theorie kaum noch sichtbar werden" (o.J., 4). Ebenso kann niemandem „zweifelhaft sein, warum Taubstumme nicht als illegale Telefonabhörer tätig werden. Die Überlegungen *Clowards* und *Sutherlands* waren natürlich nicht so trivial. Sie haben ja nicht „abstrakt" behauptet, daß jedes Verhalten an bestimmte Möglichkeiten gebunden ist. Vielmehr haben sie sehr konkret und deskriptiv gezeigt, daß z.B. ein professioneller Dieb sehr detaillierte Kenntnisse und Verbindungen besitzen muß, um Erfolg zu haben.... Wenn man diese konkreten Belege für bestimmte technische Voraussetzungen ersetzt — wie *Opp* das tut — durch den abstrakten Begriff der Möglichkeit überhaupt, wird aus einem gehaltvollen Beitrag eine Tautologie oder eine Trivialität. Denn daß zur Ausführung eines Verbrechens unter Umständen auch die Fähigkeit zu gehen, zu sehen, zu hören usw. gehört, ist selbstverständlich und braucht nicht eigens in der Theorie erwähnt werden" (o.J., 5).

Zu der Verwendung des „Wunsches von Personen" in der Gleichung *Opps* ist noch folgendes zu bemerken. Hier führt nämlich die Explikation nicht nur zu trivialen, sondern zu geradezu falschen Schlüssen. Nach *Opp* folgt aus der Gleichung, „daß A den Wert Null hat, d.h. nicht auftritt, wenn ... die Intensität des Wunsches eine Norm zu brechen, null ist" (74, 109 f.). Entweder ge-

3. Kriminologische Beispiele

hört nun aber der „Wunsch" zu abweichendem Verhalten unmittelbar (definitorisch) dazu, dann ist *Opps* Folgerung richtig aber tautologisch, oder aber „man konzediert, daß Menschen auch dann eine Norm übertreten können, wenn sie nicht den entsprechenden ‚Wunsch' dazu verspüren" (*Hahn* o.J., 4), dann wäre *Opps* Folgerung unrichtig (wie auch die Ergebnisse von *Sykes* und *Matza* nahelegen). Ganz grundsätzlich scheint es *Hahn* fraglich,

> „ob es sinnvoll ist, ein Verhalten unter anderem damit zu erklären, daß ein entsprechender Wunsch vorlag. Jedenfalls würde ein solches Verhalten dazu führen, daß man in Zukunft *jedes* Verhalten u.a. auf einen analogen Wunsch zurückführt. Unsere Theorien wären dann von jener Erklärung nicht mehr weit entfernt, welche die Armut auf die pauvreté zurückführte. Die Reduktion eines Verhaltens auf einen entsprechenden Wunsch umgeht die theoretisch relevante Frage, wie es denn zu diesem Wunsche kam und sie macht blind für die Tatsache, daß menschliches Handeln sich häufig gerade *gegen* die Wünsche des Handelnden abspielt" (o.J., 4).

Hierbei handelt es sich nicht um nebensächliche Fehler in der Durchführung, die den grundsätzlichen Wert solcher Explikationen nicht schmälern würden, sondern um ein grundsätzliches Problem. Das wird sofort deutlich, wenn man sich die zentrale Rolle vergegenwärtigt, die den „Wünschen" in der Pragmatik der empirischen Sozialforschung zukommt. „Wünsche" sind nämlich die Form, in der sich die empirische Sozialforschung gleichermaßen jener schwer zugänglichen Innenlagen des Menschen bemächtigt hat, die man als „letzte" Werte oder weltanschauliche und moralische Grundüberzeugungen bezeichnet, wie auch der allertrivialsten „Einstellungen". Dies alles sind Dinge, die „gewünscht" werden, und zwar ohne daß auf „Psychisches" rekurriert werden müßte. Ob und in welcher „Intensität" etwas „gewünscht" wird, wird mit quantifizierten Graden der Zustimmung und Ablehnung zu Fragebogen-Items gemessen, in denen die Inhalte des „Wertes", der „Norm" oder der „Einstellung" operationalisiert sind. So präzisiert *Opp* etwa bei seiner ‚Explikation' der Anomietheorie *Mertons:* „Ein *Ziel* heiße ein Wunsch, soweit zur Rationalisierung dieses Wunsches vom Standpunkt einer Person aus ein anderer Wunsch besteht. Eine Norm heiße ein Wunsch, soweit dieser Wunsch vom Standpunkt der Person aus zur Realisierung eines anderen Wunsches besteht" (74, 127). Sind einmal die Normen und Ziele aus der Anomietheorie über den Leisten von „Wünschen" geschlagen, macht es freilich keine Probleme, alles weitere „an unserem Fußballspiel" (74, 118) zu demonstrieren.

Bei der Suche nach allgemeinen Theorien entfernt sich *Opp* vom entscheidenden Ausgangspunkt der Suche nach Erkenntnis: daß uns Verbrechen schon aus anderen Gründen überhaupt so wissens*wert* erscheint, daß es Gegenstand einer Wissenschaft wird im Gegensatz zu den bloßen Regelwidrigkeiten des Fußballspiels (es sei denn, es handle sich um auch dort vorkommende „ernste" und „absichtliche" Verletzung des Gegners). In der Definition von „Zielen" und „Normen" durch „Wünsche" löst sich die ganze Bedeutung des Gegenstandes als eines zentralen normativen Problems völlig auf. Ganz auf dieser

Linie liegt schließlich auch *Opps* Urteil über die fünf „Rationalisierungen" von Verbrechen, die *Sykes* und *Matza* vorgelegt haben.

„Grundsätzlich ist diese Klassifizierung überflüssig, da gemäß der Theorie *jede* Rationalisierung ... für abweichendes Verhalten relevant ist. Allerdings ist die Klassifikation insofern brauchbar, als bei einer Prüfung der Theorie bereits Anhaltspunkte dafür vorliegen, nach welchen Rationalisierungen gefragt werden kann" (74, 108).

3.3. Reduktionistische Tendenzen in der empirischen Forschungspraxis

Wie die empirische Forschung auf dieser Grundlage betrieben wird, soll ein Beispiel zeigen, das für die reduktionistischen Folgen, die sich aus derartigen Verallgemeinerungen ergeben, durchaus instruktiv ist. Es handelt sich um „Freizeitaktivitäten von Jugendlichen mit abweichendem Sozialverhalten" (*Wüstendörfer/Toman/Lösel* 76, 133 ff.).

Die Studie befaßt sich mit der Frage, ob Jugendliche allein durch Verhaltenstraining „zu einem äußerlich legalen und sozial unauffälligen Lebenswandel veranlaßt werden können" (S. 133), oder ob für langfristige Erfolge nicht eine Änderung der Wertorientierung nötig sei. Zur Beantwortung dieser Frage und damit für „pädagogische Konzeptionen" sei zu prüfen, ob „im Freizeitbereich von einer allgemeinen (Sub-)Kultur Jugendlicher auszugehen ist, oder ob sozial auffällige Jugendliche wesentliche andere Werte und Normen haben als „normale" Jugendliche (ebenda).

Zur Untersuchung der vorliegenden Frage werden „allgemeine Theorien aus dem Bereich des abweichenden Verhaltens herangezogen" und zwar mit der Begründung: „da in der ... Freizeitforschung bislang empirisch fundierte Theorien fehlen" (ebenda).

Die Auswahl der Anomietheorie *Mertons* und der Subkulturtheorie *Cohens* ist schon deshalb problematisch, weil beide Theorien davon ausgehen, daß die allgemein verbindlichen kulturellen Ziele bzw. die besonderen einer Subkultur, die übergreifenden „Wertorientierungen" der jeweiligen Gesellschaft oder Teil-Gesellschaft darstellen. Von Kultur oder Subkultur „im Freizeitbereich" (S. 133) zu sprechen, wäre ihnen kaum eingefallen. Dennoch leiten die Verfasser aus diesen Theorien ihre Hypothesen zum Freizeitbereich ab.

Zunächst Hypothese 1: „Dissoziale Jugendliche haben andere erwünschte Freizeitaktivitäten als sozial unauffällige Jugendliche" (S. 134). Dabei gelten „erwünschte Freizeitaktivitäten" als „konkretisierte Werte", da sie unmittelbar erstrebenswerte Ziele beinhalten" (ebenda). Man fragt sich jedoch, was von den Normen und Werten *Mertons* und *Cohens* überhaupt noch vorhanden ist, wenn die dem Freizeitverhalten zugrundeliegenden Wertvorstellungen durch den Indikator „gewünschte Freizeitaktivitäten" repräsentiert werden können. Der Einwand, „daß die liebsten Freizeitbetätigungen lediglich geeignete Mittel dar-

3. Kriminologische Beispiele

stellen, um allgemeinere Zielsetzungen zu erreichen" (S. 138), wird mit der Begründung abgewiesen, von Zielen könne immer dann gesprochen werden, wenn sie durch zugeordnete Verhaltensweisen realisierbar seien. Als Gewährsmann für diese Ansicht wird *Opp* mit seiner eben genannten „Präzisierung" der Anomietheorie genannt.

Nachdem die „Werte" durch ihre „Konkretisierung" in gewünschten Freizeitaktivitäten erhebungsreif gemacht sind, fragen die Verfasser nach Unterschieden in den *tatsächlichen* Freizeitaktivitäten. Die fragwürdige Interpretation der Anomietheorie setzt sich dabei fort: „Beim Innovationskonzept wären durch blockierte Zugangschancen ebenfalls gegenüber Unauffälligen unterschiedliche (sic!) Mittel (Freizeitaktivitäten) zur Zielsetzung gegeben" (S. 134). Eine halbe Seite zuvor hatten die Verfasser das Innovationskonzept wie folgt referiert:

„Sozial abweichende Jugendliche ergreifen . . . illegitime (innovative) Mittel, um diese (sc. allgemein anerkannten M.B.) Zielsetzungen zu erreichen" (S. 134). Jetzt sind aus den „illegitimen" Mitteln „unterschiedliche" Mittel geworden, die durch den Indikator „tatsächlich ausgeübte Freizeitaktivitäten" repräsentiert sein sollen. Im Sinne der Anomietheorie wäre jedoch allenfalls zu hypostasieren gewesen, daß abweichende Jugendliche mit *illegitimen* Mitteln blockierte Zugangschancen ausgleichen um *dieselben* Freizeitaktivitäten ausüben zu können wie diejenigen, deren Zugangschancen zu legitimen Mitteln *nicht* blockiert waren. Wer ergreift denn aber das Mittel *anderer* tatsächlicher Freizeitaktivitäten, um seine gewünschten Freizeitaktivitäten als Ziele zu erreichen?

Es entsteht eine vollkommene Absurdität, wenn man versucht, die dieser „Hypothesenbildung" zugrundeliegenden Annahmen in Sätzen über Handlungen von Menschen auszudrücken. Der ohne weitere Begründung vorgenommene Austausch von „illegitim" und „unterschiedlich" entspricht der *Opp*schen Auflösung der normativen Problematik durch eine Verallgemeinerung, die auch das Fußballspiel einschließt.

Bei der *Durchführung* wurde den 3 Stichproben von jugendlichen Gefangenen (JVA), Jugendlichen aus Fürsorgeerziehungsheimen (FE) und unauffälligen Lehrlingen (NS = Normalstichprobe) eine Liste von äußerlichen Tätigkeiten vorgelegt, aus der die Probanden ihre 3 liebsten und 3 tatsächlich am häufigsten ausgeübten Freizeitaktivitäten wählen sollten. Ob aber etwa „Gaststättenbesuch" gewünscht wird, um an einem regelmäßigen Stammtisch teilzunehmen oder einfach nur um irgendjemand zu treffen; ob eine Spielhalle aus Freude am Flippern besucht wird, oder weil sie „Treffpunkt" für bandenähnliche Assoziationen abweichender Jugendlicher ist, ob Mopedfahren als *der* Weg zu „Freiheit" und „Abenteuer" angesehen wird, oder um zur Ausbildung in die nächste Stadt zu kommen; ob Freunde zur gemeinsamen Erledigung der Hausaufgaben besucht werden, oder zum Drogenkonsum usw. sind Unterschiede, die bei der Aufzählung der äußerlichen Tätigkeit unter den Tisch fallen. Gerade diesen Unterschieden hätte doch aber das besondere Interesse der Verfasser gelten müssen, wenn sie schon nach „Wertorientierungen" fragen. So aber ist das Ergebnis, daß abweichende Jugendliche ähnliche Freizeitaktivitäten wünschen, vermutlich ein Artefakt der Wahl von Kategorien, die im Hinblick auf die hier interessierende Wertorientierung gar nicht „trennen" können. Die verfehlte Operationalisierung wirkt sich also nicht etwa nur auf die Genauigkeit der Ergebnisse aus, sondern sie betrifft den eigentlichen Kern der anstehenden Frage.

Bei der anschließenden *Diskussion* der Ergebnisse erfolgt jedoch eine völlige Kehrtwendung in der Aussage. Zunächst werden die relativ eindeutigen „Ergebnisse" festgestellt: Kaum Unterschiede in den gewünschten, deutliche Unterschiede in den tatsächlichen Freizeitaktivitäten. Danach aber gehen die Verfasser zu „differenzierende(n) Überlegungen zu den beiden ersten Hypothesen" (S. 139) über, in denen Vermutungen darüber angestellt werden, was bei einer „prozessualen Betrachtungsweise" zu erwarten gewesen *wäre*. Die eigenen Ergebnisse werden dabei durch „differenzierende Überlegungen" in Frage gestellt, weil nicht sein kann (was die vorliegenden Daten zeigen), was nicht sein darf (nach allem, was doch Etikettierung und Stigmatisierung schon hervorgebracht haben *müßten*).

Das hindert jedoch die Verfasser keineswegs daran, nun in erneuter völliger Kehrtwendung gegenüber den „differenzierenden Überlegungen", mit praktischen Empfehlungen aufzuwarten: „Betrachtet man die dargestellten Ergebnisse (!) im Hinblick auf ihre praktische Anwendung, so werden Ansätze gestützt, die direkt auf das Freizeitverhalten abgestellt sind und keine primäre Veränderung von Werten erfordern" (S. 139). Weil, so muß man folgern, abweichende Jugendliche ja die gleichen „Werte" haben wie Unauffällige (so das angebliche „Ergebnis" der Prüfung von Hypothese 1) und nur an ihrer Verwirklichung gehindert werden (so das angebliche „Ergebnis" der Prüfung von Hypothese 2). Nur wenn die abweichenden Jugendlichen bereits die „richtigen" Werte haben, bedeutet auch, so die Verfasser, „die Bereitstellung institutioneller Hilfen für ein ‚erwünschtes' Freizeitverhalten" (ebenda) nicht ein „isoliertes Vermeiden kriminologischer Auffälligkeit ohne Einübung sozialer Verantwortlichkeit" (ebenda), und nur dann trifft auch der Vorwurf der bloßen „Manipulation und Anpassung" nicht zu, den die Verfasser von sich weisen, „da sie (sc. die o.g. institutionellen Hilfen, M.B.) Zugangschancen der abweichenden Jugendlichen zu ihren *eigenen* Freizeitzielen erhöhen" (ebenda, Herv. M.B.).

Dem Praktiker der Sozialpädagogik oder Bewährungshilfe wird so als neue „Erkenntnis der Wissenschaft" angeboten, um die „Werte" abweichender Jugendlicher brauche er sich keine Sorgen zu machen, wenn er nur die „Mög-

3. Kriminologische Beispiele

lichkeiten der Etikettierung und Stigmatisierung durch die soziale Umwelt" (S. 139) durch „institutionelle Hilfen" verringere.

In dieser Folgerung zeigt also der theoretische Reduktionismus seine „praktischen" Früchte: Wenn Indikator (gewünschte Freizeitaktivitäten) und Kategorien (äußerliche Tätigkeiten) schon die Problematik der „Werte" von Jugendlichen für die Ergebnisse ausgeschaltet haben, können sich auch die praktischen Folgerungen nur noch auf „institutionelle Hilfen" beziehen.

3.4. Ungelöste Probleme multifaktorieller Vergleichsstudien

3.4.1. Wirklichkeitsfremde Zusammenfassungen von Einzelkorrelationen

Das Hauptproblem der großen Vergleichsstudien des multifaktoriellen Ansatzes besteht in der Schwierigkeit, die vielen Einzelfeststellungen über Merkmale, die mit Delinquenz korrelieren, zusammenzufassen. Die Einzelkorrelationen für sich und erst recht in ihrer Gesamtheit sind als solche nicht interpretierbar. So sehen etwa die *Gluecks* keinen anderen Weg zu dem „puzzling problem of etiology" (74, 225 ff.) als den über ihre Prognosetafeln, die sie in einem „pragmatischen" Sinn kausal interpretieren (s.o. II, 2.1.).

Diese „Lösung" ist symptomatisch für diese Denktradition. Es wird versucht, wenigstens dadurch, daß man die wichtigsten (trennkräftigsten) Einzelmerkmale zusammen„rechnet", zu gewährleisten, daß aus der Gesamtaussage nichts wesentliches herausfällt. Dabei gibt es im statistischen Aufwand Unterschiede.

West und *Farrington* etwa spüren die Unangemessenheit multivariater Verfahren, wenn sie sagen: „Using very refined statistical techniques to analyse the rough data collected in deliquency surveys such as this has always seemed to us like taking a sledge-hammer to crack a nut" (77, 148). Dennoch versuchen sie, wesentliche Einzelergebnisse ihrer Studien zusammenzufassen: „It was decided to combine some of these factors together to produce a scale to try to measure the degree of this antisocial tendency in each youth" (77, 146; ähnlich *Robins* 1966, 141 ff.); andere verwenden aufwendigere Mittel wie die Faktorenanalyse (etwa *Conger/Miller* 1966; *Ferracuti/Dinitz/Acosta de Brenes* 1974, 130). Oft bleibt es zwar auch bei einer einfachen Feststellung der prognostisch bedeutsamen Merkmale, ohne daß überhaupt explizit über zugrundeliegende Zusammenhänge Aussagen getroffen werden (etwa *Otterström* 46, 311 ff.; *Ferguson* 52, 142 ff.; *McCord/McCord* 59, 157 ff.; *Rosenquist/Megargee* 69, 447 ff.). Doch enthalten solche Aufzählungen oft implizit ebenfalls die Annahme eines additiven Gesamtzusammenhanges. Es wird dann unbestimmt von „factors in the causation" (*Ferguson* 52, 142) gesprochen, oder von einem „pattern of causation", das entstehe, wenn man versuche, „to weave the strands of evidence together" (*McCord/McCord/Zola* 62, 167)[6].

Der grundsätzliche Mangel dieser Versuche besteht zunächst darin, daß auf diese Weise keinerlei neue Erkenntnis in bezug auf die Frage entsteht, *wie* sich solche Merkmale oder Faktoren im Handeln der betreffenden Menschen auswirken. Die vorgefundenen empirischen Regelmäßigkeiten blieben genauso unverständlich (im Sinne der Kritik von *Sack* und *Exner* s.o., II, 3. und 4.), selbst wenn es gelänge, die Einzelmerkmale „richtig" zusammenzufassen. Es würde sich immer noch um Erkenntnis handeln, die, wie *Max Weber* sich ausdrückt, unserem Kausalitätsbedürfnis bei menschlichen Handlungen nicht genügt (dazu jedoch ausführlich unten IV, 4.2.). Doch gelingt schon die „richtige" Zusammenfassung nicht. Selbst wenn man hier nun weiter unterstellt, die formalen Voraussetzungen für die Anwendbarkeit der statistischen Verfahren seien gegeben, so werden doch überall noch zusätzliche unhaltbare Annahmen gemacht: Die ursprünglichen Korrelationsfeststellungen sind durchaus damit vereinbar, daß ein bestimmtes Merkmal sich im Einzelfall gar nicht oder gar erwartungswidrig auswirkt. Ihr eigentlicher Sinn wird davon in keiner Weise tangiert. Sobald jedoch diese Einzelkorrelationen zu irgendwelchen „Maßen" höherer Ordnung zusammengefaßt werden, kann diese Möglichkeit nicht mehr zugestanden sein. Stellt man sich etwa einen Index oder eine Prognosetafel aus 4 für sich jeweils trennkräftigen Merkmalen vor, so macht das intendierte Gesamtmaß der „Gefährdung" nur Sinn, wenn es a) nicht immer ganz verschiedene Probanden der Stichproben sind, die dafür sorgen, daß die Einzelkorrelationen jeweils eben nur *Grade* der Wahrscheinlichkeit ausdrücken und wenn b) bei den Probanden, die tatsächlich zwei oder mehr Merkmale aufweisen, diese sich auch immer gegenseitig verstärken. Es wird also vorausgesetzt, daß die Einzelmerkmale, der Stärke der Korrelation entsprechend, gleich*mäßig* bei allen Probanden wirken, und daß diese Wirkung gleich*sinnig* ist. Beides sind in hohem Maß wirklichkeitsfremde Annahmen. Es handelt sich hier um ein grundsätzliches Problem der multivariaten statistischen Weiterverarbeitung einfacher Korrelationen, die gar nichts etwa mit der Komplexität des Materials zu tun hat, die technisch potentiell sogar zu meistern wäre.

Bei *Healy* und *Bronner* findet man ein klares Bewußtsein für diese prinzipielle Grenze:

---

[6] Instruktiv für die Unsicherheit und letztlich auch Schwäche des Arguments sind die folgenden, jeweils abschließenden Äußerungen: „Many adverse social and environmental factors may operate towards delinquency ... Many one of these adverse factors by itself is bad enough; but the main danger springs from a co-existence of adversities which, together, may make it difficult indeed for a lad to keep out of trouble" (*Ferguson* 52, 148). Oder auch: „Clearly, one cannot understand the origins of criminality by examining one factor alone; rather, one must understand the complex interaction of ... determinants" (*McCord/McCord/Zola* 62, 172).

3. Kriminologische Beispiele

„Even though the conclusion must be reached, that the ... bad influences in these families heavily outweigh the favorable, yet for any single case any of the supposed influences have to be evaluated as they may or may not have affected the childs conduct. If this were not so, how does it happen that such a considerable proportion of the children in these families do not become delinguent?" (*Healy/Bronner* 36, 33).

Als langjährige Praktiker hatten sie jene Art von „Erfahrung", die sich im unmittelbaren Umgang mit den entsprechenden Menschen bildet. Dieser Umstand bewahrte sie vor der vorschnellen Interpretation von Merkmalsverteilungen zwischen Kriminellen und Nichtkriminellen. Deshalb wohl ist ihnen nie das Bewußtsein abhanden gekommen, daß die Merkmale oder „factors", die mit Delinquenz korrelieren, stets nur *möglicherweise* kausal bedeutend sind.

„In all these negative conclusions from statistics of conditions and make-up offenders we find little satisfactory explanation of delinquency. It is clear that there are many factors concerning inner mental life (attitudes, stabilities, ideas, urges), concerning the subtler influences of companionship and of various features of environmental conditions – these can only be disclosed and enumerated through careful study of what has initiated and continued the individual in the ways of deliquency.
It is evident that statistical studies cannot readily present the complete picture of delinquent causations, particularly since causations exist never alone, but in such different combinations in different individuals" (26, 209; vgl. auch 36, 33).

Konsequent befragen sie deshalb ihre eingehenden Einzelfallanalysen nach „conditions *directly* causative of delinquency" (26, 179 ff.). Sie kommen dabei über eine prozentuale Aufteilung nicht hinaus, die den Anschein erweckt, als müsse immer *einer* bestimmten „condition" der Ausschlag zugeschrieben werden.

Neuerdings hat sich *Buikhuisen* (79) zu der Frage geäußert, wie über die Feststellung von Einzelbefunden hinauszukommen sei. Er schlägt vor, durch eine „differential criminology" für verschiedene Tätergruppen, die nach Merkmalen wie Delikt, Schicht, Geschlecht, Alter und Tatbegehung in der Gruppe vorläufig klassifiziert werden sollen, die Genauigkeit der kriminologischen Theorie zu verbessern (79, 29). Diese Tätergruppen müßten mit einem „behavioral approach" studiert werden, wobei er in der Tradition multifaktorieller Ansätze definiert: „all behavior is a function of the personal characteristics of the individual concerned and of the situation in which he finds himself" (79, 34). Diese Definition bringt er in eine Formel, die den Umkreis aller möglichen Faktoren repräsentiert. Obwohl *Buikhuisen* diese Formel selbst nicht als „explanatory model" ansieht, sondern als „regulatory principle" (79, 36), neigt jedoch auch er dazu, durch sicherlich hochkomplexe, aus differenzierten Subtheorien bestehende, aber eben doch allgemeine Theorien Verbrechen „erklären" zu wollen. Auch können wohl durch eine Unterscheidung zwischen den „predisposing", den „facilitating" und den „inhibitory factors" (79, 38 f.) die unterschiedlichen Gewichtungen und Abhängigkeiten der verschiedenen Faktoren besser berücksichtigt werden als bei einem einfachen Additionsmodell.

III. Zum Wirklichkeitsverlust des „empirischen" Wissens

Aber dies soll in *allgemeinen* Theorien geschehen, so daß auch hier das Ziel ist, aus dem Vorliegen von Faktoren auf Verbrechen zu schließen:

„It can be easily seen that what we favor is a probabilistic model for the explanation of crime, approximately as follows: given the existence of predisposing factors A and B, the presence of facilitating factors a, b and c, and the absence of inhibitory factors such as d and e, the probability that a specific crime will be committed is Y. In this non-discipline-biased model each discipline can contribute any factor, be it predisposing, facilitating, or inhibitory" (79, 39).

Damit macht *Buikhuisen* die nicht weniger fragwürdige Annahme, daß sich die „predisposing", „facilitating" und „inhibitory" factors bei ihrem Vorliegen in *jedem* Einzelfall *tatsächlich* so auswirken, wie es ihre Bezeichnung ausdrückt, der ursprünglich auch nur ein Korrelationszusammenhang (bestimmter Stärke) zugrundeliegt. Überdeutlich sieht man hier die Berechtigung von *Opps* Ansicht, auch der multifaktorielle Ansatz sei letztlich eine allgemeine Theorie des Verbrechens[7].

Der Unterschied dieser, so könnte man sagen, entwickelten multifaktoriellen Theorie zu den einseitigen Theorien aus den Bezugswissenschaften schrumpft zu einem (potentiellen!) Unterschied in der Erklärungskraft:

„Statistically speaking, each discipline is able to explain only a small proportion of the variance. This is partially attributable to the complex nature of the problem of criminality ... Progress can be made, therefore, only be means of a multidisciplinary approach" (79, 37).

3.4.2. Die problematische „Geltung" lediglich illustrativer Einzelfallbeschreibungen

Zu erwähnen bleibt noch, daß sich viele Vertreter dieses Ansatzes um eine wirklichkeitsgetreue Darstellung ihrer Ergebnisse bemühen. Dabei wird teilweise versucht, die Einzelkorrelationen in deskriptive Sätze umzuwandeln und zu einem Bild oder Profil zusammenzustellen. Auf dieser Ebene, wo lediglich Anschaulichkeit, aber keinerlei zusätzliche Erkenntnis gewonnen wird, liegt etwa die folgende Darstellung von *West:*

---

[7] Daß dieser „Fortschritt" dem multifaktoriellen Ansatz im Grunde schon immer implizit zu Grunde lag und daß er auch hier von einem kumulativen Erkenntniszuwachs unter ständiger Verbesserung der Methoden erwartet wird, zeigen *Rosenquist/Megargee* mit folgender zuversichtlicher Äußerung:
„A great deal more research must be done before this multiple-factor approach can be considered a multiple-factor theory. It is not enough to identify various factors that are reliably associated with delinquency ... Only by detailed research charting the parameters of the various factors to determine how they accentuate or minimize each other's influence will it be possible to predict delinquent behavior in advance rather than explaining it after the fact. Such predictive power is essential for any theory. ... When research has advanced to the point where multiple regression equations predicting delinquency can be constructed ... then what is now a multiple-factor approach will be advanced to the point where it can be referred to as a multiple-factor theory. This is a difficult, complex, long-term task, but it can be done" (69, 465).

3. Kriminologische Beispiele

„Delinquents are less conforming and less socially restrained than non-delinquents, and this difference shows up in all aspects of their lives. They are more immoderate in their smoking, drinking, gambling and sexual habits. They more often become violent after drinking. They drive more recklessly and are more likely to sustain injuries. They are more often spendthrifts. They show little interest in reading or in further education. Their work records are much less stable. They earn more per week, but are in jobs with poor prospects. They mix more with all-male groups of the kind that gets into trouble. They spend more of their leisure time away from home, and indulge more often in seemingly aimless „hanging about". They more often take prohibited drugs. They express more proaggressive and anti-establishment sentiments in response to an attitude questionnaire. They are more often in conflict with or alienated from their parental home. They are readier to adopt the dress styles and ornaments, notably tattoos, associated with anti-establishment attitudes . . .

These features all hang together to produce an easily recognizable personality profile, very much in accord with establishment view of what a young delinquent is like" (77, 78/79).

Anders steht es mit den „illustrative cases", die den meisten Studien beigegeben sind (vgl. etwa *Glueck/Glueck* 74, 240—65; *Powers/Witmer* 51, 189 ff.; *Ferguson* 52, 67 ff., 83 ff., 96 ff.; *Rosenquist/Megargee* 69, 470 ff.; *McCord/McCord* 59, 41 ff., 118 ff.; *Healy/Bronner* 36, 92 ff.).

Hier gewinnt man potentiell Einsichten, wie sich die innere Dynamik und die kausalen Zusammenhänge einschließlich der von *Sack* und *Exner* geforderten Erwartungs-, Bewertungs- und Sinnzusammenhänge in *realen* Fällen gestalten. Das gilt insbesondere dort, wo mit systematischer Absicht Fälle herangezogen werden, die sich weitgehend gleichen wie etwa bei den echten Zwillingen von *Healy* und *Bronner* (36, 92 ff.) oder bei der Darstellung von „Frankie" und „Jimmy" (*Glueck/Glueck* 74, 250 ff.). Der Leser wird hier, dramaturgisch gekonnt, möglichst lange im Unklaren gelassen, welcher von beiden nun eigentlich der Delinquent sei. Man meint durch derartige Vergleiche die kausal wesentlichen „factors" erschließen zu können (s. hierzu u. VI, 2.2.). Doch gelingt es nicht, diese Einzelfälle mit den statistischen Analysen in Verbindung zu bringen, d.h. es muß offen bleiben, inwiefern diese Darstellungen die untersuchte Stichprobe in irgendeiner Weise „repräsentieren". So haftet ihnen der Makel an, ihre Auswahl sei subjektiv, intuitiv und deshalb allenfalls von vorwissenschaftlichem Wert. Es ist für diese Studien bezeichnend, mit welch geradezu rührenden Sätzen die teilweise in den Appendix verbannten Einzelfallanalysen angekündigt werden.

„It seems appropriate to give the reader at least a slight notion of what the boys are like as persons, including, besides their reactions to the tests, the background of their families, the circumstances of their day-by-day existence, the behavior of their parents, the size and location of the houses they live in, and so on. For this purpose a series of vignettes has been prepared . . . they will, it is hoped, convey a sense of the humanness of the subjects and function in a limited way as a personal introduction and as the beginning of acquaintance" (*Rosenquist/Megargee* 69, 470).

„This book has deliberatley avoided individual case histories but rather concentrated on a comparison of deliquent and nondelinquent slum boys. Nevertheless, the following five cases illustrate the type of human material concerning us. Although theory building continues and one conceptual scheme gives way to another, the human tragedy of these cases remains and the cry for help that comes from these boys must somehow be answered" (*Ferracuti/Dinitz/Acosta de Brenes* 74, 138).

Deutlicher kann die vollkommene Trennung zwischen dem, was die Probanden „as persons" sind, zwischen der „human tragedy" ihres Lebens sowie ihrem „cry for help" und dem, was die Wissenschaft tut, kaum ausgesprochen werden. Die Einzelfallanalyse ist für das erstere zuständig und wird so ganz zur furcht- und mitleiderregenden Fall„geschichte". Die „verallgemeinernden Allsätze" der Wissenschaft liefert dagegen die statistische Analyse.

4. Zusammenfassung

Die „empirische" Kriminologie stützt sich weitgehend auf diejenigen Forschungsinstrumente, die sich in ihren Bezugswissenschaften vor allem seit dem zweiten Weltkrieg allgemein durchgesetzt haben. Diese „Methoden der empirischen Sozialforschung" unterliegen jedoch aufgrund ihrer Vorannahmen der Tendenz, die unmittelbare Erfahrung des Forschers mit dem Gegenstand entweder nur als Störung des wissenschaftlichen Erkenntnisprozesses anzusehen, oder ihr allenfalls in einem außer- oder vorwissenschaftlichen Bezirk einen Platz anzuweisen. In dieser Hinsicht gibt es auch höchstens forschungstechnische Unterschiede zwischen der sogenannten „theoriegeleiteten" Forschung und dem angeblich „induktiven" Vorgehen des multifaktoriellen Ansatzes. Überdies bleiben die Ergebnisse der „theoriegeleiteten" Forschung meist fragmentarisch, auf den Horizont der jeweiligen Bezugswissenschaft beschränkt, während die Versuche, die Bedeutung vieler Einzelvariablen zusammenzurechnen, in der Gefahr sind, die mathematischen Voraussetzungen des jeweiligen Verfahrens zu reproduzieren. Dieses Bild der „empirischen" Kriminologie hat auch *Göppinger* im Auge, wenn er feststellt, „daß zwar eine große Zahl spezialwissenschaftlicher Einzelaussagen vorliegt, jedoch keine *umgreifende* Betrachtung des Täters und seines Sozialbereiches im Sinne einer wirklichkeitsnahen Gewichtung der verschiedenen Einzelbereiche" (80, 167).

Erkenntnis„stoff", der eine größere Lebensnähe und Konkretheit aufweist, geht nicht in die wissenschaftlichen Prüfverfahren ein. Aus „deskriptiven" Studien vorliegendes Material wird für seine Integration in den kumulativen Wechselprozeß von Theorie und Empirie der neupositivistischen Wissenschaftstheorie so „aufbereitet", daß es seinen ursprünglichen Gehalt verliert. Den Einzelfallanalysen, die überwiegend den multifaktoriellen Vergleichsstudien beigegeben sind, kommt nur der Stellenwert von Illustration oder vorwissenschaftlichen Erkenntnisweisen zu. Allgemein ist daran zu erinnern, daß die kriminologischen Schulen, die sich um die „Perspektive der Handelnden" bemühen, sobald sie selbst zur empirischen Forschung schreiten, teilweise in einen

4. Zusammenfassung

noch naiveren Empirismus zurückfallen als derjenige, gegen die sie ursprünglich auftraten (s.o. II, 3.2.).

Dennoch wird man auf dem Weg zu einer Wirklichkeitswissenschaft die Alternative zwischen einseitigen hypothetisch-deduktiven Theorien und dem multifaktoriellen Ansatz eindeutig zugunsten des letzteren entscheiden. Denn obwohl ihm gerade dadurch Schwierigkeiten bei der Systematisierung entstehen anerkennt der multifaktorielle Ansatz die *Vielschichtigkeit* der Verbrechenswirklichkeit. Insofern verdienen trotz des Scheiterns an einer „komplexen Gesamtschau" die Ergebnisse der großen multifaktoriellen Vergleichsuntersuchungen auf der *Ebene der Einzelbefunde* Beachtung. Mindestens zur Widerlegung einseitiger Theorien reichen sie aus.

„Criminologists who, nevertheless, continue to favor a unidisciplinary approach might profitably consider how it is that the great majority of the populations to which their thoery is applicable ... are not normally criminals" (*Buikhuisen* 79, 37).

Außerdem liegt am ehesten noch bei den Vertretern dieser Schule, beispielhaft wären hier *Healy* und *Bronner* zu nennen, jene Erfahrung vor, die sich im unmittelbaren Kontakt mit dem Straffälligen bildet. In den Händen eines in dieser Weise „Erfahrenen" werden wohl auch die eigenen Indizes und Prognosetafeln weniger überschätzt werden als dort, wo sie dann losgelöst als fertiges Ergebnis der Wissenschaft behandelt werden.

IV. Max Webers Programm einer Wirklichkeitswissenschaft

Der Überblick zur Lage der Kriminologie (Kap. II und III) zeigt ein wenig ermutigendes Bild. Die methodologischen Standpunkte scheinen sich nicht zu ergänzen, sondern in einem reziproken Verhältnis von Leistung und Mangel zu stehen, d.h. ihre jeweilige Leistung *nur* für den Preis eines gravierenden Mangels erbringen zu können und insofern unfruchtbar zu bleiben[1]. Mit der Wissenschaftsauffassung *Max Webers* soll nun ein Programm vorgestellt werden, das die Kriminologie durch ihre Fixierung auf die „empirischen" Methoden ihrer human- und sozialwissenschaftlichen Bezugswissenschaften gar nicht zur Kenntnis genommen hat.

1. Die wissenschaftsgeschichtliche Ausgangslage

Die Zeit der großen wissenschaftstheoretischen Auseinandersetzungen, die für die heutige Gestalt der Wissenschaft von maßgeblicher Bedeutung sind, waren die Jahre um die letzte Jahrhundertwende. Damals zerfiel die im 19. Jahrhundert noch geläufige Vorstellung, daß die Wissenschaft, wenn sie nur methodisch einwandfrei arbeite, die „Wirklichkeit" im wesentlichen fehlerfrei abbilden könne. Diese Vorstellung gründete ihrerseits in dem Glauben, in allen Geschehensbereichen walte eine *vorgegebene, natürliche und der menschlichen Vernunft einsehbare Ordnung* der Dinge, wie sie in *Newtons* Mechanik beispielhaft vor Augen stand. Und mit diesem Glauben stand und fiel auch die Hoffnung, aus der durch Wissenschaft erhellten „Natur der Dinge" die Maximen des „richtigen" und „guten" Handelns in Politik, Recht, Wirtschaft und Erziehung ableiten zu können, nachdem die Religion als öffentlich gültige Weltauslegung entfallen war.

---

[1] Sieht man dieses Verhältnis vor allem durch die Unmöglichkeit gegeben, statistische Korrelationen von „Merkmalen" und Kriminalität zu „deuten" und andererseits durch die bisher gescheiterten Versuche, „verständliche" Konzepte der „kriminellen Karriere" empirisch zu überprüfen, so steht *Max Weber* durchaus auf der Höhe des Geschehens: „Ein... ‚empirisches' Gesetz ... ist eine empirisch geltende Regel mit problematischer kausaler *Deutung*, ein teleologisches Schema rationalen Handelns dagegen eine Deutung mit problematischer empirischer *Geltung*: beide sind also logisch polare Gegensätze" (WL, S. 131). Diesen *logischen* Gegensatz durch Aufstellung von sowohl „deutenden" als auch „gültigen" Regeln zu überwinden, sah er als die zu erbringende Leistung an.

Erkenntnistheoretisch folgte aus dem Zerfall dieser Hoffnungen die Einsicht, daß wissenschaftliche Erkenntnis nur perspektivisch, nur ausschnitthaft sein könne. Alsbald ergab sich daraus das Problem, nach welchen Gesichtspunkten nun die Wahl unter den möglichen Perspektiven und Ausschnitten getroffen werden sollte. In den Sozial- oder nach dem damaligen Sprachgebrauch besser „Kultur"wissenschaften, insbesondere der Nationalökonomie und der Geschichtswissenschaft, stand dabei die Grundfrage an, ob sie als „Gesetzes"wissenschaft betrieben werden sollten oder als „Wirklichkeits"wissenschaft.

Der bis heute gültige Gegensatz ist dabei folgender: Eine Wissenschaft, die ein System *allgemeiner Gesetze* zum Ziel hat (wie etwa die heutige Wirtschaftswissenschaft), muß eine völlig andere Gestalt, insbesondere auch bezüglich ihrer praktischen Anwendung haben als eine Wissenschaft, die sich um eine (möglichst wirklichkeitsgetreue) Erfassung historischer oder gegenwärtiger Erscheinungen in ihrer *jeweiligen Eigenart* bemüht.

2. Wirklichkeitswissenschaft als besondere Art der „denkenden Ordnung des Wirklichen"

2.1. Irrationale Vorstellungen von „Persönlichkeit" und „Freiheit"

Max Weber vor allem gebührt das Verdienst, diese Diskussion von einigen Schlacken gereinigt zu haben. In seinen Aufsätzen zur Wissenschaftslehre führt er dabei einen Zweifrontenkampf. Zwar gilt sein Interesse in erster Linie einer Verteidigung der Besonderheit der Geistes- und Kulturwissenschaften. Diese befanden sich in einer Abwehrhaltung gegenüber der Forderung, *nur* die Suche nach allgemeinen Gesetzen solle überhaupt als Wissenschaft anerkannt werden (so in der Nationalökonomie etwa *Carl Menger*). Gleichzeitig bescheinigte er aber den Verfechtern dieser Besonderheit, mit den falschen Argumenten zu streiten. Teils wurde an der alten kantischen Unterscheidung zwischen einem „Reich der Notwendigkeit" und einem „Reich der Freiheit" festgehalten, teils auch an der romantischen Quellen entstammenden Vorstellung, die Persönlichkeit des einzelnen habe Teil am (den einzelnen Kulturinhalten ontologisch vorgeordneten) „Volksgeist", aus dem sie gewissermaßen „emaniere". Als Konsequenz daraus dachte man alles der individuellen „geistigen" Persönlichkeit Entspringende (geistige Gebilde oder auch historische Entschlüsse bzw. Handlungen) als mit einer besonderen (substantiellen) Dignität ausgestattet. Eine Subsumtion dieser Phänomene unter allgemeine Gesetze schien daher von vornherein ausgeschlossen. Mehr noch, es wurde behauptet, aus diesen Eigenschaften folge sowohl die Einheitlichkeit (d.h. „Unzerlegbarkeit" im wörtlichen

Sinne von Individualität für jede Art von „analytischer" Wissenschaft) als auch die letztliche Irrationalität des „Persönlichen". Auf diese Weise versuchte man für die Geisteswissenschaft ein Refugium zu schaffen.

Weber sieht hierin jedoch ein völliges Mißverständnis des „Wesens" der menschlichen Freiheit und eine falsche Vorstellung von menschlicher „Persönlichkeit". Den Geisteswissenschaften werde dadurch ein Bärendienst erwiesen.

„Je ‚freier', d.h. je mehr auf Grund ‚eigener', durch ‚äußeren' Zwang oder unwiderstehliche ‚Affekte' nicht getrübter ‚Erwägungen', der ‚Entschluß' des Handelnden einsetzt, desto restloser ordnet sich die Motivation ceteris paribus den Kategorien ‚Zweck' und ‚Mittel' ein, desto vollkommener vermag also ihre rationale Analyse zu gelingen, desto größer aber ist infolgedessen auch die Rolle, welche – beim Handelnden einerseits, beim analysierenden Forscher andererseits – das nomologische Wissen spielt, desto ‚determinierter' ist ersterer in bezug auf die ‚Mittel'. Und nicht nur das. Sondern je ‚freier' in dem hier in Rede stehenden Sinn das ‚Handeln' ist, d.h. je *weniger* es den Charakter des ‚naturhaften Geschehens' an sich trägt, desto mehr tritt damit endlich auch derjenige Begriff der ‚Persönlichkeit' in Kraft, welche ihr ‚Wesen' in der Konstanz ihres inneren Verhältnisses zu bestimmten letzten ‚Werten' und Lebens-‚Bedeutungen' findet, die sich in ihrem Tun zu Zwecken ausmünzen und so in teleologisch-rationales Handeln umsetzen, und desto mehr schwindet also jene romantisch-naturalistische Wendung des ‚Persönlichkeits'gedankens, die umgekehrt in dem dumpfen, ungeschiedenen vegetativen ‚Untergrund' des persönlichen Lebens, d.h. in derjenigen ... ‚Irrationalität', welche die ‚Person' ja doch mit dem Tier durchaus *teilt*, das eigentliche Heiligtum des Persönlichen sucht. Denn diese Romantik ist es, welche hinter dem ‚Rätsel der Persönlichkeit' in dem Sinn steht, in welchem *Treitschke* gelegentlich und viele andere sehr häufig davon sprechen, und welche dann womöglich noch die ‚Willensfreiheit' in jene naturhaften Regionen hineindichtet. ... Für die ‚Deutung' des Historikers ist die ‚Persönlichkeit' nicht ein ‚Rätsel', sondern umgekehrt das einzig deutbare ‚Verständliche' was es überhaupt gibt, und menschliches Handeln und Sich-Verhalten an keiner Stelle, insbesondere auch nicht da, wo die Möglichkeit rationaler Deutung aufhört, in höherem Grade ‚irrational' – im Sinn von ‚unberechenbar' oder der kausalen Zurechnung spottend –, als *jeder individuelle* Vorgang als solcher überhaupt es ist, dagegen hoch hinausgehoben über die Irrationalität des rein ‚Natürlichen' überall da, wo rationale ‚Deutung' möglich ist" (WL 132 f.).

Diese oder ähnliche „emanatistische" Vorstellungen, gegen die *Weber* sich hier wendet, sind jedoch auch in den Arbeiten der älteren deutschen Kriminologen, insbesondere ihrer juristischen Vertreter, vorhanden, die ja mit der geisteswissenschaftlichen Tradition vertraut waren. Am sichtbarsten ist dies bei *Wilhelm Sauers* Annahme eines „Kriminalitätserregers", den er als den tiefsten, substantiellen Kern der kriminellen Persönlichkeit ansieht: „Er ist der selbstschöpferische Gestaltungswille des Verbrechers: die kriminelle Erscheinung der in den Tiefen der Persönlichkeit wurzelnden Willensfreiheit" (50, 5). *Sauer* spricht hier in bezeichnender Anlehnung an den Sprachgebrauch der rationalen Psychologie des 18. Jahrhunderts von „Potenzen", von „Kraftmonaden", und zwar in ständiger ausrücklicher Parallele zu der „normalen" schöpferischen Persönlichkeit, die auch *Webers* Adressaten irrtümlich als *Realgrund* von Geschichte und Kultur ansahen.

Zwar verblaßt, und da es durch die philosophische Anthropologie ganz anders fundiert ist, steht auch *Würtenbergers* und *Langes* ganzheitliches Verständnis von „Persönlichkeit" (59, 43; s. auch o. II, 4.2.) in der Gefahr, zur

Vorstellung einer quasi-substantiellen Einheit des Menschen abzugleiten. In seinem Buch, das den bezeichnenden Titel „Das Rätsel Kriminalität" (70) trägt, breitet *Lange* mit aller nur wünschenswerten Klarheit und Vollständigkeit die in den Bezugswissenschaften vorherrschenden einseitig reduktionistischen Menschenbilder aus und setzt ihnen widersprechende Befunde entgegen, die sich um den Ansatz der philosophischen Anthropologie gruppieren. Diese Befunde tragen jedoch alle nicht so weit, daß aus ihnen eine *allgemeine und positive* Aussage über das „Wesen" des Menschen abgeleitet und den anderen Menschenbildern gegenübergestellt werden kann, auch nicht die von seiner angeblichen Rätselhaftigkeit. Insofern nimmt *Lange* zwar zu Recht in Anspruch, die von ihm dargestellten Befunde würden „von ‚unten' her die Revision des Menschenbildes der Kriminologie (erzwingen)" (70, 345). Deswegen ist jedoch nicht schon der Vorwurf, dadurch würde ein „neues spekulatives Moment" (ebenda) in die Kriminologie hineingetragen, ein bloßes Mißverständnis. So findet sich auch jüngst wieder in einem Aufsatz *Langes,* der in seiner Kritik an der forensischen Verwendung von projektiven psychologischen Testverfahren glänzend ist, die Folgerung: „Der Mensch ist nicht nur ... das unbekannte Wesen, er ist letzten Endes schlechthin unerkennbar" (80, 2732), sowie der Hinweis auf *Goethe* (im Anschluß an *Sander-Volkelt*), „der ... aus dem Satz individuum, also das Unteilbare, est ineffabile, also unsagbar, unerschöpflich, eine ganze Welt ableitet" (ebenda).

2.2. „Kulturbedeutung" als Kriterium wirklichkeitswissenschaftlicher Begriffsbildung

Diese in letzter Konsequenz, im Falle *Sauers* ganz offensichtlich metaphysischen Vorstellungen des Wesens des Menschen, gehen nach *Weber* am Kern der Sache vorbei. Sie entzögen das menschliche Handeln gerade dem rationalen „Verstehen" und brächten so die Geisteswissenschaften insgesamt in den Verdacht der rein subjektiven „Intuition", durch die allein man sich dann konsequent dem letzten Kern des Geschehens nähern könne. Gerade ihre Rationalität zeichne dagegen die menschlichen Handlungen aus, so verschiedene Formen sie auch annehmen könne, und gerade ihre Rationalität eröffne die Chance zu *objektiven,* kausalen Erklärungen solcher Handlungen (WL 132 f.; näheres s.u. 3.). Ebenso trügen die menschlichen Handlungen beliebig viele gemeinsame Züge, die man sehr wohl analytisch als „generelle Regeln des Geschehens" aus den tatsächlichen Wirkungszusammenhängen abstrahieren könne und müsse. Keinesfalls spreche also irgendein metaphysischer (ontologischer) Sonderstatus der „Persönlichkeit" gegen die *logische* Möglichkeit einer generalisierenden, nomothetischen „Geistes"wissenschaft. Diese verbiete sich vielmehr aus ganz anderen Gründen: Solche generellen Regeln des Geschehens könnten (und müßten) – und das ist nun *Webers* Argument gegen die andere Front – zwar durchaus notwendiges Erkenntnis*mittel,* niemals aber Erkenntnis*ziel* der Kulturwissenschaften sein. Die Gründe dafür liegen im oben genannten Zerfall der „Abbildtheorie" der Wissenschaft und der daraus folgenden Anerkennung der Aspekthaftigkeit aller Erkenntnis. Und eben diese Aspekte seien bei den „Kulturwissenschaften" von besonderer Art. Ihre Gegenstände seien aus anderen Gründen und anders „bedeutsam" für uns und deshalb sei anderes an ihnen wissenswert:

„Die empirische Wirklichkeit *ist* für uns ‚Kultur‘, weil und sofern wir sie mit Wertideen in Beziehung setzen, sie umfaßt diejenigen Bestandteile der Wirklichkeit, welche durch jene Beziehung für uns *bedeutsam* werden, und *nur* diese ... *Was* aber für uns Bedeutung hat, das ist natürlich durch keine ‚voraussetzungslose‘ Untersuchung des empirischen Gegebenen zu erschließen, sondern seine Feststellung ist Voraussetzung dafür, daß etwas *Gegenstand* der Untersuchung wird. Das Bedeutsame koinzidiert natürlich auch als solches mit keinem Gesetze als solchem, und zwar um so weniger, je allgemeingültiger jenes Gesetz ist. Denn die spezifische *Bedeutung,* die ein Bestandteil der Wirklichkeit für uns hat, findet sich natürlich gerade *nicht* in denjenigen Beziehungen, die er mit möglichst vielen anderen teilt. Die Beziehung der Wirklichkeit auf Wertideen, die ihr Bedeutung verleihen, und die Heraushebung und Ordnung der dadurch gefärbten Bestandteile des Wirklichen unter dem Gesichtspunkt ihrer Kulturbedeutung ist ein gänzlich heterogener und disparater Gesichtspunkt gegenüber der Analyse der Wirklichkeit auf *Gesetze* und ihrer Ordnung in generellen Begriffen. Beide Arten der denkenden Ordnung des Wirklichen haben keinerlei notwendige logische Beziehungen zueinander" (WL 175/76).

Das bedeutet, für *Weber* besteht die Besonderheit der Kulturwissenschaften nicht in erster Linie in einer (metaphysischen) Eigenschaft ihres *Gegenstandes,* sondern in einer besonderen Art der „denkenden Ordnung des Wirklichen". Deren „transzendentale Voraussetzung ... (ist), daß wir *Kulturmenschen* sind, begabt mit der Fähigkeit und dem Willen, bewußt zur Welt *Stellung* zu nehmen ..." (WL 180). Auf methodischer Ebene bedeutet dies ein ganz spezifisches Interesse an kausaler Erklärung: „Die Kausalfrage ist, wo es sich um die *Individualität* einer Erscheinung handelt (deren Verstehen das Ziel der Kulturwissenschaften ist, M.B.), nicht eine Frage nach Gesetzen, sondern nach kausalen *Zusammenhängen,* nicht eine Frage, welcher Formel die Erscheinung als Exemplar unterzuordnen, sondern die Frage, welcher individuellen Konstellation sie als Ergebnis zuzurechnen ist, sie ist *Zurechnungsfrage*" (WL 178). Damit war die Frage der „Geisteswissenschaften" auf eine andere Ebene gehoben. Den Unterschied bringt die Wahl des neuen Begriffs „Wirklichkeitswissenschaft" zum Ausdruck.

Insofern trägt *H. Albert* als Vertreter der modernen Wissenschaftstheorie (73, 59) keineswegs neue Erkenntnisse vor, wenn er sagt, die Wissenschaften unterschieden sich nicht in ontologischer (d.h. metaphysischer) Hinsicht, sondern nur in logischer (d.h. der Begriffsbildung). Nur ist seine Folgerung, daß es deshalb keinen prinzipiellen Sonderstatus für manche Wissenschaften gebe, falsch. Denn er unterschlägt mit der unterschiedlichen *Kulturbedeutung* der Gegenstände der Kulturwissenschaften das entscheidende Kriterium, das *für* einen teilweisen Sonderstatus spricht, wie im folgenden zu zeigen sein wird. Im übrigen ist die Arbeit von *Albert* bezeichnend für die allgemeine Tendenz, die „sogenannten" Geisteswissenschaften in einer Form zu präsentieren, daß sie in der Tat unter das Verdikt des Subjektivismus und Irrationalismus zu gehören scheinen. Dieses Bild der Geisteswissenschaften war jedoch, sofern es überhaupt zutreffend ist, durch die Wissenschaftslehre *Max Webers* bereits überholt[2].

3. Die Überwindung des „Subjektivismus"

Die eigentliche *methodologische* Leistung *Max Webers* besteht darin, den Kulturwissenschaften einen Weg gezeigt zu haben, der zu einer spezifischen, von den Gesetzeswissenschaften zu unterscheidenden Erkenntnis führt, *ohne* deshalb auf die Objektivität und empirische (in *Webers* Sinn) Gültigkeit dieser Erkenntnis verzichten zu müssen. Gerade diese Programmatik zeichnet ja auch den sogenannten „Objektivitätsaufsatz" aus und verleiht ihm seine große Bedeutung.

Die „Auseinandersetzung mit den mannigfachen, in allerhand Farben und Formen schillernden Theorien, von der angeblichen Eigenart der ‚subjektivierenden' Disziplinen" (WL, 125) findet sich jedoch in seiner Arbeit über „Roscher und Knies und die logischen Probleme der Nationalökonomie" von 1903. In ausführlichen und mühseligen Analysen zeitgenössischer Ansichten zur Kategorie der „Deutung" entwickelt *Weber* dort Schritt für Schritt seinen objektiven Verstehensbegriff.

3.1. Versuche zur Ausgrenzung der Deutung aus der Wissenschaft

Er wendet sich zunächst gegen eine Erkenntnistheorie, die eine prinzipielle Kluft zwischen den „subjektivierenden" und „objektivierenden" Wissenschaften aufbaut. Eine Erkenntnistheorie,

---

[2] Neben dem ständigen Vorwurf der Metaphysik, die durch die dualistische Ontologie von Vertretern der Geisteswissenschaften betrieben werde (so mit dem Wiener Kreis einhellig die moderne Wissenschaftstheorie), sind es vor allem noch folgende zwei Punkte, in denen die Geisteswissenschaften an längst überholten Positionen kritisiert werden:
1) „Verstehen sei im Grunde identisch mit „Intuition", „Wesensschau", „Einfühlung", und „Identifikation mit den Handelnden" (statt anderer wieder *Albert* 73, 59) und 2) die „Wissenschaften vom Menschen und seiner gesellschaftlich-geschichtlichen Lebenswirklichkeit könnten nicht ‚wertfrei' betrieben werden" (ebenda S. 64). Die weiteren Punkte des „Holismus", des „Essentialismus" und des „Normativismus", die *Albert* in eine Wahlverwandtschaft mit *den* Geisteswissenschaften bringt, sind für die Kriminologie nur mittelbar von Bedeutung. Auch sie waren jedoch schon von *Max Weber* längst überwunden.

„nach welcher jenes ‚Sein', welches ‚Objekt' einer analytischen Betrachtung überhaupt werden könne: – ‚physisches' wie ‚psychisches' – prinzipiell in einem ganz anderen Sinne ‚sei', wie diejenige Wirklichkeit, die wir unmittelbar ‚erleben' und innerhalb deren der Begriff des ‚Psychischen', wie ihn die ‚Psychologie' verwertet, gar nicht anwendbar sei" (WL 71).

Nach dieser Aufteilung des Psychologen *Münsterberg* zerfällt die Welt in einen objektivierbaren und einen prinzipiell nicht objektivierbaren Teil. Da der objektivierbare Teil den Mitteln der analytischen Gesetzeswissenschaft vorbehalten sei, bleibe der „Deutung" und dem „Verstehen" nur das „Einfühlen" o.ä. in den nicht objektivierbaren Bereich[3]. So bewege sich angeblich

„dieses ‚Wissen' von der eigenen ununterbrochenen ‚stellungnehmenden' und wertenden ‚Aktualität', und ebenso von derjenigen eines anderen stellungnehmenden, d.h. wollenden und wertenden Subjekts ... in der Sphäre der unmittelbar gelebten Wirklichkeit, der ‚Welt der Werte', bedeute deshalb auch ein unmittelbares ‚Verstehen', d.h. ein Mit- und Nacherleben, Nachfühlen, Würdigen und Bewerten von ‚Aktualitäten' – im Gegensatz zu jenem erst durch ‚Objektivierung', d.h. künstliche Loslösung vom ursprünglichen ‚verstehenden und wertenden' Subjekt zu erzeugenden Gegenstand des *wertfreien'* analytischen Erkennens, welches seinerseits eben *nicht* eine Welt der Aktualitäten innerlich ‚verstehen', sondern eine Welt der ‚vorgefundenen' Objekte ‚beschreiben' und durch Auflösung in ihre Elemente ‚erklären' wolle. Schon zum bloßen ‚Beschreiben' und vollends zum ‚Erklären' bedürfe aber diese ‚objektivierende' Erkenntnis nicht nur der ‚Begriffe', sondern auch der ‚Gesetze', die andererseits auf dem Gebiet des ‚Verstehens' des ‚aktuellen' Ich als Erkenntnismittel weder wertvoll noch überhaupt sinnvoll seien" (WL 74).

Weber sieht, daß mit einer derartigen Erkenntnistheorie den Geisteswissenschaften der Todesstoß versetzt wird. Denn wohl wird so dem Gebiet „geistiger" Vorgänge ein eigener Erkenntnismodus eingeräumt, er ist aber genau so definiert, daß man ihn auf keinen Fall zum Kanon *wissenschaftlicher* Erkenntnis rechnen kann, da er „wesensgleich mit dem ‚Verstehen' des ‚stellungnehmenden Subjektes sei'" (ebenda, 89). Dessen Stellungnahme ist an sich jedoch privat, beliebig und allenfalls für die Kunst von Belang.

3.2. Der Vorgang der Objektivierung

3.2.1. Erlebnis und Begriff

Auf diese Weise wird eine Alternative aufgebaut, die *Weber* so nicht akzeptiert. Mit der „Unmittelbarkeit des Erlebens" des „stellungnehmenden Subjekts" ist für ihn zwar in der Tat der allererste Ausgangspunkt der Erkenntnis

---

[3] Man sieht, auch hier ist der entscheidende Schritt schon getan. Wenn *O. Neurath* (32, 408) bedauert, ein wesentlicher Teil der Unsicherheit bezüglich des Problems der „Geistes"wissenschaften beruhe auf unscharfen Vorstellungen der Psychologie, so wäre ihm diese Unterscheidung wohl zur endgültigen „Klärung" zupaß gekommen. Daß diejenige Wirklichkeit, die wir „erleben", nicht Gegenstand der Wissenschaft ist, bedeutet, daß auch der Gegenstand der Psychologie nur „vorgefundene" Objekte sind und damit in die Zuständigkeit *der* wissenschaftlichen Methode schlechthin fällt (s. dazu etwa die drei Postulate in II, 2.), die ja auch für *Münsterberg nomothetisch* ist.

3. Die Überwindung des „Subjektivismus"

bezeichnet, mehr aber nicht[4]. Für jede Art von Wissen oder Erkenntnis, die mit dem Anspruch des *Geltens* auftrete, müsse aber die

„dumpfe Ungeschiedenheit des ‚Erlebens' ... gebrochen sein ... Was wir ... eigentlich erleben, dessen kann auch jede ‚deutende' Interpretation erst habhaft werden, nachdem das Stadium des ‚Erlebens' selbst verlassen ist und das Erlebte zum ‚Objekt' von Urteilen gemacht wird, die ihrerseits ihrem Inhalt nach nicht mehr in ungeschiedener Dumpfheit ‚erlebt', sondern als ‚geltend' gemacht werden" (WL 104)[5].

Unterlasse man diese Unterscheidung, so sei eben jener Subjektivismus die Folge, in den die Kulturwissenschaften abgedrängt zu werden drohten. Deutlich zu sehen sei das insbesondere an den im engeren Sinn kunst- und kulturgeschichtlichen Disziplinen. Auch dort sinke der „wissenschaftliche Erkenntniswert" von

„unartikulierten historischen ‚Intuitionen' ... parallel mit ihrem ästhetischen Reiz ..., weil sie das Bewußtsein davon, daß es sich um Gefühlsinhalte des Beschauers, nicht der geschilderten ‚Epoche' resp. des schaffenden Künstlers usw. handelt, verdunkeln. Der subjektive Charakter derartiger ‚Erkenntnis' ist in diesem Fall identisch mit dem Mangel der ‚Geltung', eben *weil* eine begriffliche Artikulation unterlassen ist, und die ‚Anempfindung' dadurch sich der Demonstration und Kontrolle entzieht" (WL 121 f.).

Immer wieder weist *Weber* darauf hin, daß der psychologische Hergang der Entstehung von Erkenntnis und die logische Frage nach ihrer Geltung nicht miteinander vermischt oder verwechselt werden dürften und daß es *für die Wissenschaft* allein auf die *letztere* ankomme (etwa WL 124, 126, 278 f.), während der erstere von *Weber* bezeichnenderweise als „Durchgangsstufe" bezeichnet wird (WL 124 f.).

3.2.2. Die „theoretische Wertbeziehung"

In *Webers* eigener Position (hier eng an *Rickert* angelehnt) ist die Stufe des unmittelbar wertenden (Stellung nehmenden) Erlebens, das ein Geschehen her-

---

[4] Ähnliche Vorbehalte äußert er etwa auch gegen *Benedetto Croces* Ansicht, wonach „‚Dinge', da sie stets individuell sind, nicht in Begriffe eingehen, sondern nur ‚angeschaut' werden können: ihre Erkenntnis ... also nur ‚künstlerisch' möglich (WL 108) sei. Weitere Begriffspaare, in denen *Weber* diesen Gegensatz ausdrückt, sind (gegenüber *Lipps*) „Einfühlung" versus „intellektuelles Verständnis" (WL 106) sowie (gegenüber *Gottl*) „Erlebnis" und „Begriff" (WL 96). In der diesen Paaren zugrundeliegenden Differenz zwischen psychologischer Genesis und logischem Sinn eines Urteils liege ganz allgemein der Gegensatz zwischen Dichtung und Geschichte (WL 105, Anm. 1).

[5] *Weber* bekräftigt hier im Grunde nur die Unterscheidung *Kants* zwischen Wahrnehmungsurteilen und Erfahrungsurteilen, die durch einen Prozeß der Vergegenständlichung geschieden sind:
„Empirische Urteile, sofern sie objective Gültigkeit haben, sind *Erfahrungsurteile*; die aber, so nur subjectiv gültig sind, nenne ich blose *Wahrnehmungsurteile*. Die letzteren bedürfen keines reinen Verstandesbegriffs, sondern nur der logischen Verknüpfung der Wahrnehmung in einem denkenden Subject. Die ersteren aber erfordern jederzeit, über die Vorstellungen der sinnlichen Anschauung, noch andere im Verstande ursprünglich erzeugten Begriffe, welche es eben machen, daß ein Erfahrungsurteil objectiv gültig ist" (*I. Kant* 1867, 6, zuerst 1783). Auch sonst unterscheidet *Kant* stets die Erfahrung von dem „rohen Stoff sinnlicher Eindrücke" (1930, 3 zuerst 1781, Ausgabe B).

vorruft, verlassen, wenn dieses in seiner Beziehung zu Kulturwerten betrachtet und so auf die Ebene der begrifflichen Bearbeitung gerückt wird. Historisches Geschehen oder ganz einfach „Handlungen" (etwa auch: Verbrechen) erschließen sich in ihrer Be-Deutung, wenn man sie theoretisch mit (Kultur)-Werten in Beziehung setzt. So tritt „an die Stelle der ‚Wertung' die theoretische Wert*beziehung*, an Stelle der ‚Stellungnahme' des erlebenden Subjekts das kausale ‚Verstehen' des deutenden Historikers" (WL 91). Dieses aber, so wäre zu ergänzen, ist jedoch zumindest insoweit intersubjektiv, als es kommunizierbar ist, da es jenes Geschehen auf eine Zweck-Mittel-Relation hin „deutet", wobei — vereinfacht ausgedrückt — deshalb Evidenz zu erzielen ist, weil Kulturmenschen Affekte, Emotionen sowie zweckrationales und wertrationales Handeln verstehen *können* (umso besser, je „reiner" es „rationales Handeln" ist; s. hierzu auch *Webers* Ansichten über Persönlichkeit und Freiheit o. 1.)[6].

In dem Augenblick also, in dem ein durch Analyse seiner Wertbeziehungen geformtes Geschehen zum Gegenstand einer Kausalanalyse gemacht wird, beanspruchen die hierfür beigebrachten Erkenntnisse Objektivität *wie jede andere wissenschaftliche Erkenntnis.*

Bei dem Historiker *Eduard Meyer* vermißt *Weber* gerade diese

„logische Scheidung des ‚primären' historischen Objektes, jenes ‚gewerteten' Kulturindividuums, an welches sich das Interesse für die kausale ‚Erklärung' seines Gewordenseins haftet, und der ‚sekundären' historischen ‚Tatsachen', der Ursachen, denen die ‚gewertete' Eigenart jenes ‚Individuums' im kausalen Regressus zugerechnet wird ...

‚Subjektiv in einem bestimmten ... Sinn ist nicht die Feststellung der historischen ‚Ursache' bei gegebenem Erklärungs-,Objekt', sondern die Abgrenzung des historischen ‚Objektes', des ‚Individuums' selbst, denn hier entscheiden *Wert*beziehungen, deren ‚Auffassung' dem historischen Wandel unterworfen ist" (WL 261).

Mit der theoretischen Wertbeziehung tritt die Deutung aus der „dumpfen Ungeschiedenheit des Erlebens" in das Licht der begrifflichen Bearbeitung, von der die rein erfahrungswissenschaftliche Analyse des kausalen Regresses ausgeht. Ein „subjektives" Moment haftet ihr jedoch unvermeidlich an: Die *Werte,* auf die Geschehen deutend bezogen wird, können nicht als objektiv *gültig* angesehen werden[7]. Auch die jeweilige Auswahl aus der Gesamtheit aller möglichen

---

[6] Auf die Deut*bar*keit und Versteh*bar*keit reduziert sich bei *Weber* das ebenfalls als metaphysische Annahme der Geisteswissenschaften diskreditierte Postulat von der „Gleichheit der Menschennatur". „Denn wir ‚verstehen' nun einmal das irrationale Walten der maßlosesten ‚Affekte' genau so gut wie den Ablauf rationaler ‚Erwägungen', und das Handeln und Fühlen des Verbrechers und des Genius — obwohl wir uns bewußt sind, es nie *selbst* haben erleben zu können — vermögen wir im Prinzip wie das Tun des ‚Normalmenschen' *nach*zuerleben, wenn es uns adäquat ‚gedeutet' wird" (WL 100, vgl. auch ebenda 101, Anm. 1 und 543).

[7] Die gegenteilige Ansicht vertreten u.a. *Rickert* und v.a. die Phänomenologie und die materiale Wertethik (vgl. *Brugger* 80, 206). Auch in diesem Punkt kritisiert *Albert* die Geisteswissenschaften also an einer Ansicht, die *Weber* schon längst überwunden hatte (*Albert* 73, 65). Übrigens handelt es sich hier um die *erkenntnistheoretische* Relevanz der Scheidung von Sein und Sollen, der im Verhältnis von Theorie und Praxis das Postulat der Werturteilsfreiheit entspricht (s. dazu u. VII, 1.).

Wertbeziehungen ist nicht objektivierbar und damit die Gründe, warum überhaupt etwas als Gegenstand unseres Interesses aus der schlechthin unendlichen Mannigfaltigkeit der Wirklichkeit herausgehoben wird. Und da diese Gründe sich stets ändern, wenn „das Licht der großen Kulturprobleme ... weiter gezogen (ist)" (WL 214), bedeutet dies gleichzeitig, daß ein abgeschlossenes System von verfügbaren Erkenntnissen als Ziel der Wissenschaft nicht nur niemals möglich sein wird, sondern sinnlos ist. Es würde vielmehr in dem Maße, wie es selbst die Wirklichkeitssicht des Menschen zu beherrschen beginnt, die Vielfalt menschlicher Möglichkeiten im wörtlichen Sinn undenkbar machen.

3.2.3. Die Differenz zwischen Evidenz und Geltung

Überwindbar ist der Subjektivismus der Deutung jedoch in folgender Hinsicht. Ein weiterer Grundirrtum der von *Weber* analysierten „geisteswissenschaftlichen" Theorien der Deutung ist die Identifizierung der Evidenz des Gedeuteten mit seiner empirischen Gültigkeit (teilweise überschneidet sich diese Vermischung mit der von der psychologischen Entstehung von Erkenntnis mit ihrer logischen Struktur sowie der von Erkenntnisgrund und Realgrund eines Geschehens). Denn keinesfalls „darf die ‚Evidenz' der ‚Einfühlung' in tatsächliche oder potentielle ‚bewußte' innere ‚Erlebungen' — eine lediglich phänomenologische Qualität der ‚Deutung' — mit einer spezifischen empirischen ‚Gewißheit' ‚deutbarer' Vorgänge identifiziert werden" (WL 121). Der Evidenz des verständlich Gedeuteten kommt, auch wenn es schon nicht mehr das unmittelbare Erleben ist, „nur die Bedeutung entweder ... einer Hypothese, oder ... eines ‚idealtypischen Gedankengebildes zu" (WL 115), mit dessen Hilfe erst die tatsächlichen Ereignisse dann empirisch gültig, d.h. objektiv verständlich gemacht werden müssen.

Es besteht also, so kann man schließen, für *Weber* gegenüber den subjektivierenden Deutungstheorien ein doppeltes Objektivierungsproblem. Erstens besteht er auf der Differenz zwischen dem unmittelbaren Erleben und der Deutung, die sich durch begriffliche Bearbeitung auszeichnet, wobei sich bei *Weber* verschiedene Nuancen finden, je nach Disziplin, auf die hin er exemplifiziert. Entscheidend ist hierbei der Übergang von der unmittelbar vollzogenen „Wertung" im „stellungnehmenden" Akt und der reflexiven Einstellung der *theoretischen* Beziehung eines Geschehens auf Werte, mit der die „denkende Ordnung des Wirklichen" einsetzt und das durch seine Bedeutung Wissens*werte* zum geformten Objekt, zum „historischen Individuum" wird. Zweitens besteht eine Differenz zwischen dem, was Deutung an Evidenz hervorzubringen vermag, und dem, was die tatsächlichen Ereignisse sind. *Gültig* wird eine Deutung erst durch Verifikation an den Tatsachen selbst.

3.3. Die Bedeutung des Objektivierungsproblems für die Kriminologie

Für den vorliegenden Zusammenhang sind diese Ausführungen deshalb wichtig, weil sie, vom Standpunkt *Webers* aus, noch einmal die Grenze zeigen, die kriminologische Erkenntnis nicht unterschreiten darf, will sie *Wissenschaft* sein.

3.3.1. Die Wertbezogenheit des Gegenstandes

In der Kriminologie besitzt zunächst das Verhältnis von Formung des Gegenstands durch Wertbeziehungen einerseits und erfahrungswissenschaftlicher Analyse andererseits eine eigene Gestalt in der Beziehung von Strafrechtsdogmatik und Kriminologie. Das Handeln, das die Kriminologie zum Gegenstand hat, ist durch eine besondere Art von Wertbeziehungen zum Erkenntnisobjekt geformt. So führt etwa *Thomas Würtenberger* aus, wohl betrachte die Kriminologie „das Verbrechen" als „*reale Lebenserscheinung* zwischenmenschlichen Seins" und sei insofern „vornehmlich ,*Tatsachenwissenschaft*', und nicht ,Normwissenschaft'". Indessen spiele „bei der Festlegung ihrer Sachgegenstände doch wiederum das Normative (sic!) eine entscheidende Rolle". Verbrechen sei keine beliebige Handlung, sondern „was ein Verbrechen ist, wird letztlich von sozial-ethnischen und rechtlichen *Wertauffassungen* einer Zeitepoche bestimmt". Dennoch dürfe sich die Kriminologie „in Denkstil und Methodik ... nicht von normativen Gesichtspunkten und Maßstäben leiten" lassen (alles 72, 101). Daraus folge aber auch eine gewisse Wandelbarkeit des Gegenstandes, den die Kriminologie mit der Historie teile (72, 102).

Würtenberger sieht hier das Richtige, doch geben seine Formulierungen, etwa über „das Normative" oder die Vermeidung von normativen Gesichtspunkten in „Denkstil und Methodik" zu den bekannten Fehldeutungen Anlaß: Die Kriminologie komme damit in eine Abhängigkeit von der Strafrechtswissenschaft, wirke stabilisierend auf die herrschenden Normen bzw. die Normen der Herrschenden usw. An *Webers* Ausführungen wird aber deutlich, daß es sich hier um einen allgemeinen Vorgang kulturwissenschaftlicher Erkenntnis handelt, der prinzipiell gar nicht anders ist, wenn man die Beziehungen auf strafrechtliche Normen ergänzt durch die Beziehung auf sonstige sozial anerkannte Normen oder diejenigen einer Teil- oder Subkultur. Stets werden die als wissenswert geltenden Handlungen dadurch zum Objekt der Kriminologie, daß sie in einer Beziehung (in der Regel Negierung) von *faktisch geltenden* Normen stehen. Für die alsbald einsetzende Analyse kommt es gar nicht mehr darauf an, ob es etwa die herrschenden Normen sind und ob sie vom Forscher geteilt werden oder nicht. Diese Objektivierung ist prinzipiell gefordert. Dies ändert sich erst, wenn *außerhalb* der faktisch geltenden Normen ein Kriterium der Auswahl postuliert wird wie etwa bei der Theorie des natürlichen Verbrechens von *Garofalo*, das gewissermaßen als Pendant zu einem übergeschichtlichen Naturrecht anzusehen ist. Auch bei *Durkheim* werden Verbrechen und Selbstmord nicht wegen der darin liegenden Verletzung gesellschaftlich *geltender* Normen Gegenstand der Analyse, sondern nur sofern sie im Bezug auf die „sozialen Existenzbedingungen des Kollektivs" ein pathologisch hohes (oder geringes) Ausmaß annehmen, d.h. jene höhere „Norm" der „sozialen Existenzbedingungen" verletzt wird (zur methodlogischen Seite dieser Ansicht s.o. II, 2.4.).

3.3.2. Evidenz und Geltung

In der anderen Gefahr, nämlich einer vorschnellen Identifizierung von (subjektiver) Evidenz und (objektiver) Geltung ist das „Verstehen" stets, wenn es *nur* als Nachfühlen, oder gar als Mitfühlen oder Identifikation angesehen wird, wie das tendenziell bei Vertretern des „interpretativen Paradigmas" der Fall zu sein scheint (s. dazu oben II, 3.2. die Ausführungen *Matzas*). Dann wird nämlich wieder aus der theoretischen Wertbeziehung die Wertung des privaten stellungnehmenden Subjektes. Nicht von ungefähr waren ja auch namhafte Vertreter der Chicago-Schule zunächst Journalisten in der Tradition der „muckrakers" oder selbst in ihrer privaten Existenz die „outsiders", in die sie sich dann „einfühlten". Der wissenschaftliche Wert von „Erkenntnissen", die aus derartigem Einfühlen entspringen, ist gering, weil das so Gedeutete wohl zur Evidenz gebracht worden sein mag (als psychischer Vorgang im Bewußtsein des Forschers), deswegen jedoch noch nicht empirisch gültig zu sein braucht.

Aus solchen Erkenntnissen entstandene Modelle, wie etwa das der Karriere eines Marihuanarauchers, haben höchstens die gleiche problematische empirische Geltung wie ein „teleologisches Schema rationalen Handelns" (z.B. die Grenznutzentheorie in der Nationalökonomie) oder sonst eine Theorie wie etwa die Psychoanalyse (oder die „verständliche" Deutung von Kriminalität als Folge der Übernahme eines „abweichenden" Selbstbildes): „Die „evidente' rationale Konstruktion vermag, ‚richtig' gebildet, gerade die teleologisch *nicht* rationalen Elemente des faktischen ... Handelns erkennbar und damit das letztere in seinem tatsächlichen Verlaufe verständlich zu machen (WL 130/1). Selbst der plausibelste Reim darauf, wie sich alles zugetragen haben *könnte,* bleibt jedoch unverbindlich. Über diese Stufe sind die „Modelle" der kriminellen Karriere bisher nicht hinausgelangt.

3.3.3. Ausgrenzungstendenzen als Folge mangelnder Objektivierung

Nicht zuletzt aufgrund dieser und ähnlicher sich „antipositivistisch" gebender Strömungen scheint in der heutigen Kriminologie der „verstehenden Methode" das Schicksal beschieden zu sein, in den Subjektivismus abgedrängt zu werden. Der durchaus wohlmeinende Versuch *Schöchs* (80 b), ihr in einer interdisziplinären Konzeption der „gesamten Strafrechtswissenschaft" einen legitimen Platz einzuräumen, endet damit, sie im Bereich vorwissenschaftlicher, explorativer o.ä. Erkenntnismittel anzusiedeln, während für die eigentliche wissenschaftliche Erkenntnis (des naturwissenschaftlichen „Erklärens") die *Reichenbach, Popper* und *Albert* zuständig seien. *Schöch* sieht ganz richtig, daß das Verstehen (in seinem Sinn) für Strafrechtler wie *Lange* oder *Welzel* weniger bedrohlich ausgesehen habe, was die zentralen Fragen von Willensfreiheit, Schuld und Verantwortlichkeit des Menschen angehe. Dies wirft nebenbei ein bezeichnendes Licht auf deren Reste von metaphysischem Substanzdenken, denn nur bei einem solchen sind Willensfreiheit, Schuld u.ä. durch den „Naturalismus" wirklich bedroht. Es gilt ihm jedoch als ausgemacht, daß diese Methode letztlich von Subjektivismus (des verstehenden Forschers) und Irrationalismus (des „Wesens" des Gegenstandes) gekennzeichnet sei, weshalb sich eine auf das Verstehen gestellte Kriminologie und ein an ihr ausgerichtetes Strafrecht „vom subjektiven Evidenzerleben einzelner Forscher und damit von Modeströmungen oder gar Ideologien abhängig machen" (S. 312) würde. Umgekehrt setzt er praktisch „Wissenschaft" gleich mit „dem Beweiskriterium der modernen Wissenschaftstheorie, der intersubjektiven Nachprüfbarkeit empirischer Aussagen" (ebenda) und sieht sie mit den gängigen Methoden der Sozialforschung gewährleistet. Für *Max Weber* folgt jedoch gerade aus der Rationalität des menschlichen Handelns die Möglichkeit *objektiver*, aber nichtsdestoweniger verstehender *Wissenschaft*. Dessen Sonderstellung *innerhalb* der „verstehenden" Ansätze entgeht *Schöch* trotz eines entsprechenden Hinweises auf die Differenz von Evidenz und Geltung bei *Weber* (S. 311), weil er das, was zur Evidenz noch hinzuzukommen habe, als „kausale Erklärung" pauschal den Verfahren der nomothetischen Wissenschaften zuschlägt und damit *Weber* einen gleichfalls residualen Verstehensbegriff unterschiebt.

Gerade hier liegt das entscheidende Mißverständnis. Daß die intersubjektive Nachprüfbarkeit empirischer Aussagen das Kriterium von Wissenschaft sei, ist auch *Webers* Ansicht. Nur ist bei ihm das Verhältnis von Deutung und Verifikation ein anderes als in der modernen Wissenschaftstheorie, wo säuberlich context of discovery und context of justification geschieden werden. Dort wird in der Regel nicht das, was der konkrete Inhalt einer evidenten Deutung ist, auf sein faktisches Vorkommen geprüft, sondern die „Erkenntnisse" des context of discovery beeinflussen allenfalls die Auswahl von Indikatoren, Operationalisierungen, Forschungsstrategien insgesamt, werden aber *nicht selbst* Gegenstand des eigentlichen wissenschaftlichen Prüfverfahrens. So bleibt die verhängnisvolle Alternative bestehen, man könne entweder „Verstehen", müßte dann aber auf Objektivität und Verallgemeinerungsfähigkeit verzichten, oder „Erklären", dann aber auf das Verstehen der Sinnzusammenhänge verzichten. Bezeichnenderweise spricht *Weber* beim Ziel des wirklichkeitswissenschaftlichen Erkenntnisweges von „verstehendem Erklären" (WL passim). In diesem Sprachgebrauch kommt noch einmal zum Ausdruck, daß eine Befriedigung unseres Kausalitätsbedürfnisses ohne „Verstehen" nicht möglich ist und doch die Kriterien wissenschaftlicher Gültigkeit erfüllt werden müssen (und können).

4. Anthropologische und weltanschauliche Implikationen

Was ist nun der Ertrag dieser Erörterungen für die Frage nach dem Standort einer wirklichkeitswissenschaftlichen Kriminologie? Zunächst kann noch einmal festgehalten werden, daß es eine voraussetzungslose Kriminologie nicht geben kann, weil *jede* Wissenschaft eine „denkende Ordnung des Wirklichen" ist[8].

Welches aber sind die „Wertideen", in bezug auf die sich der Gegenstand der Kriminologie durch „denkende Ordnung" allererst formt?

4.1. Unterschiedliche Ziele von Gesetzes- und Wirklichkeitswissenschaft

In den Naturwissenschaften, sagt *Weber*, seien diese anfangs auf zwei Ebenen eingelagert gewesen.

„Der praktische Wertgesichtspunkt des unmittelbar technisch Nützlichen (sei) von Anfang an mit der als Erbteil der Antike überkommenen und weiter entwickelten Hoffnung eng verbunden gewesen, auf dem Wege der generalisierenden Abstraktion und der Analyse des Empirischen auf gesetzliche Zusammenhänge hin zu einer rein ‚objektiven', d.h. hier: von allen Werten losgelösten, und zugleich durchaus rationalen, d.h. von allen individuellen ‚Zufälligkeiten' befreiten monistischen Erkenntnis der gesamten Wirklichkeit in Gestalt eines *Begriffs*systems von methaphysischer *Geltung* und von mathematischer Form zu gelangen" (WL 185).

Und diese Auffassung war für die frühen neuzeitlichen Naturforscher identisch mit der Suche nach Gottes Plan und Absichten mit der Welt (vgl. dazu ausführlich *Tenbruck* 75 a und b). Zwar ist der anfängliche Bedeutungsinhalt dieser „Wertideen" als eines „Weges zu Gott" (*Weber* WL 597) heute weithin „trivialisiert" (*Tenbruck*) und auch der Wertgesichtspunkt des unmittelbar technisch Nützlichen ist angesichts der sozialen und ökologischen *Folgen* alles andere als in sich unproblematisch. Es bleibt aber doch der innere Zusammenhang zwischen dem logischen Modell einer *Gesetzes*wissenschaft und dem Wertgesichtspunkt des *technisch Nützlichen* erhalten, denn eben die Kenntnis allgemeiner Gesetze erlaubt die technische Einrichtbarkeit, die Manipulierbarkeit des Gegenstandes, wie sie für die Technik kennzeichnend ist. In denjenigen

---

[8] Davon ist auch die besondere Forschungsstrategie des multifaktoriellen Ansatzes betroffen. „Ein Chaos von ‚Existentialurteilen' über unzählige einzelne Wahrnehmungen (modern: Datenfriedhof, M.B.) wäre das einzige, was der Versuch eines ernstlich „voraussetzungslosen" Erkennens der Wirklichkeit erzielen würde. Und selbst dieses Ergebnis wäre nur scheinbar möglich, denn die Wirklichkeit jeder einzelnen Wahrnehmung zeigt bei näherem Zusehen ja stets unendlich viele einzelne Bestandteile, die nie erschöpfend in Wahrnehmungsurteilen ausgesprochen werden können" (WL 177). Die Besonderheit des multifatoriellen Ansatzes, seine Offenheit für eine möglichst umfassende Induktion kann erst als besondere Forschungsstrategie wirksam werden, wenn bereits ein Gegenstand mit gewissen Konturen *als bedeutender vorhanden ist* und es um eine möglichst umfassende Kenntnis aller Bedingungen für die von *Weber* so genannte „Zurechnungsfrage" geht.

Schulen der Human- und Sozialwissenschaften (und damit der Bezugswissenschaften der Kriminologie), die dem logischen Modell der exakten Naturwissenschaften nacheiferten, verband sich ebenso konsequent die Suche nach allgemeinen Gesetzen mit dem Ziel einer technisch beherrschbaren, störungsfrei funktionierenden Gesellschaft, die eine „Sozialtechnik" auf der Grundlage dieser Gesetze herzustellen in der Lage sei. Diese Vorstellungen waren ihrerseits eingelagert in den Glauben, daß dadurch der Mensch sich selbst und seine Daseinsbedingungen zur Perfektion bringe und so die Bestimmung der Gattung realisiere (vgl. dazu ausführlich *Bock* 80). Für diesen Glauben freilich mußte, wie die Armut, die soziale Frage und die Unwissenheit, eben auch das Verbrechen ein Skandal ersten Ranges sein bzw. seine Abschaffung oder doch weitestmögliche Reduzierung eine Herausforderung.

Auch in der Kriminologie ist die Suche nach allgemeinen Gesetzen logisch und historisch verbunden mit der Idee der Beherrschbarkeit und Einrichtbarkeit der menschlichen Verhältnisse kraft der invarianten Geltung dieser Gesetze, die u.a. sichere Prognosen erlauben. Fände man ein allgemeines Gesetz, das „Verbrechen" mit einer biologischen, psychologischen oder sozialen Ursache in gesetzmäßige kausale Verbindung brächte, so wäre über die Manipulation dieser Ursache grundsätzlich auch das Verbrechen beherrschbar. Diese oder ähnliche Erwartungen lagen (und liegen), das ist ganz offensichtlich, den Vorstellungen zugrunde, z.B. durch medizinische Eingriffe oder gesellschaftliche Revolution die Ursachen „des Verbrechens" zu beseitigen. Derartiges muß man, will man konsequent sein, „mitwollen", wenn man in der Kriminologie nach allgemeinen Gesetzen als letztem Erkenntnis*ziel* sucht.

Zwar wird kaum ein Kriminologe seine *persönlichen Absichten* in einer derart rigorosen Planungsideologie des Beherrschens und Manipulierens wiedererkennen. Dies umso weniger, als die möglichst weitgehende Vermeidung des Verbrechens ohne näheres Zusehen ein „Wert" zu sein scheint, der konsensusfähig ist, im allgemeinen Interesse liegt und dessen „Wert"charakter deshalb weitgehend latent bleiben kann. Erwähnt sei hier nur die amerikanische Verbindung von Selbstsicherheit und echtem humanistischem Pathos, die — auf dem Hintergrund der pragmatischen und neupositivistischen Philosophie — die Menschheit von einem wissenschaftlich geleiteten Ameliorismus und Reformismus die Lösung aller Probleme erwarten läßt. Sie unterliegt, ausweislich etwa der oben zitierten Äußerungen (s.o. II, 2.4.), ganz fraglos auch den anderen großen kriminologischen Schulen. Auch heute noch ist Ähnliches zu beobachten, wenn auch zunehmend nicht mehr im wissenschaftlichen Text selbst, sondern im Vorwort oder Motto. Als Beispiel sei *Hippchens* — wohlgemerkt selbst formuliertes — Motto zitiert, wobei insbesondere die metaphysische Entität „Source of All-Knowledge" (mit großen Anfangsbuchstaben!) zu beachten ist:

4. Anthropologische und weltanschauliche Implikationen

„This book is dedicated to the Source of All-Knowledge, and to the men and women everywhere – the true lovers of mankind – who with open minds and pure and radiant hearts have embraced a potent portion of this knowledge, and who, thus armed, ‚have rushed' to the aid of a long-suffering humanity" (78, V).

Aber ähnlich wie das „technisch Nützliche" in der Naturwissenschaft oder die „Gesundheit" in der Medizin ist auch die Reduzierung „des Verbrechens" (die Möglichkeit einmal vorausgesetzt) als Wert keinesfalls in sich unproblematisch. Man braucht nur *Durkheim* zu erwähnen, der ein zu starkes Absinken der Kriminalität als pathologisch ansah oder die Tatsache, daß für die Zeit des deutschen Nationalsozialismus Angaben über extrem niedrige Kriminalität gemacht werden, und schon werden im Angesicht von Kosten und Folgen durchaus widersprüchliche Wertideen sichtbar.

Es liegt in der heutigen Lage der Wissenschaft und der Universität begründet, daß der Einzelwissenschaftler sich über die weltanschaulichen Implikationen seiner Wissenschaft und der Fächergruppe, zu der sie gehört, in ihrer Gesamtwirkung überwiegend keine Gedanken macht. Nach einem lange herrschenden Wissenschaftsverständnis *mußte* dies auch so sein, da es diese Implikationen gar nicht geben durfte, denn Wissenschaft wurde so *definiert,* daß sie *nur* aus überprüfbaren Aussagen zu bestehen schien. Aus diesem Grund fordert *Tenbruck* heute eine „geistige Bewältigung" der Human- und Sozialwissenschaften (*Tenbruck* 80 und 81a; s. hierzu u. VIII.). Mindestens an der Auftragsforschung bzw. der engen Verbindung von Kriminologie und Kriminalpolitik müßte jedoch das Bestreben, über eine Manipulation von Ursachen Wirkungen „in den Griff" zu bekommen, auch ohne nähere Begründung durch persönliche „Motive" des Einzelforschers offen liegen.

Doch diese Wertgesichtspunkte waren nicht gänzlich unbestritten. Insbesondere die Romantik hatte mit ihrem Verständnis von „Natur" als eines einheitlichen Gegenübers des Menschen gegen die „Folter der Natur" (Goethe) durch die analytischen Naturwissenschaften Front gemacht. Erst recht mußte ein analoges Vorgehen in einem Bereich, wo es sich im weitesten Sinn um Handlungen von Menschen handelt, insbesondere die Vorstellung einer technischen Beherrschbarkeit und Manipulation heftige Widerstände auf den Plan rufen. Hier würde der Mensch, um mit einer kantischen Formulierung gleich die ganze Tragweite des Wertkonflikts deutlicher zu machen, nicht als Endzweck in sich selbst, sondern als Mittel behandelt werden (sofern nicht – wie geschehen – das Resultat dieser Sozialtechnologie als Bestimmung *des* Menschen plausibel gemacht werden kann). Mehr noch als in den Naturwissenschaften war auf dem Gebiet der Kulturwissenschaften die Wertidee des „technisch Nützlichen" in der Form der Beherrschbarkeit und Manipulierbarkeit *radikal strittig*. Sie widersprach grundsätzlich jenem Verständnis von Persönlichkeit und Freiheit, das in den „irrationalistischen" Schulen der Geisteswissenschaften vorherrschte (s.o. 2.). Nicht das unmittelbar „technisch Nützliche" sollte deshalb der Zweck einer Wirklichkeitswissenschaft im Bereich der Kulturwissenschaften nach dem anderen Verständnis sein, überhaupt kein aus der Wissenschaft direkt ableitbares instrumentales Handeln, aber auch nicht jene kontemplative Einstimmung auf die mystischen Ganzheiten der Romantik wie Natur, Seele und Geschichte, sondern eine Unterstützung und Bereicherung jener Fähigkeit des (oder ganz bestimmter) Menschen, zur Welt „Stellung zu nehmen" oder sein Leben zu „führen", wie *Weber* sich ausdrückt. Und dies sollte eben durch das „Verstehen" konkreter („individueller") Zusammenhänge in ihrer Beziehung zu bzw. Bedeutung für Wertideen geschehen, das die Wissenschaft dem Handelnden ermöglichen soll, um *sein* Handeln für *sein* Leben „rationaler" zu machen (s. dazu näher noch unten VII, 3.).

4.2. Konsequenzen dieser Ziele für die jeweilige Erkenntnisart

Der Unterschied zwischen Gesetzes- und Wirklichkeitswissenschaft besteht also, so kann man schließen, nicht nur in der Art der „denkenden Ordnung des Wirklichen", sondern auch in dem Zweck oder der Erwartung an die Wissenschaft, der in „letzten" weltanschaulichen Grundpositionen ruht. Aus diesen Grundpositionen läßt sich nun aber plausibel machen, daß wir Erkenntnisse ganz anderer Qualität im einen und im andern Fall erwarten, weil unser *Kausalitäts*bedürfnis ein anderes ist, sobald es sich um deutbare Ereignisse handelt:

„... während auf dem Gebiet des ‚Undeutbaren' der individuelle *Einzel*vorgang – der einzelne Wurf mit dem Würfel, die Splitterung des abstürzenden Felsens – durchaus irrational in dem Sinn blieb, daß wir uns mit dem Feststehen der nomologischen Möglichkeit: – Nichtwiderspruch gegen Erfahrungsregeln – begnügen mußten... gilt uns z.B. das Verhalten Friedrich II. im Jahre 1756, in einer einzelnen höchst individuellen Situation also, nicht nur als nomologisch ‚möglich', wie jene Felssplitterung, sondern als ‚teleologisch' *rational*, ... in dem Sinn, ..., daß wir in dem Vorgang als ..., bei Voraussetzung bestimmter Absichten und (richtiger oder fälschlicher) Einsichten des Königs und eines dadurch bestimmten rationalen Handelns, ‚zureichend' motiviert finden. Die ‚Deutbarkeit' ergibt hier ein Plus von ‚Berechenbarkeit', verglichen mit den nicht ‚deutbaren' Naturvorgängen (WL 69).

Die „Berechenbarkeit" ist jedoch nicht nur ein Vorzug, der sich bei der Deutung menschlicher Handlungen ergibt. Die Kehrseite dieses Sachverhaltes ist nämlich, daß deut*bare* Vorgänge in uns auch ein Deutungs*bedürfnis* hervorrufen. Und diesem Deutungsbedürfnis wird die Subsumtion eines Geschehens unter ein Gesetz prinzipiell nicht gerecht.

„Unser kausales Bedürfnis *verlangt* nun aber auch, daß da, wo die Möglichkeit der ‚Deutung' prinzipiell vorliegt, sie vollzogen werde, d.h. die bloße Beziehung auf eine lediglich empirisch beobachtete noch so strenge *Regel* des Geschehens genügt uns bei der Interpretation menschlichen ‚Handelns' nicht. Wir verlangen die Interpretation auf den ‚Sinn' des Handelns hin. ... andererseits kann die Formulierung einer solchen Regel, selbst wenn sie den Charakter strenger Gesetzmäßigkeit an sich tragen würde, niemals dahin führen, daß

4. Anthropologische und weltanschauliche Implikationen

die Aufgabe ‚sinnvoller' Deutung durch die einfache Bezugnahme auf sie ersetzt werden könnte. Ja, noch mehr: solche ‚Gesetze' *bedeuten* uns bei der Interpretation des ‚Handelns' *an sich* noch gar nichts. Gesetzt, es gelänge irgendwie der strengste empirisch-statistische Nachweis, daß auf eine bestimmte Situation seitens aller ihr jemals ausgesetzt gewesenen Menschen immer und überall in, nach Art und Maß, genau der gleichen Weise reagiert worden sei und, sooft wir die Situation experimentell schaffen, noch immer reagiert werde, dergestalt also, daß diese Reaktion im wörtlichen Sinn des Wortes ‚berechnet' werden könnte, — so würde das an sich die ‚Deutung' noch keinen Schritt weiterbringen; denn es würde ein solcher Nachweis, für sich allein, uns noch nicht im mindesten in die Lage versetzen, zu ‚verstehen', ‚warum' überhaupt jemals und vollends, warum immer in jener Art reagiert worden sei. Wir würden solange dieses Verständnis nicht besitzen, als uns eben nicht auch die Möglichkeit ‚innerer' ‚Nachbildung' der Motivation in der Phantasie gegeben wäre: *ohne* diese würde der denkbar umfassendste empirisch-statistische Nachweis der Tatsache einer gesetzmäßig auftretenden Reaktion mithin hinter den Anforderungen, die wir an die Geschichte und die ihr in dieser Hinsicht verwandten ‚Geisteswissenschaften' ... stellen, der Erkenntnis*qualität* nach zurück*bleiben*. — (WL 69/70).

Es sei denn, so wäre nun jedoch zu ergänzen, man teile diese Aufforderung nicht, da man als *Ziel* der Kulturwissenschaften (bzw. der Kriminologie) eben jene andere Art von Berechenbarkeit ansieht, die über die Manipulation von Ursachen Wirkungen zu beherrschen, „in den Griff" zu bekommen erlaubt und *dafür* freilich würde der „Nachweis der Tatsache einer gesetzmäßig auftretenden Reaktion" grundsätzlich *vollauf genügen.*

An diesem Zitat *Max Webers* kommt in aller Deutlichkeit zum Ausdruck, daß es nicht ein Problem der Genauigkeit oder Exaktheit ist, das die Differenz zu den Gesetzeswissenschaften ausmacht. Bis in die Formulierungen hinein ist sein Ausgangspunkt zunächst derselbe wie der *John Stuart Mills,* wenn dieser sich über Vorläufigkeit der Erkenntnis von „empirical laws" äußert (s.o. II, 2.1., Anmerkung 3). Man wisse eben den Grund nicht, warum die Phänomene in der Regelmäßigkeit variieren, die von den „empirical laws" beschrieben werden und deshalb sei der räumliche und zeitliche Geltungsbereich dieser Regelmäßigkeiten unsicher. In der gleichen Lage sei die Astronomie gewesen, bis *Newtons* Theorie die Gründe gezeigt habe, wieso die *Kepler'*schen Gesetze „gelten" und wieso die Planetenbahnen bestimmten Störungen unterworfen sind. Mit den „real laws", die eine in Aussicht gestellte „science of ethology" (1860, 432 ff. zuerst 1843) zum Gegenstand haben soll, will er etwas Vergleichbares schaffen. Eine vollkommene Parallele hierzu findet sich bei *Kurt Lewin.* Auch dieser sieht die eigentliche Schwäche der aristotelischen Begriffsbildung in ihrer raumzeitlichen Beschränktheit auf das jeweils nur historisch Gegebene (s.o. III, 2.1.); bei statistischen Regelmäßigkeiten sei überdies die

Geltung im Einzelfall fraglich. Stattdessen strebt *Lewin* „die unbedingte Allgemeingültigkeit der psychologischen Gesetze" an (31, 446), die gerade auch die historisch zufälligen Ausnahmen des Einzelfalls umfaßt.

Sowohl für *Lewin* als auch für *Mill* besteht also der Mangel namentlich aller statistischen Gesetze *ausschließlich* in ihrer problematischen *Geltung*, während es bei *Max Weber* zusätzlich ihre problematische *Deutung* ist, die unser spezifisches Erkenntnisinteresse unbefriedigt läßt. An diesem Mangel würden selbst die Gesetze, die *Lewin* und *Mill* anstreben, nicht das geringste ändern, während sie allerdings die praktische Einrichtbarkeit der Verhältnisse weiter vorantreiben (vgl. etwa WL 304), aber weil die Zwecke nach wie vor strittig blieben, doch nicht praktisch vervollkommnen würden (s. dazu o. II, 2.1.).

5. Zusammenfassung

Historisch und methodologisch ist in der Kriminologie wie in ihren Bezugswissenschaften das Modell der Gesetzeswissenschaft mit bestimmten Annahmen verbunden. Ist ein System allgemeiner Gesetze das Ziel der Wissenschaft, kommt das Einzelgeschehen nur als Gegenstand von Manipulation und Kontrolle in den Blick. Dabei wird davon ausgegangen, daß es überhaupt solche allgemeinen Gesetze im Sinne einer vorgegebenen Ordnung des Geschehens gibt, aus denen dann die Einzelerscheinungen deduzierbar sind. Auch die praktischen Schlußfolgerungen über die Einrichtung der Verhältnisse, die aus solchen Gesetzen abgeleitet werden, beruhen auf der Annahme, daß der Gegenstand eine *stabile Ordnung* aufweist, deren Gesetze es nur zu *entschlüsseln* gilt, um sie dann ein für allemal zu *haben* (s. dazu u. V, 2.2.). Die Beispiele gesetzeswissenschaftlicher Kriminologie zeigen überdies, daß die „letztlich" bestimmenden Ursachen, mit denen „das Verbrechen" in kausale Verbindung gebracht wird, regelmäßig als *einer* bestimmten „Seinsordnung" von Tatsachen zugehörig angesehen werden. Es sind also stets *entweder* biologische *oder* psychische *oder* soziale Tatsachen, auf die allein es „letztlich" ankommt, während die jeweils anderen nur „Residualphänomene" sein können (s. dazu o. II).

Ganz anders dagegen eine als Wirklichkeitswissenschaft konzipierte Kriminologie. Indem sie sich das Verstehen konkreter Zusammenhänge von Erscheinungen in ihrer komplexen Eigenart zum Ziel setzt, hält sie sich absichtlich die Möglichkeit offen, daß in *verschiedenen* Fällen *verschiedene* Kombinationen und Konstellationen vorliegen, deren Resultat das „Geschehen" ist, das sie als Gegenstand interessiert. Sie vermeidet dabei auch die irrationalen bzw. metaphysischen Vorannahmen, die im Gefolge romantischer Vorstellungen in den Geisteswissenschaften verbreitet waren. Denn diese Vorannahmen ziehen die methodologischen Konsequenzen von Subjektivismus und Intuitionismus nach sich. Gerade dadurch leisten sie dem Anspruch der gesetzeswissenschaftlichen Erkenntnis Vorschub, allein den Kriterien *der* Wissenschaft zu genügen.

Da sie das konkrete Geschehen in seiner Eigenart verständlich machen will, ist eine Wirklichkeitswissenschaft gerade nicht auf technische Verwertung im Sinne einer Beherrschung und Manipulation des *Gegenstandes* ausgerichtet, sondern will bewußte und verantwortliche Entscheidungen, „Stellungnahmen" der Handelnden ermöglichen (s. u. VII.). Auch hier besteht ein innerer Zusammenhang mit der Methodologie. „Erkenntnis" im Sinne ihrer Prämissen kann eine Wirklichkeitswissenschaft nur erbringen, wenn sie unser am *Sinn* des Geschehens haftendes Kausalitätsbedürfnis durch Deutung und Verstehen berücksichtigt und gleichwohl empirische Gültigkeit anstrebt. Damit steht sie aber schon mitten in der Problemlage der heutigen Kriminologie.

V. Methodologische Grundprobleme von „Wirklichkeitswissenschaft"

Das Programm einer Wirklichkeitswissenschaft, diesen Schluß kann man aus dem Bisherigen ziehen, scheint direkt zugeschnitten zu sein auf die Aufgaben, die für die überwiegend gesetzeswissenschaftlich ausgerichtete Kriminologie ungeklärt bleiben mußten. Es wurde auch schon deutlich, daß es sich bei diesem Gegensatz nicht um bloß methodologische Differenzen handelt, die durch entsprechende Korrekturen der Forschungs*technik* ausgeglichen werden könnten, sondern daß Grundverständnisse vom Sinn der Wissenschaft mit auf dem Spiel stehen. Es gilt jetzt, die Vorgehensweise einer Wirklichkeitswissenschaft noch näher zu beschreiben und dabei schrittweise die Anwendbarkeit und Fruchtbarkeit für das Gebiet der Kriminologie herauszustellen, denn zunächst ist ja *Max Webers* Hauptbeispiel die Geschichtswissenschaft (teilweise die Nationalökonomie und die Soziologie), und nicht die Kriminologie.

1. Einzelfall und nomologisches Wissen

1.1. Die Notwendigkeit nomologischen Wissens als Erkenntnismittel

Eine Wirklichkeitswissenschaft, so wurde gesagt, versuche die Gegenstände in ihrer je individuellen Eigenart zu verstehen. Von daher wurden ihr in der damaligen Diskussion ganz bestimmte Prädikate beigelegt: Im Gegensatz zu den Gesetzeswissenschaften gehe sie „individualisierend", jene „generalisierend" vor, sie sei „idiographisch", jene „nomothetisch". All dies könnte nun so verstanden werden, als müsse sich eine wirklichkeitswissenschaftliche Kriminologie *ausschließlich* mit dem „Einzelfall", das heißt mit dem je einzelnen Straffälligen befassen. Dies wäre jedoch ein Fehlschluß. Denn wenn die damalige Diskussion etwa von einem „historischen Individuum" oder von der „individuellen" Eigenart eines Geschehens spricht, so ist eben jene auf das einzelne, konkrete Geschehen gerichtete denkende „Ordnung des Wirklichen" gemeint und natürlich nicht *nur* der einzelne handelnde Mensch als Individuum. Entsprechend bietet sich die Erforschung des je individuellen „Täters in seinen sozialen Bezügen" (s. u. VI) in der Kriminologie zwar als Paradebeispiel wirklichkeitswissenschaftlichen Vorgehens an, keinesfalls muß sie aber ihr ausschließlicher Gegenstand sein. Auch das Ansteigen der Jugendkriminalität in der BRD nach dem Zweiten Weltkrieg, oder die extrem niedrige Kriminalitätsbelastung der portugiesischen Gastarbeiter in derselben Zeit am selben Ort sind Phänomene, die uns in ihrer „individuellen" Eigenart interessieren können, auch wenn dabei eher gemeinsame, allgemeine Züge der betreffenden Individuen als Einzelpersonen involviert sind, z.B. kulturelle oder soziale.

Ganz allgemein wäre es ein gröbliches Mißverständnis anzunehmen, wirklichkeitswissenschaftliches Vorgehen bedeute einen Verzicht auf „nomologisches Wissen", auf alltägliche Erfahrungsregeln oder von der Wissenschaft erstellte sogenannte „generelle Regeln des Geschehens" (näheres hierzu unten 3.). Dies folgt an sich schon etwa aus der Ablehnung von *Croces* Ansicht, daß „Dinge" wegen ihrer prinzipiellen Individualität nur einer unmittelbaren „Anschauung" zugänglich seien, während *Weber* betont, daß schon „das einfachste ‚Existentialurteil' ... logische Operationen voraussetzt, welche ... die konstante *Verwendung* von Allgemeinbegriffen, daher Isolation und Vergleichung, in sich enthalten" (WL 110). Umso mehr ist die Bezugnahme auf nomologisches Wissen bei den entscheidenden Schlußverfahren der kausalen Zurechnung gefordert, denn:

„Ob einem einzelnen individuellen Bestandteil eines Zusammenhanges in der Wirklichkeit in concreto kausale Bedeutung für den Erfolg, um dessen kausale Erklärung es sich handelt, beizumessen ist, kann ja im Zweifelsfalle *nur* durch Abschätzung der Einwirkungen welche wir von ihm und den anderen, für die Erklärung mit in Betracht kommenden Bestandteilen des gleichen Komplexes generell zu erwarten pflegen ... bestimmt werden" (WL 179).

Worauf es in der Methodologie einer Wirklichkeitswissenschaft allein ankommt, ist die ausschließliche *Mittel*funktion allen generellen Wissens, welchen Grad von Allgemeinheit es auch haben mag. Dieser bestimmt sich jeweils erst im Verhältnis zu dem konkreten Geschehen, zu dessen Erklärung es als Mittel herangezogen wird. Der Einsatz „nomologischer Erkenntnis" ist also von Fall zu Fall verschieden sinnvoll und zweckmäßig in Abhängigkeit von der jeweils anstehenden „Zurechnungsfrage".

So wäre beispielsweise nomologisches Wissen über die besondere nationale Kultur der Portugiesen für eine Einzelfallanalyse eines portugiesischen Straffälligen möglicherweise weniger relevant, als für die Frage nach der niedrigen Kriminalitätsbelastung der portugiesischen Gastarbeiter insgesamt. Allgemein gilt jedoch: Je weiter das nomologische Wissen von der Ebene des konkreten „Geschehens" der Wirklichkeit abstrahiert, das zur Erklärung ansteht, desto inhaltsärmer muß es zwangsläufig sein, und desto weniger tauglich ist es als Mittel zur „Zurechnung" konkreten Geschehens. Um in dem obigen Beispiel zu bleiben, wäre deshalb Wissen etwa über die Einwohner *aller* katholischen Mittelmeerländer für diesen besonderen Fall der Portugiesen bereits weniger belangvoll, bei *allen* „*Südländern*" würde sich die Bedeutung weiter reduzieren.

Es könnte nun so scheinen, als sei das beschriebene Verhältnis von Ziel und Mittel nichts anderes als der Unterschied von „pure science" und „applied science", zwischen Grundlagenforschung und angewandter Forschung. „Letztlich sei das Ziel der Wissenschaft sowieso die praktische Anwendung im einzelnen. Das wäre jedoch ein Trugschluß. Denn gerade die Auswahl dessen, was *jeweils* als nomologisches Wissen (als Mittel) in den wirklichkeitswissenschaftlichen Verstehensvorgang eingeht, ist nicht aus einem *ein für allemal feststehenden* und verfügbaren Fundus kumulativ gefundener Gesetze oder Regelmäßigkeiten zu gewinnen, um es auf den Einzelfall „anzuwenden" bzw. ihn unter die passenden Regeln zu subsumieren. Sie ergibt sich vielmehr jeweils erst aus der spezifischen Eigenart des Einzelfalles bzw. des besonderen Interesses an ihm. Gerade ein für *alle* denkbaren Fälle verfügbares Wissen, wie es die herkömmliche Methodologie (etwa *Opp*, s.o. III, 3.2.) anstrebt, ist für das Verstehen des konkreten Einzelfalles am inhalts*leersten,* es kann in keinem anderen Sinn als eben dem der theoretischen Subsumtion oder Deduktion und der praktischen Manipulation und Beherrschung auf den Einzelfall *angewandt* werden.

1.2. Die Grenze des „methodologischen Individualismus"

Als begrenzende Voraussetzung für den Einsatz nomologischen Wissens gilt lediglich das Postulat, das als „methodologischer Individualismus" bekannt ist. Auch „über"-individuelle Phänomene gelten erst als „verstanden" wenn die Bedeutung jener z.B. geographischen, sozialen oder kulturellen Bedingungen für das konkrete Handeln (oder Unterlassen) von Jugendlichen (oder Portugiesen) unmittelbar psychologisch „verständlich" wird (so übrigens wieder auch *Exner* 39, 19). Und das bedeutet eben, daß solche Regeln, die sich auf diese Anforderung unseres Kausalitätsbedürfnisses beziehen, für die kausale Zurechnungsfrage von besonderem Wert sind (vgl. etwa WL 113):

„Das Ziel der Betrachtung (einer Wirklichkeitswissenschaft, M.B.): ‚Verstehen', ist ... der Grund, weshalb die verstehende Soziologie ... das Einzelindividuum und sein Handeln als unterste Einheit ... behandelt ... Aus dem gleichen Grunde ist aber für diese Betrachtungsweise der Einzelne auch nach oben zu die Grenze und der einzige Träger sinnhaften Sichverhaltens ... Begriffe wie ‚Staat', ‚Genossenschaft', ‚Feudalismus' und ähnliche bezeichnen für die Soziologie ... Kategorien für bestimmte Arten menschlichen Zusammenhandelns, und es ist also ihre Aufgabe, sie auf ‚verständliches' Handeln, und das heißt ausnahmslos: auf Handeln der beteiligten Einzelmenschen, zu reduzieren" (WL 439; vgl. auch 552 f.).

Trotz dieser Grenze des „methodologischen Individualismus" stehen also Analyse des Einzelfalls (bzw. „historischen Individuums") und nomologisches Wissen in einer kriminologischen Wirklichkeitswissenschaft in einem Verhältnis von Ziel und Mittel.

2. Die besondere Art der „Geltung" nomologischen Wissens bei „sinnhaftem" Handeln

Auch wenn sich *Weber* einer metaphysischen Ontologisierung des „Persönlichen" als einer letztlich irrationalen Substanz widersetzt, so hält er doch an der Qualifizierung des menschlichen Handelns als eines mindestens *auch* „geistigen" und „sinnvollen" Handelns fest. Jene oben genannte transzendentale Voraussetzung jeder Kulturwissenschaft, daß der Mensch zur Welt „Stellung nehmen" kann und muß, bedeutet eben, daß sein Handeln nicht allein durch Ursachen „an ihm" geschieht, sondern daß es vermittelt ist durch Reflexion, Bewertung, rationales Kalkül, so sehr dies auch jeweils durch alle möglichen Bedingungen im Grad ihrer Bewußtheit und Intentionalität eingeschränkt sein mag (vgl. etwa WL 562). Diese Bestimmung der menschlichen Handlungen bedeutet zwar keinerlei Einschränkung der Möglichkeit nomologischen Wissens über solche Handlungen und seiner Notwendigkeit für ihr Verstehen. Sie bestimmt aber die *besondere Art der kausalen Verhältnisse* und damit die besondere Art der „Zurechnung" und eventueller Vorhersagen.

2.1. Zur Problemlage in den Naturwissenschaften

Das nomologische Wissen in den exakten Naturwissenschaften sind invariante Gesetze. So unterschiedlich sie ihrem Anspruch und ihrer logischen Form nach auch sein mögen, sie behaupten konstante Beziehungen.

Zwar haben die Naturwissenschaften selbst im Zuge jenes oben genannten Zerfallsprozesses die Ansprüche einer absolut deterministischen Metaphysik aufgegeben. Streng genommen könne jene absolute Notwendigkeit, von der noch das 19. Jahrhundert unter dem Eindruck der klassischen Physik ausging, aus experimentellen und erkenntnistheoretischen Gründen nicht behauptet werden. Daß *Lenin* sich genötigt sah, den Materialismus gegen den „Empiriokritizismus" in der neuen Philosophie zu verteidigen, ist dafür bezeichnend genug. Seit der Entdeckung der relativistischen Zeit, der nichteuklidischen Geometrie und der modernen Quantenmechanik konnte das alte physikalische Weltbild allenfalls noch als Grenz- oder Sonderfall gelten. Erkenntnistheoretisch folgten auf den Zerfall der alten naiven Abbildtheorie die Rückzugsgefechte des „Konventionalismus" und „Fiktionalismus", die Auseinandersetzung um den Wahrscheinlichkeitsbegriff und schließlich der „Falsifikationismus" der modernen Wissenschaftstheorie.

Entscheidend ist jedoch, daß (trotz der bekannten Versuche namhafter Physiker, aus der Unschärferelation nun ihrerseits die Willensfreiheit abzuleiten) der Versuch als gelungen gelten kann, diese neuen Erkenntnisse in einem *revidierten physikalischen Weltbild* unterzubringen. Exemplarisch sind hier wiederum die Vertreter des Wiener Kreises zu nennen. Sie verbuchen den Zerfall des alten Weltbildes als Befreiung von *unnötigen* metaphysischen Hypotheken, die an der praktischen Gültigkeit des *Induktionsprinzips*, d.h. an der feststehenden, geordneten Struktur des Gegenstandes gar nichts ändere. Dies bezeichnen sie jedoch ausdrücklich als einen *Glaubenssatz* oder als eine *Entscheidung*, die durch nichts begründet sei als eben die praktische Verläßlichkeit dieser Annahme, die durch Erfahrungen verbürgt sei[1]. Zwar scheint *Popper*, der ja bekanntlich noch den letzten Anschein „ontologisierender" Vorannahmen vermeiden will, auch das Induktionsprinzip in seiner „Logik der Forschung" als „Unbegriff eines synthetischen Urteils ‚a priori'" (73, 201 zuerst 1934) aufgeben zu können und insofern eine Ausnahme darzustellen. Doch zeigt die frühe Kritik von *Hans Reichenbach*, daß *Poppers* Absichtsbekundungen hierüber für das faktische Vorgehen der Wissenschaft noch nicht viel besagen müssen.

„Ich muß ... immer wieder konstatieren, daß sie (die Menschen, die Zukunftsaussagen machen, M.B.) denjenigen Aussagen für die Zukunft glauben, die mit dem Induktionsprinzip in Übereinstimmung sind; daß sie z.B. den Abgang eines Eisenbahnzuges zu derjenigen Zeit erwarten, die das Kursbuch angibt, daß sie auf einen Klingelknopf drücken, wenn sie klingeln wollen usw. Wenn man mir dann antwortet ‚wir wissen nicht, sondern wir raten', so kann ich nur konstatieren, daß dieses Raten sich in Bahnen bewegt, die mit dem Induktionsprinzip auffallend gut übereinstimmen... *Popper* gibt immerhin zu: ‚unser Raten ist geleitet von dem unwissenschaftlichen, metaphysischen ... Glauben, daß es Gesetzmäßigkeiten gibt, die wir entschleiern, aufdecken können' (S. 207). Wenn er das schon zugibt, dann sollte er lieber zugeben, daß dieser Glaube nichts anderes ist als das Induktionsprinzip, denn in der Tat ist es dieses Prinzip, welches unsere Zukunftsbehauptungen ermittelt" (*H. Reichenbach* 35, 282/83).

Es ist ein ganz entscheidender Grundzug der Philosophie des Wiener Kreises, daß alle diejenigen Erkenntnistheorien, die die Gesetzmäßigkeit der Natur nicht als in dieser selbst objektiv vorgegeben ansehen, sondern sie als Konvention, als

---

[1] So ist etwa für *Reichenbach* (31 a) das Induktionsprinzip das Unterpfand dafür, überhaupt auch dort von „Erkenntnis" zu sprechen und nicht nur von einer „praktisch brauchbaren Fiktion" oder der „blinde(n) Konstruktion eines Formelsystems", wo durch neue Erfahrungstatsachen die Grenzen der „apriorischen Philosophie" *überschritten werden*, für die Erkenntnis allein „die Einordnung des Erkenntnisstoffes in vorgegebene feste Formen, eben die apriorischen Kategorien" bedeutete (alles 31a, 63). Er fährt fort: „Dieses Prinzip muß freilich vorausgesetzt werden, wenn unser Beweis für die Widerspruchsmöglichkeit des Kategoriensystems schlüssig sein soll. Aber dieses Prinzip kann schlechterdings nicht entbehrt werden, denn es bedeutet das eigentliche Mittel für den Wahrheitsentscheid der Wissenschaft (sic!). Würden wir das Induktionsprinzip aufgeben, so würde damit die Willkür in die Wissenschaft einziehen, und jede beliebige Behauptung über die physikalische Natur mit vorliegenden Beobachtungen vereinbar sein" (S. 64/65). Freilich sieht sich *Reichenbach* genötigt, gleich beschwichtigend hinzuzufügen, damit meine er nicht „irgendeinen geheimnisvollen Anspruch von metaphysischer Notwendigkeit" (S. 67), sondern nur (!) die Schlußmöglichkeit auf zukünftige Wahrnehmungen. Vgl. auch *Reichenbach* 31b, dort besonders S. 169 f., 172, 173, 183, 196, 197; sowie *Herbert Feigl:* „Es handelt sich hier (bei statistischen Induktionen) wie bei jeder Induktion nicht um ein begründbares Schlußverfahren, sondern um ein praktisches Tun, um einen Entschluß" (31, 258). Ebenso *Otto Neurath:* „Bei Induktionen auf diesem oder auf einem anderen Gebiet handelt es sich immer um einen Entschluß" (32, 410 und 412; ähnlich 31, 122/3).

praktisch brauchbare Fiktion auf der Seite des erkennenden Subjektes ansehen, die so tun, „Als ob" sie bestünde, zurückgewiesen werden. *Herbert Feigl* etwa spricht hier von „grundlegenden *Einfachheitseigenschaften* unserer Welt", die es ermöglichen, „daß die Menschen mit ihren begrenzten Fähigkeiten doch eine so weitreichende induktive Naturerkenntnis erringen können. Sie ist als letzte Tatsache, sozusagen als *Geschenk der Natur* (Herv. M. B.) zu betrachten" (31, 257; vgl. auch *Reichenbach* 31a, 50; *Schlick 31, 10)*[2]. Ob mit oder ohne eine solche kosmologische Begründung: faktisch setzt die „empirische" Wissenschaft das Induktionsprinzip in diesem Sinn voraus, wenn sie „Verallgemeinerung" anstrebt oder statistische Schlüsse (Inferenz) zieht. Auch bei *Popper* ist es ja die (falsche) „metaphysische Umdeutung einer (richtigen, M.B.) methodologischen Regel" (73, 200 zuerst 1934), nämlich der „Forschung nach ... *Invarianz der Naturgesetze"* (ebenda).

2.2. Sonderbedingungen bei Wissenschaften von menschlichem Handeln

Daß diese Ansicht für die Natur ihr Recht hat, ist durch die praktische Verläßlichkeit von Naturwissenschaft und Technik in der Tat hinreichend begründet. Sie hat allerdings auch hier Gültigkeit *nur für diejenigen, höchst abstrakten, Seiten* des natürlichen Geschehens, auf deren gesetzmäßige Erfassung allein sich die exakten Naturwissenschaften (vor allem natürlich die Physik und Chemie) in ihrer jetzigen Gestalt als ihrem Erkenntnisziel beziehen. Seit die Naturwissenschaften nicht mehr „‚Weg zum wahren Sein‘, ‚Weg zur wahren Kunst‘, ‚Weg zum wahren Gott‘, ‚Weg zum wahren Glück‘" (WL 598) sein konnten ist ja auch unser Kausalitätsbedürfnis schon bei der Feststellung befriedigt, daß ein Naturvorgang diesen Gesetzen nicht widerspricht.

An der Verläßlichkeit dieser Gesetze ändert es auch nichts, daß konkrete, individuelle Naturvorgänge in allen Einzelheiten mit derartigen Gesetzen nicht beschrieben oder gar vorhergesagt werden können. Beim Zerbersten eines Felsbrockens (*Webers* Beispiel) geschieht nichts, was auch nur einem dieser Gesetze (ihre empirische Richtigkeit vorausgesetzt) widersprechen würde, auch wenn das konkrete Zusammenspiel nicht nachvollzogen werden kann. Ebenso geschieht nichts gegen die Gesetze der Thermodynamik, auch wenn die Wetter-

---

[2] Daß diese Rede vom „Geschenk der Natur" durchaus erst gemeint ist, zeigt die folgende Begründung: „Wenn wir diesen Gedankengang aus der erkenntnistheoretischen Betrachtungsweise in die physikalisch-kosmologische (sic!) übertragen dürfen, so lautet das Ergebnis ... folgendermaßen: das organische Leben und mit ihm das Auftreten des erkennenden Menschen ist in einer der ungeheuren Weltepochen eingelagert, in der die statistische Struktur der Welt (das Bestehen einer „normalen" Dispersion) die Auffindung von Naturgesetzen außerordentlich erleichtert ... Was wir heute an Gesetzmäßigkeit finden, verallgemeinern wir nach den Regeln der Induktion, die ihrerseits nur eine Widerspiegelung der Einfachheitseigenschaften unserer Natur sind (*Feigl* 31, 259).

prognosen höchst unsicher sind. Und technische Fehler sind eben Fehler, die keinesfalls die Gültigkeit von Naturgesetzen in Frage stellen.

Diesen Verläßlichkeitsgrad hat das nomologische Wissen in Geschehensbereichen bzw. Seiten des Geschehens, in die „sinnhafte" menschliche Handlungen hineinragen, nicht. Denn wohl besteht darin kein Unterschied, daß „das menschliche ganz ebenso wie das außermenschliche ... *Konkretum* ... nirgends ... in ein lediglich ‚nomologisches' Wissen ‚eingeht'" (WL 134) und insofern die kausale Zurechnung konkreten Geschehens in beiden Fällen nicht zu Notwendigkeitsurteilen gelangen kann (vgl. WL 136). Doch hat bei menschlichen Handlungen auch das nomologische Wissen *selbst,* das zwar nicht Erkenntnisziel, aber doch Erkenntnismittel einer Wirklichkeitswissenschaft sein soll, einen prinzipiell geringeren Grad von Verläßlichkeit wie entsprechendes Wissen in den Naturwissenschaften.

So mag es etwa empirisch einwandfrei festgestellte statistische Regelmäßigkeiten geben, die bestimmten naturwissenschaftlichen Gesetzen an Erklärungswert oder Exaktheit in nichts nachstehen und diesen insofern äußerlich völlig zu gleichen scheinen, von der Berechenbarkeit aus ihnen abzuleitender Prognosen kann deswegen noch lange nicht ausgegangen werden, weil selbst von einer pragmatisch begründeten Gültigkeit des Induktionsprinzips hier *nicht* ausgegangen werden kann. Im übrigen scheint sich dieser prinzipielle Unterschied gerade bei solchen Regelmäßigkeiten zu verwischen, wo die Regelmäßigkeit als solche *nichts bedeutet,* wo sie trivial ist, keine Kulturwerte tangiert und keine Stellungnahmen herausfordert, sowohl bei den handelnden Menschen, als auch beim Wissenschaftler. Dies bedeutet nichts anderes, als daß wir uns diesen trivialen Regelmäßigkeiten gegenüber geradezu so verhalten, als ob sie für uns „Natur" wären: „‚Natur' *wird* ein Vorgang, *wenn* wir bei ihm nach einem ‚Sinn' nicht fragen" (WL 333 sowie überhaupt die Kritik an Stammler WL 291 ff.). Aber selbst bei diesen ist die Differenz nur scheinbar verwischt, denn z.B. auch der Post- und Zugverkehr sind zu Zeiten empfindlich unberechenbar. Ebenso können bisher moralisch indifferente Handlungen, über die denkbar sicherste empirische Gesetze zu gewinnen waren, mit Kulturwerten (neuen, alten) in Beziehung treten, an denen sich alsdann die Geister zu scheiden beginnen — so weit bisweilen, daß neue Verbrechen entstehen. Unter diesem Vorbehalt steht jede „Regel", die sich auf menschliche „Handlungen" bezieht, ganz gleich wie ihre logische Form ansonsten aussehen mag. Eine vorgegebene Ordnung der Dinge, die sich gleichsam als „Geschenk der Natur" in den empirischen Gesetzen der Wissenschaft ausdrückt, so daß diese mit ihrem „Glauben" an das Induktionsprinzip dauerhaft Erfolg hat, gibt es bei Handlungen „stellungnehmender" Kulturmenschen nicht, so oft man auch faktisch solche Regeln ex post festgestellt haben mag. Dies beeinträchtigt aber keinesfalls die Möglichkeit der rationalen Rekonstruktion und hat insofern gar nichts zu tun mit metaphysischen Annahmen über Indeterminismus und Willensfreiheit (s.o.).

2.3. Konsequenzen dieser Sonderbedingungen für die Kriminologie

Aus dieser in der Sinn- und Wertbezogenheit des menschlichen Handelns liegenden Unterscheidung ergeben sich nun einige schwerwiegende Folgerungen für die Kriminologie (und ihre Bezugswissenschaften): Es ist zunächst schlicht die Tatsache, daß Subjekt und Objekt der Erkenntnis bei diesen Wissenschaften *nicht* säuberlich zu scheiden sind, wie es der „empirischen" Wissenschaft als Ideal vorschwebt (s.o. III, 2.4.). Nicht nur eröffnet erst die Beziehung des Wissenschaftlers zu Werten seiner Kultur überhaupt die Möglichkeit zur Erkenntnis kultur*bedeutender* Sachverhalte, sondern sein Wissen über Handlungen verändert, sobald es bekannt wird, die Bewertungen, Einschätzungen und Stellungnahmen dieses Handelns *selber*. Sofern dieses Problem gesehen wird, begnügt man sich in der Regel mit einem Hinweis auf den geläufigen Topos der „self-fulfilling prophecy". Doch handelt es sich hierbei nur um einen besonderen Fall des viel allgemeineren Vorgangs, daß die modernen Selbst- und Wirklichkeitsdeutungen insgesamt von human- und sozialwissenschaftlichen Wissensbeständen durchsetzt werden (vgl. hierzu *Bock* 80 und neuerdings *Tenbruck* 83). Etwa bei Dunkelfeldforschungen oder auch bei Sanktionsforschungen und Evaluationsforschungen im Bereich der Rechtspflege übt das kriminologische Wissen selbst Einfluß auf diejenigen aus, deren unentdeckte Straftaten, Vorurteile oder Therapieerfolge sie untersucht. Es kann keinesfalls ausgeschlossen werden, daß die Verbreitung der „Erkenntnis", Kriminalität sei „normal", sowohl die Bereitschaft erhöht hat, Delikte zuzugeben, als auch, sie zu begehen. Welche Rolle spielt wohl in den Selbstdeutungen von Straffälligen die „Erkenntnis", Kriminalität sei die Folge willkürlicher Selektion oder sonstiger sozialer Benachteiligungen? Ebenso wird an Richtern kaum die „Erkenntnis" ihrer Alltagstheorien und Vorurteile spurlos vorübergegangen sein, und bei der Bewertung von Therapieerfolgen dürften die von der Kriminologie selbst induzierten Einflüsse auf die Variable „Motivation" nicht an letzter Stelle rangieren. Man kann aus dieser Not eine Tugend machen und die „parteiliche" Veränderung des Gegenstandes, des „Bewußtseins" der „Betroffenen", als Zweck der Forschung an die Stelle der Erkenntnis setzen, etwa im Sinne der Aktionsforschung. Wer sich dieser Folgerung nicht verschreibt, muß sich damit bescheiden, daß es dauerhafte und gültige, womöglich kumulative Erkenntnisse etwa über *die* Effektivität eines therapeutischen Programms, *die* Einstellung von Richtern oder konstante Dunkelziffern schon aus diesem Grund gar nicht geben kann.

In einer Wissenschaft, in der Erkenntnis schon rein als solche und ohne erst „angewandt" werden zu müssen ihren eigenen Gegenstand ständig verändert, ist freilich der Gedanke einer vorgegebenen Ordnung der Dinge vollends unhaltbar. Es sei denn, man glaube, selbst hinter diesem dynamischen Potential selbstinduzierter Veränderungen walte ein der „List der Vernunft" analoges teleologisches Prinzip.

3. Mißverständnisse über „Verstehen" und „idealtypische Begriffsbildung"

Beide Begriffe bezeichnen Kernstücke der wirklichkeitswissenschaftlichen Methodologie. Beide können hier nicht erschöpfend behandelt werden, sondern es sollen nur noch einige Mißverständnisse beseitigt werden, die bis heute über die angeblich subjektivierenden Wissenschaften bestehen. Die Anwendbarkeit des wirklichkeitswissenschaftlichen Modells auf die Kriminologie soll dadurch weiter vorbereitet werden.

3.1. Das „subjektivistische" Mißverständnis

„Verstehen" ist im Grunde nichts anderes als das (intransitive) Gegenstück zum „Deuten". Es ist das Desiderat jenes Sonderbereiches unseres Kausalitätsbedürfnisses, das sinnhaftes Handeln in uns als stellungnehmenden Kulturmenschen erweckt. Hierbei ist vor allem die Unterscheidung von „aktuellem Verstehen" und „erklärendem Verstehen" zu beachten[3].

„Wir ‚verstehen' z.B. aktuell ... einen Zornausbruch ... oder das Verhalten eines Holzhackers oder jemandes, der nach der Klinke greift, um die Tür zu schließen, oder der auf ein Tier mit dem Gewehr anlegt ... Wir verstehen das Holzhacken oder Gewehr anlegen nicht nur aktuell, sondern auch motivationsmäßig[4], wenn wir wissen, daß der Holzhacker entweder gegen Lohn oder aber für seinen Eigenbedarf oder zu seiner Erholung ... oder wenn der Schießende auf Befehl zum Zweck der Hinrichtung oder der Bekämpfung von Feinden oder aus Rache ... diese Handlung vollzieht ... Alles dies sind verständliche *Sinnzusammenhänge,* deren Verstehen wir als ein *Erklären* des tatsächlichen Ablaufs des Handelns ansehen. ‚Erklären' bedeutet also für eine mit dem Sinn des Handelns befaßte Wissenschaft soviel wie: Erfassung des *Sinnzusammenhanges,* in den, seinem subjektiv gemeinten Sinn nach, ein aktuelles verständliches Handeln hineingehört" (WL 546/7)[5].

---

[3] In dem frühen Aufsatz von 1903 entspricht dem die Scheidung von „Sinn" und „Motiv, die *Weber* als von *Simmel* richtig vollzogen bezeichnet (WL 95). Während dort aber das Verstehen mit der Unmittelbarkeit des Erlebens in Verbindung gebracht wird, wogegen die Deutung begrifflich objektiviert sei (s.o.), gebraucht *Weber* später für beides den Verstehensbegriff im obigen, untergliederten Sinn.

[4] „Motivationsmäßig" ist bei *Max Weber* natürlich nicht im Sinn von Motivation als eines speziellen psychologischen Terminus gebraucht, sondern meint, wie die Beispiele etwa von Lohn und Eigenbedarf des Holzhackers zeigen, eben nicht nur einzelpsychische „Motive" sondern tendenziell (je nach anstehender „Zurechnung") die Einbeziehung der gesamten Lebensumstände. In der Kriminologie wären demzufolge auch nicht die unmittelbar bei der Tatbegehung wirksamen (Tat)motive zu berücksichtigen, sondern das Tatgeschehen insgesamt in den größeren Sinnzusammenhang der gesamten Lebensumstände des *Täters* einzustellen. Für diese Gesamtheit der persönlichen und sozialen Umstände gebraucht *Göppinger* den Begriff des „Täters in seinen sozialen Bezügen".

[5] Hier wiederholt sich, daß *Weber* „Verstehen" und „Erklären" nicht so unterschiedlich gebraucht, daß sie verschiedenen Wissenschaftstypen ausschließlich zuzuordnen wären. Erklärt gilt ihm ein Geschehen, gleich welches, wenn unser Kausalitätsbedürfnis befriedigt ist. Das ist jedoch bei Naturvorgängen durch die Subsumtion unter Gesetze *schon* der Fall, bei „Handlungen" jedoch nicht. Diese müssen deshalb verstehend erklärt werden.

3. Mißverständnisse über „Verstehen" und „idealtypische Begriffsbildung"

Der „Sinnzusammenhang" eines Geschehens, einer „Handlung" etwa, erschöpft sich also nicht in der Bedeutung, die es selbst unmittelbar für den Handelnden hat, sondern schließt die Beziehung dieses Geschehens auf die objektive „Lage" ein.

Nicht ohne Grund ist auch für *Exner* das Verstehen nicht auf den Sinn beschränkt, den die Tat „im Zuge des Denkens, Fühlens und Wollens des Täters erfüllt", sondern ausdrücklich auch bezogen auf die „innere und äußere Lage des Täters" (39, 16/17, s.o. II, 4.1.). In der Kriminologie vielleicht noch mehr als in anderen Handlungswissenschaften steht hinter dieser Unterscheidung ein wichtiger sachlicher Gesichtspunkt. Denn von seiner eigenen inneren und äußeren Lage hat der Straffällige möglicherweise ein höchst unzutreffendes Bild. Das Einfühlen in oder das Verständnis für sein Denken, Fühlen und Wollen hat aber an diesen Beschränkungen teil. Bei einer bloßen Übernahme der „Perspektive des Handelnden" besteht die Gefahr, daß die besondere Art und Weise, in der sich der Handelnde mit seiner „inneren und äußeren Lage" in Beziehung setzt, gar nicht mehr in den Blick kommt. Was der Sinn, den ein Straffälliger subjektiv mit seinen Handlungen verbindet, eigentlich *bedeutet,* kann man doch nur abschätzen, wenn man diesen Sinn mit der objektiv vorliegenden „inneren und äußeren Lage" in Beziehung setzt.

Die Schwäche der Schulen des „interpretativen Paradigmas" hängt unmittelbar damit zusammen, daß *nur* die Perspektive der Handelnden, und zwar der Handelnden der *einen* Seite der „outsiders", als die eigentliche Realität genommen wird — und das wird sie notwendig, wenn Verstehen zum Verständnis und Einfühlen zum Mitgefühl wird. Die Differenz zu anderen Deutungen der Lage wird dann Anlaß zu rechtssoziologischen „Erklärungen" (s.o. II, 3.2.).

Außerdem besteht bei einer Fixierung auf den subjektiven Sinn die Gefahr, daß die Lücke, die zwischen dem Denken, Wollen und Fühlen des Straffälligen einerseits und dem Wissen um psychische und soziale „Faktoren" der Kriminalität klafft, durch psychologischen Theorien entlehnte „Erklärungen" zu schließen versucht wird. Tendenzen in dieser Richtung findet man etwa bei *Healy* und *Bronner.* Sie unternehmen den eigentlich bemerkenswerten Versuch, über die Feststellung von Einzelkorrelationen hinaus die „meaningfulness of delinquency for the individual" (36, 132) zu erfassen. Da sie auf intensiven Einzelfalluntersuchungen aufbauen, entgehen sie auch der Gefahr, bei ihren diesbezüglichen Überlegungen von der „inneren und äußeren Lage" ihrer Probanden einfach abzusehen. Doch gehen sie bei ihrer Frage nach der „meaningfulness" anscheinend davon aus, daß die Delinquenz ihrer Probanden in gewisser Weise sinn„voll" sein müsse: „... delinquency itself must in some fashion be especially meaningful for the individual of whose behavior it is a part" (36, 132). Kurz darauf sprechen sie von einem „subjective value" (36, 133) der Delinquenz für den Probanden. Von einem rationalen Kalkül im eigentlichen Sinn, das ohne Berücksichtigung irgendeiner psychischen Disposition unmittelbar verständlich wäre, das sehen *Healy* und *Bronner,* kann freilich bei ihren Probanden nicht die Rede sein, denn „ordinarily the individual does not say to himself, ‚Through delinquency I will have my revenge,‘ ... Usually the act is engaged in by the deliquent without ... conscions awareness" (36, 135). Stattdessen *substituieren* sie eine „meaningfulness" im Bezug auf die jeweiligen emotionalen „disturbances and discomforts" des Probanden. Delinquenz sei eine — gemäß den vorausgesetzten psychodynamischen Theorien — gewissermaßen „vernünftige" Reaktion. Dies ist natürlich dann ein anderer „Sinn" als der, den die Probanden mit ihrem Handeln verbinden.

Entsprechendes gilt etwa für den Versuch *Mosers,* durch psychoanalytische Theorien zu erklären, wie die Verbindung „zwischen individueller Charakterstruktur mit ihren lebensgeschichtlichen Voraussetzungen und der Massenhaftigkeit ihres Vorkommens in bestimmten Schichten" (75, 337) herzustellen sei.

3.2. Das „rationalistische" Mißverständnis

Ein *zweites* Mißverständnis besteht in dem „Rationalismus", den das Verstehen angeblich beinhalte. So spricht etwa *Gottl* „da, wo es heißen sollte: ‚verständliches Handeln‘, von ‚vernünftigem Geschehen‘" und dies kann „zu einem Prinzip rationaler Konstruktion historischer Vorgänge führen, welches der Wirklichkeit Gewalt antut" (WL 100). Verständlich sind uns nach *Weber* nicht nur auch solche Vorgänge, die wir nicht selbst erlebt haben (s.o. IV, 3.2.2.), sondern auch Gefühle, Stimmungen, Affekte und ähnliches. Die Verstehbarkeit ist durchaus davon abhängig, ob entsprechende Deutungen, eventuell von Fachdisziplinen (*Weber* erwähnt mehrfach die Psychopathologie)[6] vorliegen. Überdies bedeutet ja die Tatsache, daß uns rein zweckrationales Handeln in besonderem Maß evident und insofern verständlich ist, keineswegs, daß das menschliche Handeln ausschließlich oder auch nur überwiegend dieses Charakters sei.

---

[6] Das Beispiel pathologischen „Verhaltens", hier ist gerade nicht von „Handeln" zu sprechen, ist bei *Weber* stets zur Bezeichnung der Grenze gebraucht, wo die Deutbarkeit nicht mehr vorliegt und somit auch unser Kausalitätsbedürfnis wie bei Naturvorgängen befriedigt ist, wenn kein Widerspruch zu den gültigen Erfahrungsregeln vorliegt. Vgl. hierzu etwa WL 67, 69, 137 Anmerkung 2, 224, 226, 251, 428, 435, 542. Dabei mag der Fachexperte teilweise die Grenze der Deutbarkeit verschieben oder auf dem Gebiet des nicht Deutbaren Erklärungen liefern. Vgl. etwa WL 82, 102 Anmerkung 1, 111 Anmerkung 1 mit Bezug auf die Psychoanalyse; 226 und 542. Zu entsprechenden Abgrenzungen in der Kriminologie s.u. VI, 1.2.

3. Mißverständnisse über „Verstehen" und „idealtypische Begriffsbildung"

„Hätte es die Geschichte nur mit ... rationale(m) Handeln zu tun, so wäre ihre Aufgabe unendlich erleichtert: aus den angewendeten Mitteln wäre ja der Zweck ... des Handelnden eindeutig erschließbar ... Daß das Handeln des Menschen *nicht* so rein rational deutbar ist, daß nicht nur irrationale ‚Vorurteile', Denkfehler und Irrtümer über Tatsachen, sondern auch ‚Temperament', ‚Stimmungen' und ‚Affekte' seine ‚Freiheit' trüben, daß also auch sein Handeln — in sehr verschiedenem Maße — an der empirischen ‚Sinnlosigkeit' des ‚Naturgeschehens' teil hat, dies gerade bedingt die Unmöglichkeit rein pragmatischer Historik" (WL 227, ähnliche Formulierungen etwa auch 429, 545 und öfter, nach den sachlichen Arbeiten *Webers* ist dies ohnehin offenkundig).

Und selbst hierbei bleibt zu beachten, daß Vorgänge und Regelmäßigkeiten, bei denen die Grenze des Verstehbaren definitiv *überschritten* ist, „um deswillen nicht etwa weniger wichtig" (WL 551/2) sind, d.h. Verstehbarkeit und kausale Bedeutung sind streng zu scheiden. Allerdings kommen sinnfremde Vorgänge und Gegenstände „für alle Wissenschaften vom Handeln (nur) als: Anlaß, Ergebnis, Förderung oder Hemmung ... in Betracht" (WL 545), d.h. ihr *logischer* Stellenwert in der Analyse ist ein anderer. Mit größtem Nachdruck weist *Weber* hier einerseits auf die „üblicherweise so genannten ‚psychologisch' verständlichen (zweckirrationalen) Zusammenhänge" hin, die „zwischen dem absolut ... zweckrational orientierten Handeln und den absolut unverständlichen psychischen Gegebenheiten in der Mitte liegen" (WL 433), andererseits aber auch auf konstitutionelle Faktoren[7], die von erheblicher kausaler Bedeutung für den Ablauf eines Geschehens sein können. Von der Aufgabe des *verstehenden* Erklärens entbinden sie aber nicht, sondern sie bilden nur einen Teil all der Bedingungen, Umstände, Tatsachen, mit denen das zu verstehende Geschehen in einen Sinnzusammenhang gebracht werden muß.

Der einzige Sinn, in dem von einem Vorrang des zweckrationalen Handelns bei *Weber* geredet werden kann, ist der, daß es sich wegen seines Höchstmaßes

---

[7] *Weber* wählt ein hypothetisches Beispiel, das man ohne weiteres verallgemeinern könnte für sämtliche Merkmale und Faktoren, mit denen die Kriminologie in ihrer Geschichte das Verbrechen in Verbindung gebracht hat. Daran wird noch einmal schlagend die Differenz zwischen dem, was insbesondere die großen multifaktoriellen Vergleichsstudien als „empirischen" Einzelbefunden vorgelegt haben, und dem, was daraus für eine wirklichkeitswissenschaftliche Kriminologie erst noch folgen muß, deutlich. „Gesetzt z.B., es gelänge einmal ... das Maß von Vorhandensein bestimmter soziologisch (hier könnte sinngemäß auch allgemeiner stehen: handlungswissenschaftlich, M.B.) relevanter Qualitäten und Triebe, solcher, welche ... die Entstehung des Strebens nach ... sozialer Macht (oder z.B. Verbrechen, M.B.) ... begünstigen: — etwa die Fähigkeit zur rationalen Orientierung des Handelns ... oder ... andere ... intellektuelle Qualitäten ... — irgendwie mit einem Schädelindex oder mit der Herkunft aus bestimmten durch irgendwelche Merkmale bezeichenbaren Menschengruppen in ... Zusammenhang zu bringen. Dann hätte die verstehende Soziologie (bzw. Handlungswissenschaft, M.B.) diese speziellen Tatsachen ganz ebenso in Anschlag zu bringen, wie z.B. die Tatsache des Aufeinanderfolgens der typischen Altersstufen oder etwa der Sterblichkeit der Menschen im allgemeinen. Ihre *eigene Aufgabe* (Herv. von mir) aber begänne erst genau da, wo deutlich zu erklären wäre: ... durch welches sinnhaft auf Objekte, sei es der Außenwelt oder sei es der eigenen Innenwelt bezogene Handeln die mit jenen spezifisch ererbten Qualitäten begabten Menschen nun die dadurch mitbedingten oder begünstigten Inhalte ihres Strebens durchzusetzen suchten, wieweit und warum ihnen das gelang oder warum nicht?" (WL 431).

an Verstehbarkeit dazu eignet, als *methodisches Hilfsmittel* zur Analyse konkreten Handelns zu dienen. Genau dies ist der Sinn einer bestimmten, keineswegs der einzigen, Form von idealtypischer Begriffsbildung (vgl. u.a. WL 190 ff. aber auch sonst ebenda passim). Idealtypen sind oft *gedankliche* Konstruktionen von Handlungen und/oder Handlungsabläufen, als ob das betreffende Geschehen mit einem höheren Maß an Rationalität abliefe, als es vom empirischen Geschehen erwartet werden kann. So sind etwa die Theorien der Nationalökonomie überwiegend unter der Annahme konstruiert, als würden die Wirtschaftssubjekte völlig zweckrational handeln, als seien sie Exemplare des „homo oeconomicus". Der Vergleich solcher Idealtypen mit der Realität, also der Vergleich des tatsächlichen Geschehens damit, wie es bei „rationalem" Verlauf hätte eigentlich vor sich gehen müssen (nicht freilich im normativen Sinn!), ist für die „Zurechnung" des empirischen, konkreten Geschehens von größter Bedeutung.

Für die Bildung und Verwendung idealtypischer Begriffe entscheiden nach *Weber* weitgehend Zweckmäßigkeitsgesichtspunkte der einzelnen handlungswissenschaftlichen Disziplinen. Für deren Zwecke ist nun nicht etwa immer das rein zweckrationale Handeln, oder gar das richtigkeitsrationale Handeln[8] als Vergleich mit der Realität geeignet, wie dies *Weber* vor allem für Soziologie und Geschichte unterstellt.

„Die objektive Richtigkeitsrationalität dient ihr (der verstehenden Soziologie bzw. einer entsprechenden Handlungswissenschaft, M.B.) gegenüber dem empirischen Handeln, die Zweckrationalität gegenüber dem psychologisch sinnhaft Verständlichen, das sinnhaft verständliche gegenüber dem unverstehbar motivierten Handeln als Idealtypus, durch Vergleichung mit welchem die kausal relevanten Irrationalitäten (im jeweils verschiedenen Sinn des Worts) zum Zweck der kausalen Zurechnung festgestellt werden" (WL 436).

Keinesfalls bedeutet also die Verwendung idealtypischer Begriffe eine Präferenz oder Vorentscheidung über das relative Gewicht etwa somatischer, psychischer oder sozialer Tatsachen für die kausale Zurechnung. *Weber* räumt nicht nur die potentielle Zweckmäßigkeit von „Irrtumstypen" (Gegensatz zum Richtigkeitstypus) ein, sondern auch den Fall, daß „eine empirisch zum ‚reinen' Typus sublimierte Faktizität den Idealtypus" (WL 430) bildet, einen Fall also, wo „ein Idealtypus aus ... spezifisch sinnfremden Zusammenhängen gebildet wird" (WL 438, ähnlich 535)[9].

Diese Offenheit ist für die Brauchbarkeit der wirklichkeitswissenschaftlichen Methode für die Kriminologie von großer Bedeutung. Denn gerade die relative Bedeutung von Tatsachen bestimmter „Seinsbereiche" und die Frage

---

[8] Also ein Handeln, das nicht nur subjektiv zweckrational ist, wie etwa das des Magiers, sondern dabei auf richtigen im Sinne von objektiv „Gültigen" (nach dem Wissensstand des Forschers) Annahmen beruht (vgl. etwa WL 433).

[9] In der Kriminologie würde ein solcher Typus die Grenze zum Gegenstandsgebiet der forensischen Psychiatrie abgeben (s. dazu u. VI. 1.2.).

nach der Zweckrationalität von Verbrechen ist für sie eine entscheidende *erfahrungswissenschaftliche* Frage, deren Determination durch die Methodik zu vergleichbaren (reziproken) Reifizierungen methodischer Postulate führen müßte, wie das bei der traditionellen „empirischen" Forschung der Fall ist.

4. „Objektive Möglichkeit" und „adäquate Verursachung"

Mit den vorstehenden methodologischen Zentralbegriffen ist die Stufe der Begründung einer spezifisch wirklichkeitswissenschaftlichen *Begriffsbildung* überstiegen. Sie beziehen sich vielmehr auf das tatsächliche Vorgehen bei der *kausalen Zurechnung* historischer Abläufe (und/oder menschlicher Handlungen), setzen dabei jedoch die für eine Wirklichkeitswissenschaft charakteristische „denkende Ordnung des Wirklichen" voraus. Wieder ist es zwar die Geschichtswissenschaft, die *Weber* als Beispiel dient, doch betont er selbst ausdrücklich, „daß ganz in derselben Weise, wie die kausale Entwicklung der ‚historischen Bedeutung' der Schlacht bei Marathon ... auch die kausale Analyse persönlichen Handelns logisch vor sich geht" (WL 279). Im übrigen zeigen die folgenden Ausführungen, daß die Anwendung dieses Modells der Kausalanalyse auf die Kriminologie bei *Weber* selbst zum Greifen nahe liegt.

4.1. Die Ermittlung der kausal wesentlichen Komponenten des Geschehens

Er setzt hierbei mit der Feststellung ein, bedauerlicherweise nicht die Historiker, sondern Statistiker und Juristen hätten sich der Kategorie der objektiven Möglichkeit zunächst bedient. Dies sei freilich nicht verwunderlich,

„da die Frage nach der strafrechtlichen Schuld ... reine Kausalitätsfrage ist, – und zwar offenbar von der gleichen logischen Struktur wie die historische Kausalitätsfrage. Denn ebenso wie die Geschichte sind die Probleme der praktischen sozialen Beziehungen der Menschen zueinander und insbesondere der Rechtspflege ‚anthropozentrisch' orientiert, d.h. sie fragen nach der kausalen Bedeutung *mensch*licher ‚Handlungen'. Und ebenso wie bei der Frage nach der ursächlichen Bedingtheit eines konkreten, eventuell strafrechtlich zu sühnenden oder zivilrechtlich zu ersetzenden schädigenden Erfolges, richtet sich auch das Kausalitätsproblem des Historikers stets auf die Zurechnung konkreter Erfolge zu konkreten Ursachen, nicht auf die Ergründung abstrakter ‚Gesetzlichkeiten'" (WL 270).

Zwar biegt „von dem gemeinsamen Wege" (ebenda) die Jurisprudenz durch die *normative* Schuldfrage ab, zunächst aber ergibt sich als Gemeinsamkeit zwischen beiden Fächern „die Ausscheidung einer Unendlichkeit von Bestandteilen des wirklichen Hergangs als ‚kausal irrelevant'" (WL 273, s. hierzu u. 5.).

Als die eigentliche Frage bleibt dann die folgende bestehen:

V. Methodologische Grundprobleme von „Wirklichkeitswissenschaft"

„Durch welche logische Operationen gewinnen wir die Einsicht und vermögen wir demonstrierend zu begründen, daß eine solche Kausalbeziehung zwischen jenen ‚wesentlichen' Bestandteilen des Erfolges (des Geschehens, M.B.) und bestimmten Bestandteilen aus der Unendlichkeit determinierender Momente vorliegt" (WL 273)?

Wie schon bei der vorausgehenden Stufe der Formung des Erkenntnisobjektes (durch Analyse seiner Kulturbedeutung anhand möglicher Wertbeziehungen) scheidet auch bei der kausalen Zurechnungsfrage die alte, naive „Abbild"-theorie der Erkenntnis aus. Gegen diese Möglichkeit führt *Weber* aus:

„Offenbar nicht durch einfache ‚Beobachtung' des Herganges (ist die genannte Aufgabe lösbar, M.B.), — dann jedenfalls nicht, wenn man darunter ein ‚voraussetzungsloses', geistiges ‚Photographieren' aller ... vorgefallenen physischen und psychischen Hergänge versteht, selbst wenn ein solches möglich wäre. Sondern die kausale Zurechnung vollzieht sich in Gestalt eines Gedankenprozesses, welcher eine Serie von *Abstraktionen* enthält. Die erste und entscheidende ist nun eben die, daß wir von den tatsächlichen Komponenten des Verlaufs eine oder einige in bestimmter Richtung abgeändert *denken* und uns fragen, ob unter den dergestalt abgeänderten Bedingungen des Hergangs der (in den ‚wesentlichen' Punkten) gleiche Erfolg oder *welcher andere* ‚zu erwarten gewesen' wäre" (ebenda).

Wie man sich solche „Gedankenprozesse" vorzustellen hat, zeigt *Weber* am Beispiel der Behandlung der Frage nach der Bedeutung der Perserkriege für die abendländische Kulturentwicklung durch den Historiker *Eduard Meyer:*

Die Perserkriege, insbesondere die Schlacht bei Marathon, seien nach *E. Meyer* eine Entscheidung zwischen zwei „Möglichkeiten" gewesen. Der „Entfaltung einer theokratisch-religiösen Kultur ... auf der einen Seite, und dem Siege der diesseitig gewendeten, freien hellenischen Geisteswelt" (WL 273/74), und darin liege ihre historische Bedeutung. Hierzu führt nun *Weber* aus:

„Was heißt es denn nun aber, wenn wir von mehreren ‚Möglichkeiten' sprechen, zwischen denen jene Kämpfe ‚entschieden' haben sollen? Es bedeutet zunächst jedenfalls die Schaffung von — sagen wir ruhig: — *Phantasiebildern* durch Absehen von einem oder mehreren der in der Realität faktisch vorhanden gewesenen Bestandteilen der ‚Wirklichkeit' und durch die denkende Konstruktion eines in bezug auf eine oder einige ‚Bedingungen' abgeänderten Hergangs.

... Betrachtet man nun aber diese ‚Möglichkeitsurteile' — d.h. die Aussagen über das, was bei Ausschaltung oder Abänderung gewisser Bedingungen geworden ‚*wäre*' — noch etwas genauer und fragt zunächst danach: wie wir denn eigentlich zu ihnen gelangen? —, so kann es keinem Zweifel unterliegen, daß es sich durchweg um Isolation und Generalisation handelt, d.h. daß wir das ‚Gegebene' so weit in ‚Bestandteile' *zerlegen*, bis jeder von diesen in eine ‚Regel der Erfahrung' eingefügt und also festgestellt werden kann, welcher Erfolg von jedem einzelnen von ihnen, bei Vorhandensein der anderen als ‚Bedingungen', nach einer Erfahrungsregel zu ‚erwarten' gewesen wäre. Ein ‚Möglichkeits'urteil in dem Sinne, in welchem der Ausdruck hier gebraucht ist, bedeutet also stets die Bezugnahme auf Erfahrungsregeln ... Wenn *Eduard Meyer* urteilt, daß eine theokratisch-religiöse Entwicklung in Hellas zur Zeit der Schlacht bei Marathon ‚möglich' oder unter gewissen Eventualitäten ‚wahrscheinlich' gewesen sei, so bedeutet dies die Behauptung, daß gewisse Bestandteile des historisch Gegebenen *objektiv* vorgelegen haben, und das heißt: objektiv gültig feststellbar seien, welche, wenn wir die Schlacht bei Marathon (und natürlich noch eine erhebliche Anzahl anderer Bestandteile des faktischen Verlaufs) *wegdenken* oder anders ablaufend *denken*, nach *allgemeinen Erfahrungsregeln* eine solche Entwicklung herbeizuführen positiv ‚geeignet' waren, wie wir in Anlehnung an eine in der Kriminalistik gebräuchliche Wendung vorerst einmal sagen wollen" (WL 275).

Es ist also, und dies ist mit Nachdruck zu betonen, keineswegs so, daß dieser „Gedankenprozeß" mit den Abstraktionsverfahren der Isolation und Generalisation dem erfahrungswissenschaftlichen Charakter der Geschichtswissenschaft (bzw. der Kriminologie) widerspricht. Im Gegenteil ist die Abhängigkeit solcher Kausalbetrachtungen von der Kenntnis von gültigen Tatsachenfeststellungen und Regeln des Geschehens (bzw. kriminologischen Einzelbefunden und Erfahrungsregeln) ein integraler Bestandteil dieser Methode, wie ja auch der Begriff der *objektiven* Möglichkeit ausdrückt:

„Das Wissen, auf welches ein solches Urteil zur Begründung der ‚Bedeutung' der Schlacht bei Marathon sich stützt, ist nach allem bisher Ausgeführten einerseits Wissen von bestimmten quellenmäßig erweislichen zur ‚historischen Situation' gehörigen ‚Tatsachen' (‚ontologisches' Wissen), andererseits ... Wissen von bestimmten bekannten Erfahrungsregeln, insbesondere über die Art, wie Menschen auf gegebene Situationen zu reagieren pflegen (‚nomologisches' Wissen)" (WL 276/77).

Die zergliedernde Analyse durch die Aufstellung von objektiven Möglichkeitsurteilen ist nach *Weber* die einzige Form, in der die historische Kausalanalyse über die Stufe des „historischen Romans" (WL 279) hinausgelangen kann und damit in ihrem *Geltungs*anspruch unabhängig werden sowohl vom psychologischen Hergang der „Erkenntnis" durch besondere Vermögen des Forschers als auch von ästhetischen Kriterien der Präsentation (s.o. IV, 3.).

„Geltung erlangt diejenige wichtigste Seite ihrer (der Geschichte und mutatis mutandis der Kriminologie) Arbeit, ... der kausale Regress, eben lediglich, wenn er im Bestreitungsfalle die Probe jener Isolation und Generalisation der kausalen Einzelkomponenten unter Benutzung der Kategorie der objektiven Möglichkeit und der so ermöglichten zurechnenden Synthese bestanden hat" (WL 279; zur kriminologischen Kausalanalyse s.u. VI, 3.2.).

4.2. Zufällige und adäquate Verursachung als Grenzbegriffe der Zurechnung

Die Kategorie der „adäquaten Verursachung" fungiert gewissermaßen komplementär zu der der „objektiven Möglichkeit" in der Logik derartiger Kausalanalysen. *Webers* Definition lautet:

„Fälle der Beziehung bestimmter, von der geschichtlichen Betrachtung zu einer Einheit zusammengefaßter und isoliert betrachteter Komplexe von ‚Bedingungen' zu einem eingetretenen ‚Erfolg' ... wollen wir im Anschluß an den ... Sprachgebrauch der juristischen Kausalitätstheorie ‚adäquate' Verursachung (jener Bestandteile des Erfolges durch jene Bedingungen) nennen und ... von *‚zufälliger'* Verursachung da sprechen, wo ... Tatsachen wirksam wurden, die einen Erfolg herbeiführten, welcher einem zu einer Einheit zusammengefaßt gedachten Bedingungskomplex *nicht* in diesem Sinn ‚adäquat' war" (WL 286).

Beispiele für „zufällige Verursachung" sind einmal zwei Schüsse, die zu Beginn der Berliner Märzrevolution abgegeben wurden. Wenn *ohne* diese beiden Schüsse nach allem bekannten Tatsachen- und Erfahrungswissen diese

Revolution *nicht* stattgefunden hätte, würde man diese Revolution kausal diesen Schüssen zurechnen müssen. Im anderen (tatsächlich wahrscheinlicheren) Fall, daß nämlich der Ausbruch dieser Revolution auch *ohne* diese Schüsse adäquat gedeutet werden kann (durch ein objektives Möglichkeitsurteil), wären die Schüsse als *kausal irrelevant* zu bezeichnen. Das andere, wegen seiner Anthropomorphie vielleicht für die Kriminologie anschaulichere Beispiel ist eine Ohrfeige, die eine junge Mutter ihrem Kleinen versetzt. Durch Vorhaltungen des „pater familias, der als Deutscher, von seinem überlegenen Verständnis aller Dinge, so auch der Kindererziehung überzeugt ist" (WL 280) wird sie zu einer kausalen Analyse dieser Handlung genötigt und weist darauf hin,

„daß, wenn sie in jenem Augenblick nicht, nehmen wir an: durch einen Zank mit der Köchin, ‚aufgeregt' gewesen *wäre*, jenes Zuchtmittel entweder gar nicht oder doch ‚nicht so' appliziert worden *wäre*, und dies ihm zuzugestehen geneigt sein: ‚er wisse ja, sie sei sonst nicht so'. Sie verweist ihn damit auf sein ‚Erfahrungswissen' über ihre ‚konstanten Motive', welche unter der überwiegenden Zahl aller überhaupt *möglichen* Konstellationen einen anderen, weniger irrationellen Effekt herbeigeführt haben würden. Sie nimmt, mit anderen Worten, für sich in Anspruch, daß jene Ohrfeige ihrerseits eine ‚zufällige', nicht eine ‚adäquat' verursachte Reaktion auf das Verhalten ihres Kindes gewesen sei" (WL 280).

Für die Verhältnisse in der Kriminologie übersetzt bedeutet dies folgendes: Die oben genannte Beziehung von „zu einer Einheit zusammengefaßten und isoliert betrachteten Bedingungen zu einem eingetretenen Erfolg" ist in der Kriminologie diejenige zwischen einer komplexen Betrachtung des „Täters in seinen sozialen Bezügen" (hier ist die Terminologie *Göppingers* vorweggenommen) als „Bedingungen" und der von diesem Täter begangenen Straftat(en) als „Erfolg". Bei der kausalen Zurechnung dieses Erfolges versucht sie unter Einsatz alles verfügbaren (ontologischen) Tatsachen- und (nomologischen) Erfahrungswissens und der Bildung objektiver Möglichkeitsurteile festzustellen, ob bzw. in welchem Ausmaß dieser Erfolg als von diesen (oder welchen dieser) Bedingungen adäquat verursacht gelten kann oder ob er sonstigen zufälligen Anlässen zugerechnet werden muß. In diesem und *nur* in diesem Sinn kann von der *kausalen Bedeutung* dieser oder jener Faktoren gesprochen werden oder von *kausalem Regress*. Es ist ersichtlich gerade nicht jener Sinn, in dem die monokausalen Kriminalitätstheorien von letztlich bestimmenden „Ursachen" biologischer oder sozialer Art sprechen. Daß hierbei in der Kriminologie andere Gesichtspunkte wirksam sind und der kausale Regress anderswo endet als bei der strafrechtlichen Kausalanalyse, ändert daran nichts.

5. Zur Abgrenzung von der (straf)rechtlichen Lehre von der adäquaten Verursachung

Wie *Weber* selbst erwähnt, ist der Begriff der adäquaten Verursachung ein terminus technicus der strafrechtlichen Literatur geworden. Seine Verwendung in einem anderen Zusammenhang bedarf insofern einiger Bemerkungen. Für *Max Weber* ist der Begriff für Strafrecht und Geschichtswissenschaft gleichermaßen brauchbar wegen der gemeinsamen „Anthropomorphie" dieser Fächer. Beide interessiert die „kausale Bedeutung *menschlichen* Handelns" (WL 270). Dasselbe gilt für die Kriminologie. Der Unterschied im Gebrauch des Begriffs muß darin zu suchen sein, daß es sich beim Strafrecht um ein dogmatisches Fach, bei der Geschichtswissenschaft und der Kriminologie um erfahrungswissenschaftliche Fächer handelt.

5.1. Die Lehre von der adäquaten Verursachung zur Zeit Max Webers

Auch im Strafrecht ist der Ausgangspunkt des Kausalitätsproblems die Tatsache, daß ein „Erfolg" mit einer schlechthin unendlichen Zahl von Bedingungen in Verbindung steht. *Radbruch*, dessen kritische Arbeit (02) einen ersten Abschnitt in der Diskussion um die Lehre von der adäquaten Verursachung darstellt (sie lag auch *Weber* vor, vgl. WL 269, Anm. 2), stellt dieses Problem so dar:

> Alles, was wir im Leben als ein Ereignis zu bezeichnen pflegen, ist lediglich ein Teil der *einen* großen Wirkung, der nach mehr oder weniger willkürlichen zeitlichen oder räumlichen Gesichtspunkten künstlich aus ihr herausgetrennt ist. Wenn wir nun als Ursache dieses *Teiles* der eigentlichen Wirkung, nicht den ganzen voraufgegangenen Weltzustand, sondern einzelne aus ihm herausgetrennte Bedingungen bezeichnen, so geben wir damit zu, daß nicht jede Bedingung für den ganzen Erfolg kausal ist, dieser vielmehr auf seine einzelnen Bedingungen repartiert werden kann.
>
> Aber auch bei der zeitlichen und räumlichen Begrenzung des Wirklichkeitsausschnitts bleiben wir nicht stehen, sondern auch innerhalb desselben, scheiden wir weiter die Erfolgsmerkmale aus, die uns nicht interessieren und lassen zugleich wieder eine Anzahl Bedingungen, die wir als nur für die uns nicht interessierenden Erfolgsmerkmale kausal ansehen, unter den Tisch fallen" (02/406).

Dies ist zunächst nur jene allgemeine Vorstellung, daß die Objekte unseres Erkennens nicht einfach gegeben sind, sondern erst durch „denkende Ordnung des Wirklichen" geformt werden. Doch steht dabei im Strafrecht die „denkende Ordnung des Wirklichen" vor dem Problem, daß es stets eine unendliche Zahl von Bedingungen gibt, von deren Gleichwertigkeit für den konkreten Erfolg ausgegangen werden muß. Man muß „auf die Rechnung jedes einzelnen Antecedens die ganze Wirkung setzen" (02, 333), da beim Fehlen auch nur einer Bedingung der ganze Erfolg hingefallen wäre. Hier setzt nun die „Einwirkung der Schuld- auf die Ursachenfrage" (*Radbruch* 02, 327) ein.

"Weil ... jede ... Körperbewegung begleitet sein kann von dem Bewußtsein oder gar geleitet sein kann von der Absicht, daß sie ein Manco der bereits vorliegenden zu einem bestimmten Erfolge notwendigen Umstände decke, deshalb genügt zur Verursachung durch die Körperbewegung, daß in ihr nur *eine* Bedingung zum Erfolge gesetzt ist, braucht sie nicht sämtliche Bedingungen des Erfolges zu verwirklichen" (02, 328).

In dieser allgemeinen Form war die Einwirkung des Schuldproblems auf das Kausalproblem allgemein anerkannt. Streit herrschte dagegen, ob prinzipiell *jede* Bedingung eine strafrechtlich relevante Ursache sein könne, wie es die (damals) herrschende Theorie annahm, oder ob hier nicht eine nähere Qualifizierung derjenigen Bedingungen vorzunehmen sei, die als Ursache gelten könnten. Diese Ansicht vertritt die Lehre von der adäquaten Verursachung. Sie begründet dies mit den besonderen Bedingungen des modernen Rechtes, denn

"sobald der Gesichtspunkt der *individuellen* Verursachung als Richtschnur für die rechtliche Reaktion gegen eine Person angesehen wird, muß allen Bedingungen Ursachenqualität abgesprochen werden, die lediglich infolge einer *zufälligen* Verknüpfung von Vorgängen zu einem bestimmt gearteten Erfolg geführt haben" (*Liepmann* 1900, 72).

Es gibt also in dieser Lehre bereits auf der Ebene der Kausalitätsfeststellung Unterschiede in den Bedingungen eines Erfolges, so daß nicht jede beliebige Bedingung Ursache im (straf-)rechtlich relevanten Sinn sein kann, wie es die herrschende Bedingungstheorie annimmt. Das Kriterium soll sein, ob der Zusammenhang zwischen einer Bedingung und einem Erfolg verallgemeinert werden kann, oder ob sie nur eine Eigentümlichkeit des vorliegenden Falles war (vgl. *Liepmann* 1900, 70). Dies ermittelt man nach dem Begründer der Lehre, *J. v. Kries*, mit objektiven Möglichkeitsurteilen darüber, ob die Herbeiführung des fraglichen Erfolges, sieht man von einem Teil der übrigen Bedingungen bewußt ab, durch die fragliche Bedingung mit den „faktisch geltenden Gesetzen des Geschehens" (*v. Kries* 1888, 181) verträglich ist, mithin adäquat und nicht zufällig verursacht ist. Damit ist nach *v. Kries* eben jenes oben genannte Erfordernis allen modernen Rechtes erfüllt:

„Dem Ungebildeten ist es eigen, nur nach der konkreten Kausalität des Einzelfalles zu urteilen und somit auch gegen denjenigen sich zu wenden, der einen verletzenden Erfolg etwa in ganz unschuldiger Weise herbeigeführt hat (nämlich „zufällig", M.B.). Dem gebildeten Rechtsgefühl ist die verallgemeinernde Betrachtung eigentümlich; es verlangt, daß das schuldhafte Verhalten nach derjenigen Bedeutung beurteilt werde, welche es allgemein im Zusammenhange der sozialen Erscheinungen besitzt, es verlangt die Prüfung, in welchen generellen ursächlichen Beziehungen dasselbe steht" (*v. Kries* 1888, 225/26; vgl. *Radbruch* 02, 340).

Die Logik des Schlußverfahrens ist damit klar. Auch im (Straf-)Recht bedeutet die Unterscheidung zwischen zufälliger und adäquater Verursachung den Versuch, die kausale Bedeutung bestimmter Momente eines Geschehens näher zu qualifizieren, *obwohl* „stets eine *Unendlichkeit* von ursächlichen Momenten das Zustandekommen des einzelnen ,Vorgangs' bedingt hat" (WL 271), die alle für den konkreten Erfolg *gleich unentbehrlich* sind. Dies geschieht durch einen Vergleich mit nomologischem Wissen in Form der Bildung von objektiven Möglichkeitsurteilen.

5.2. Grundsätzliche Probleme dieser Lehre im (Straf-)Recht

Die Durchführung dieses Verfahrens am (Straf-)Recht führt nun allerdings zu erheblichen Schwierigkeiten. Es sind einmal solche, die sich bei der Ermittlung der Möglichkeitsgrade als solcher ergeben, wobei insbesondere die quantitative Bestimmbarkeit (vgl. *Radbruch* 02, 338 f.) aus den gleichen Gründen scheitert wie bei der kriminologischen Kausalanalyse (s.u. VI 38, vgl. WL 284/85). Noch wichtiger ist jedoch, daß alle Versuche, Kriterien für die Generalisierung des Einzelfalls und des „Erfolgs" zu gewinnen, ohne welche „Adäquanz" in irgendeinem Sinn gar nicht festgestellt werden kann, „soweit sie nicht auf die herrschende Theorie zurückführen, mit dem Schuldbegriff kollidieren" (*Radbruch* 02, 382). Die Gründe dafür liegen in der einfachen Tatsache, daß prinzipiell die empirische Feststellung des Grades der Adäquanz eines Verhaltens „im Zusammenhange der sozialen Erscheinungen", und sei sie selbst noch so zweifelsfrei oder gar numerisch feststellbar, über die „Rechtserheblichkeit" dieses Verhaltens noch gar nichts aussagen würde[10]. Dies wäre nur dann der Fall, wenn das Maß der Adäquanz *selbst* zum alleinigen Kriterium der Rechtserheblichkeit erhoben würde. So aber kann man u.a. schon aus dem Grund den Versuch als gescheitert ansehen, „die gebotene Haftungsbegrenzung schon im Bereich der Kausalität zu erreichen ... daß mit der Feststellung, daß ein bestimmtes erfolgsverursachendes Geschehen noch im Rahmen der Lebenserfahrung liegt, die entscheidende normative Frage nach der Berechtigung der Erfolgszurechnung noch gar nicht gestellt ist" (*Schönke/Schröder/Lenckner* 82, S. 138)[11]. Aus diesem Grund blieb das Zivilrecht die eigentliche Domäne der Adäquanztheorie, während sie sich im Strafrecht nicht durchsetzte.

---

[10] Vgl. hierzu etwa auch *Münzberg* 66, 189. Wohl hätten, so *Münzberg*, die Anhänger der Adäquanztheorie auch gesehen, daß „der für das Recht maßgebliche Mindestgrad der Gefährdung" (ebenda 190) von normativen Kriterien abhängig sei, doch seien ihnen dann nur zwei Wege offen geblieben: „Entweder sie ließen diese Abhängigkeit für die Adäquanztheorie gelten. Dann setzten sie sich aber der peinlichen Frage aus, wieso genau das gleiche Ereignis einmal zur Bejahung und ein anderes Mal zur Verneinung der Kausalität führen könne, je nachdem wie wertvoll das bedrohte Rechtsgut oder wie anerkennenswert die vom Täter verfolgten Ziele seien. Oder sie gaben zu, daß diese Fragen mit der Kausalität nichts zu tun haben können, mußten dann entweder die völlige Unbestimmbarkeit des rechtserheblichen Wahrscheinlichkeitsgrades für die adäquate Kausalität in Kauf nehmen oder zogen sich – so die höchstrichterliche Rechtsprechung – auf die Geltung eines einigermaßen bestimmten, aber so geringen Wahrscheinlichkeitsgrades zurück, daß der Unterschied zur Bedingungstheorie völlig verblaßte und jedenfalls für die Praxis so gut wie bedeutungslos würde" (*Münzberg* 66, 191). Ähnlich *Baumann*, nach dem die allein zur reinen Kausalitätsabgrenzung brauchbare Methode der objektiv nachträglichen Betrachtung „unweigerlich in die Nähe der ... Äquivalenztheorie" (77, 236) führt.

[11] Daß sich „hinter dem Adäquanzgedanken ein umfassendes Prinzip verbirgt" (*Schönke/Schröder/Lenckner* 82, S. 138) und deshalb auch die herrschende Meinung mit ähnlichen Abgrenzungsproblemen konfrontiert sieht, ist eine andere Frage. *Münzberg* (66, 146) sieht hierin den eigentlichen Grund für die Zähigkeit der Lehre von der adäquaten Verursachung, die sie trotz ihrer offensichtlichen Schwächen bewiesen habe. Folgerichtig sei es deshalb gewesen, „dem Prinzip der Adäquanz zumindest *außerhalb* der Kausalität einen Platz zuzuweisen" (66, 147; vgl. auch *Baumann* 77, 237, Anmerkung 43).

Auch für *Weber* liegt in der Kollision von Verursachung und Verschuldung der Punkt, an dem sich die Geschichte vom Strafrecht scheidet, denn die Frage der Qualifizierung einer Handlung als subjektiver Schuld sei „nicht mehr ein rein kausales ... Problem, sondern ein solches der an ethischen und anderen Werten orientierten Kriminalpolitik" (WL 271). Damit sind aber die Schwierigkeiten der Lehre von der adäquaten Verursachung im Strafrecht das logische (reziproke) Pendent zu den Schwierigkeiten, in der Geschichte (und Kriminologie) Bewertung und kausale Erklärung zu trennen. So sind hier wie dort „Probleme der *kausalen* Zurückführung eines ... Geschehens auf die Handlungen konkreter Menschen ... scharf zu scheiden von der Frage ... der *ethischen* ‚Verantwortlichkeit'" (WL 223) und deshalb würde „die Beziehung auf die ‚Verantwortlichkeit' der Handelnden vor ihrem Gewissen oder vor dem Richterstuhl irgendeines Gottes oder Menschen und alles andere Hineintragen des philosophischen ‚Freiheits'-Problems in die *Methodik* der Geschichte deren Charakter als Erfahrungswissenschaft... aufheben" (WL 225; s. auch u. VI).

5.3. Konsequenzen für die Kriminologie

Dies alles bedeutet ersichtlich nur, daß der Begriff der adäquaten Verursachung und die entsprechenden methodischen Operationen zu einer Erfahrungswissenschaft wie der Kriminologie im Grunde eher zwangloser passen als zum Strafrecht. Dies sieht auch *Weber* deutlich, wenn er *Radbruchs* ausnahmsweise Zustimmung zur adäquaten Verursachungslehre bei den Fällen, „in denen lediglich Verursachung, nicht auch Verschuldung vom Gesetze gefordert wird" (*Radbruch* 02, 383), als mit der Lage der Geschichtswissenschaft vergleichbar aufnimmt.

„Das moderne Recht ... fragt nach der subjektiven ‚*Schuld'*, während die Geschichte, solange sie empirische Wissenschaft bleiben will, nach den ‚objektiven' *Gründen* konkreter Vorgänge ... fragt. Die Kritik *Radbruchs* gegen *v. Kries* fußt ganz mit Recht auf jenem grundlegenden Prinzip des modernen – nicht jeden – Rechts (statt das, so wäre zu ergänzen, zu verwirklichen gerade der *Absicht* der *v. Kries'*schen Lehre war, M.B.). Daher gesteht er (*Radbruch*, M.B.) selbst aber in den Fällen der sogenannten Erfolgsdelikte, der Haftung wegen ‚abstrakter Einwirkungsmöglichkeit', der Haftung für Gewinnausfälle, und der Haftung von ‚Zurechnungsfähigen', d.h. überall da, wo lediglich ‚objektive' Kausalität in Frage kommt (d.h. nicht ein Bereich möglicher „Verschuldung" festgestellt wird, M.B.) die Geltung der *Kries'*schen Lehre zu. In gleicher *logischer* Lage mit jenen Fällen befindet sich aber eben die Geschichte (und die Kriminologie, M.B.)" (WL 271).

Das (Straf-)Recht nimmt also eine Art Zwischenstellung ein, denn zwar ist „die Frage nach der Art der kausalen Verknüpfung durchaus *nicht* irrelevant für die Anwendbarkeit der strafrechtlichen Normen" (WL 225, Anm.), aber Feststellungen solcher Art sind eben keinesfalls hinreichend, sondern bedürfen der rechtlichen Bewertung.

Anders gelagert als im Strafrecht ist dadurch in der Kriminologie die kausale Zurechnungsfrage selber. Genauer beginnt sie erst (oder schon) dort, wo das

Strafrecht aufhört (oder gar nicht erst anfängt). An Cäsars Tod etwa, um *Webers* Beispiel zu gebrauchen, interessiert den Richter nur, „ob die Kausalkette zwischen Stich und Tod derart gestaltet und der subjektive Habitus des Täters und sein Verhältnis zur Tat ein solches war, daß eine bestimmte strafrechtliche Norm anwendbar wird" (WL 272).

Erfolg ist hierbei der Tod und der Stich eine einzige aus einer unendlichen Zahl von logisch gleichwertigen Bedingungen. Schon das kausale Zurechnungsproblem betrifft hier also den Täter nur in bezug auf die Seiten des Geschehens, die die Anwendung einer Norm ermöglichen. Die Kriminologie dagegen nimmt als „Erfolg" die schon normativ als Unwert qualifizierte Handlung (d.h. im Beispiel den Stich) selbst *wertfrei* als gegebenes Faktum und fragt nach deren Zurechnung aus dem Gesamt der Bedingungen des „Täters in seinen sozialen Bezügen", zu denen bereits alle Umstände der Tatbegehung gehören (s.u. VI, 4.2.)[12]. Bedingungen und Erfolg, bei denen jeweils die Frage ihrer adäquaten oder zufälligen Verursachung ansteht, sind also in Strafrecht und Kriminologie verschieden. Logisch ist dieses Verhältnis dasselbe wie es in der Geschichte zwischen der kategorialen Formung eines Geschehens zum historischen Objekt durch Analyse seiner Wertbeziehung einerseits und der kausalen Analyse dieses Objekts in seinem tatsächlichen Entstehungsprozeß andererseits besteht (s.o.). In der durchaus auch durch Feststellung von Kausalverhältnissen ermöglichten „Anwendung einer strafrechtlichen Norm" geschieht nichts anderes als die Feststellung der Beziehung eines Geschehens auf Kulturwerte. Dies ist das Ziel des juristischen Erkenntnisweges und von diesem Ziel wird die juristische Kausalanalyse bestimmt. Für das Ziel der kriminologischen Kausalanalyse dagegen, der objektiven, erfahrungswissenschaftlichen Erfassung des Täters in seinen sozialen Bezügen, wird vom „Wert" (Unwert) der Handlung völlig abgesehen. Der kausale Regress verläuft daher anders.

6. Zusammenfassung

Dieses Verfahren der historischen Kausalbetrachtung ist mindestens ein *logisches Modell*, mit Hilfe dessen eine wirklichkeitswissenschaftliche Kriminologie zu ihren eigenen Aussagen gelangen kann. Es hält der Kriminologie die Berücksichtigung *sämtlichen* (ontologischen) Tatsachenwissens und (nomologischen) Erfahrungswissens frei ohne — wie der multifaktorielle Ansatz — auf weitere Fragen nach Kausalzusammenhängen verzichten zu müssen. Es erhält ihr die Möglichkeit, Wichtiges vom Unwichtigen zu scheiden, *ohne* eine gene-

---

[12] Natürlich *können* ihre Ergebnisse auch Anlaß zu rechtlichen Überlegungen werden, ob diesen oder jenen Handlungen „Unwert" zukommen *solle,* was sie dann ihrerseits aber wiederum nur als Faktum hinzunehmen hat (s. hierzu auch o. IV, 3.3.1.).

relle Determination des Geschehens durch Tatsachen einer bestimmten „Seinsordnung" anzunehmen (wie kriminalbiologische oder kriminalsoziologische Theorien). Es eröffnet ihr schließlich die Möglichkeit zu Kausalurteilen adäquater Verursachung (dagegen wiederum gerade nicht: völliger Kausal*erklärung* im Sinne einer Naturgesetzlichkeit) *ohne* etwa in der Frage der menschlichen Willensfreiheit eine die Grenzen der Erfahrung überschreitende Haltung einzunehmen, d.h. entweder von der Notwendigkeit[13] (absolut oder probabilistisch) oder der letztlichen Irrationalität des Geschehens ausgehen zu müssen, sondern hält sie gerade als erfahrungswissenschaftlich jeweils zu lösendes Problem offen. Unter dem Vorbehalt des Verzichtes auf die Annahme einer vorgegebenen konstanten Ordnung ihres Gegenstandsbereiches steht insofern die „Geltung" alles nomologischen Wissens, das in diese Analyse als Erkenntnismittel eingeht.

Die spezifischen Probleme, die bei der (straf-)rechtlichen Verwendung dieses Modells entstehen, weil die Kausalanalyse dort unter der letztlich nur normativ zu beantwortenden Frage der Rechtserheblichkeit vorgenommen wird, entfallen in der Kriminologie.

Besonders wichtig für die Frage einer *kriminologischen* Wirklichkeitswissenschaft sind die Abgrenzungen, die das Verstehen und die idealtypische Begriffsbildung betreffen. Verstehen bezieht sich nicht nur auf den unmittelbar in der Situation vorhandenen „subjektiven Sinn". Dieser ist vielmehr nur Teil des objektiven Gesamtzusammenhanges zwischen der Straffälligkeit und dem „Täter in seinen sozialen Bezügen". Außerdem ist es in keiner Weise davon abhängig, daß das Geschehen, auf das es bezogen ist, subjektiv „vernünftig" abläuft. Auch in dieser Hinsicht sind also Vorannahmen über den Gegenstand der Erkenntnis nicht erforderlich.

---

[13] „Sie (die Geschichte und entsprechend die Kriminologie; M.B.) kann die Erkenntnis eines So-handeln-*müssens* (im naturgesetzlichen Sinn), wenn sie nicht entweder dem *Hegel*'schen Emanatismus oder irgendeiner Spielart des modernen anthropologischen Okkultismus zum Opfer fallen will, nicht zum Erkenntnisziel machen . . ." (WL 134). Es ist jedoch daran zu erinnern, daß dies bei *konkreten* Naturvorgängen ebenfalls der Fall ist und insofern *nicht schon* einfach die Beschränkung auf Erklärungen adäquater, nicht notwendiger, Verursachung das Spezifikum von Handlungs- bzw. Wirklichkeitswissenschaften ist (s.o. 2.).

VI. Die Erfassung des „Täters in seinen sozialen Bezügen" als Beispiel wirklichkeitswissenschaftlicher Kriminologie

Die nachfolgenden Ausführungen sollen die sachliche Konvergenz zwischen dem, was man aus dem Wissenschaftsmodell einer Wirklichkeitswissenschaft für die Kriminologie theoretisch folgern kann und dem, was in der Kriminologie *Göppingers* tatsächlich betrieben wird, vor Augen führen.

1. Zum wissenschaftsgeschichtlichen und -theoretischen Hintergrund

1.1. Abgrenzung von der „empirischen" Wissenschaft

Eine Schwierigkeit der vorliegenden Aufgabe besteht darin, daß *Göppinger* seinen eigenen diesbezüglichen Standpunkt nirgends in eigens zu diesem Zweck verfaßten methodologischen Schriften systematisch entwickelt hat. Doch sind vor allem seine *kritischen* Äußerungen hierzu deutlich genug. So grenzt er etwa sein Verständnis von Erfahrungswissenschaft von dem der „empirischen" Forschung ab. Er versteht sie

„nicht so sehr in jenem eingeengten Sinne, wonach als ‚empirisches Wissen' nur gelten könne, was durch die heute geläufigen Verfahren der Sozialwissenschaft und der experimentellen Psychologie zwanglos erhoben und überprüft werden kann. Vielmehr geht es vor allem auch um jene Erfahrung im ursprünglichen Sinne, die sich als Resultat einer fortwährenden intensiven Beschäftigung mit dem Einzelfall herausbildet" (80, VII, vgl. auch ebenda 101 f., 104).

Noch deutlicher wird diese Gegenüberstellung, wenn man berücksichtigt, daß für *Göppinger* eben das Fehlen von unmittelbarer Erfahrung zu jenem Methodologismus führt, der die Kriminologie (neben ihrer ideologischen Anfälligkeit) am nachhaltigsten daran *hindert*, Erfahrungswissenschaft zu werden.

„Den Gefahren des Methodologismus ... wird er (der Forscher, M.B.) stets erliegen, wenn er keine Sacherfahrung in Form *eigener, langjähriger unmittelbarer Untersuchungen von Menschen und ihrem Sozialbereich hat*. Nur durch diese unmittelbare Erfahrung können sich die Sachzusammenhänge selbst im Wortsinn ‚aufdrängen' und einen an ihren Gegebenheiten kontrollierten Einsatz von Methoden ermöglichen" (80, 106/7).

Diese Gefahren benennt *Göppinger* als „einseitige Reduktion auf äußeres Verhalten", als „Operationalismus" und als sachfremde Neigung zur „Quantifizierung" (80, 104/5) durch die ein Wirklichkeitsverlust drohe infolge der

Tendenz, „die Vielfältigkeit und Komplexität der Wirklichkeit so zu beschneiden und einzugrenzen, daß diese sich solchen Methoden einzufügen scheint" (80, 104). So sei insbesondere die Neigung zu beobachten, im Interesse der Anwendbarkeit der geläufigen Forschungstechniken die Operationalisierung und Indikatorenbildung nach den „Kriterien der Sichtbarkeit, Meßbarkeit und Generalisierbarkeit" (80, 105) vorzunehmen, während es keinerlei Anhaltspunkte dafür gebe, „daß die sichtbaren, wiederkehrenden und meßbaren Züge der Wirklichkeit auch die sachlich bedeutsamen sind" (ebenda, s. hierzu *Webers* Äußerungen o. IV, 2.2.). Hierdurch werde, besonders deutlich bei künstlichen Quantifizierungen, nicht Wirklichkeit erhoben, sondern eine Methode „‚reifiziert', das heißt nun selbst zur Wirklichkeit erklärt" (80, 105). Trotz dieser überaus scharfen Kritik werden die Methoden der „empirischen" Forschung freilich nicht a limine abgewiesen. In den eigenen Forschungen *Göppingers,* besonders der sogenannten Tübinger Jungtäter-Vergleichsuntersuchung, nehmen solche Methoden und Techniken ja selbst einen breiten Raum ein, freilich dort immer im Bewußtsein ihres relativen Nutzens als *eines* Erkenntnis*mittels* unter anderen. Auch die Veröffentlichungen seiner Mitarbeiter über Teilbereiche dieser Untersuchung benutzen geläufige Verfahren, auch wenn sie hierbei aufgrund der Ergiebigkeit der Erhebungen, die bereits vorlagen, zu vergleichsweise ungewöhnlich fruchtbaren Ergebnissen kommen (vgl. *Dolde* 78, *Kofler* 80, *Schmehl* 80, *Keske* 82). In der Art der Aufbereitung und Analyse der Erhebungen erinnert *dieser* Teil von *Göppingers* Arbeit (vgl. etwa 83 a, 23–176) aber durchaus an die Tradition der großen multifaktoriellen Vergleichsuntersuchungen.

1.2. Kriminologie als Wissenschaft von menschlichem Handeln

Bezeichnenderweise sind dies jedoch für *Göppinger* alles nur *Vorarbeiten* dessen, was die Kriminologie wirklich zu leisten hat. So ist auch die Tradition des multifaktoriellen Ansatzes nicht von seinem oben zitierten Resümee ausgeschlossen, daß eine umgreifende Betrachtung des Täters und seines Sozialbereiches fehle (s.o. III, 4.) auch wenn dieser Ansatz von ihm als *Ausgangspunkt* allen einseitigen theoretischen Ansätzen gegenüber vorgezogen wird. Stattdessen vertritt er mit Nachdruck die Ansicht, daß die Kriminologie ihren Gegenstand verfehle, wenn sie entweder beim multifaktoriellen Ansatz oder bei einer entsprechenden interdisziplinären Arbeitsteilung bei der Erhebung von Einzelbefunden stehenbleibe. Er fordert deshalb eine „integrierende" Kriminologie (80, 78 ff.), in der durch Integration und Gewichtung der Einzelbefunde „konstruktiv Neues" entstehe (ebenda sowie 133/34). Als Beispiel gebraucht er die Medizin, die eben auch nicht in der Summe der Einzelbefunde aufgehe (80, 78 und 133/34). Fragt man nun weiter nach diesem „Mehr", das die Kriminologie nach *Göppinger* zu leisten hat, so fallen zunächst einige Stellen auf, an denen er eine anthropologische Aussage macht: Das „konkrete Handeln des Menschen als eines auch geistigen Wesens (läßt sich) noch weniger als körperliche Prozesse im Einzelfall aus Bedingungen ‚deduzieren'" (80, 311, ähnlich über den Menschen als „geistiges Wesen" 80, 6; 97).

Vermutet man hier schon dieselbe Grenzziehung, die für *Weber* das Kriterium der Wissenschaften vom „Handeln" abgibt, so wird dies ganz offenkundig, wenn man *Göppingers* kürzlich in aller Deutlichkeit formulierte Abgrenzung zwischen forensischer Psychiatrie und Kriminologie heranzieht.

„Bei den psychiatrisch relevanten Auffälligkeiten handelt es sich entweder um krankheitsbedingte, also von somatischen Vorgängen geprägte und (mehr oder weniger) mit naturwissenschaftlich-medizinischen Methoden feststellbare und damit erklärbare psychische Abnormitäten oder aber auch um sonstige psychische Abnormitäten, die im weitesten Sinne im psychobiologischen Gesamt des Menschen verzahnt sind. Es geht dabei also üblicherweise um — insoweit wertfreie, gewissermaßen schicksalhafte — Seinsgegebenheiten, von denen jeder einzelne Mensch, ob er will oder nicht, betroffen sein oder werden kann, ohne daß es einer diesbezüglichen Wertentscheidung durch ihn bedürfte.

Bei den kriminologisch relevanten Auffälligkeiten handelt es sich dagegen stets um Verstöße gegen Sollensforderungen, die in den entsprechenden Gesetzesnormen, vor allem denen des Strafgesetzes, zum Ausdruck kommen, also um Verstöße gegen Wertnormen. Dieser fundamentale Unterschied kann in Anbetracht der immer wieder anzutreffenden unzulässigen Gleichsetzung von ‚abweichendem Verhalten' mit ‚Abnormität' und dieser mit ‚Krankheit' nicht entschieden genug betont werden. Genau genommen, liegt jedem Gesetzesverstoß des psychisch nicht Kranken üblicherweise eine mehr oder weniger bewußt getroffene (und in ihrem Sinn verstehbare) *Wertentscheidung* zugrunde, wobei freilich diese Entscheidung häufig im Einzelfall nicht jedesmal aufs neue als solche bewußt gefällt wird, sondern sich vielfach schon aus einer irgendwann einmal getroffenen Entscheidung für einen bestimmten kriminovalenten Lebensstil oder eine grundsätzliche Negierung bestimmter Rechtsnormen oder dergleichen ergibt[1].

Für·oder gegen eine Krankheit oder eine psychische Abnormität entscheidet man sich dagegen in aller Regel nicht; man ist ihr ausgesetzt . . . jedenfalls genügt ein Ich-will-nicht-krank-sein, gewissermaßen eine Akzeptierung der Gesundheit und des psychisch Nicht-Abnormen als tragendem Pfeiler eines unauffälligen Lebens nicht, um Krankheit mit ihren psychischen Folgen oder überhaupt eine psychische Abnormität zu verhindern. So gibt es auch keine allgemein verbindlichen psychischen Sollensforderungen oder gar mit Sanktionen belegte psychische Sollensnormen" (*Göppinger* 83 b, 123).

Mit dieser Abgrenzung stellt *Göppinger* die Kriminologie eindeutig auf die Seite der Handlungswissenschaften und sofort folgt daraus für ihn methodisch die Grenzziehung der „Verstehbarkeit" des Handelns. Bei endogenen Psychosen z.B. erfolge „. . . ein nicht unmittelbar *verstehbarer*, sondern eben nur — durch . . . Krankheiten — *erklärbarer* Einbruch in die Sinnkontinuität der Lebensentwicklung" (*Göppinger* 80, 191). Eine „Wertentscheidung" ist hier nicht mehr möglich und deshalb wird auch bei Vorliegen des „im allgemeinen nicht umstrittene(n) Kriterium(s) der (somatischen) Krankheitsvoraussetzung" (80, 239) vor Gericht exkulpiert.

---

[1] Mit diesen Äußerungen wehrt *Göppinger* rationalistische und subjektivistische Mißverständnisse (s.o. V. 3.) ab, die sich mit dem Begriff „Wertentscheidung" und der ihr korrespondierenden „Verstehbarkeit" ergeben könnten.

Es ist hier gleich anzumerken, daß die Grenze der „Wertentscheidung" oder wie *Weber* es nennt „Stellungnahme" auch bei *Göppinger* nicht etwa nur gegen biologistische, sondern auch gegen soziologistische Tendenzen aufgerichtet wird. So liege insbesondere

> „der Verkürzung des *Interaktions*konzeptes auf einen reinen *Reaktions*ansatz ein geradezu würdeloses Menschenbild" zugrunde (80, 48), der Mensch erscheine dort „lediglich als *Produkt der sozialen Reaktion* ... ohne eigenen Willen, ohne eigene Entscheidungsmöglichkeit, ohne alles, was letztlich die Persönlichkeit eines Menschen ausmacht" (ebenda, s. hierzu o. II, 3.1.).

Die Grenzziehung, durch die die Kriminologie den Handlungswissenschaften zufällt, bedeutet aber für *Göppinger* genauso wenig wie für *Weber* irgendeine Aussage über das Gewicht, das soziale oder biologische Tatsachen im einzelnen haben können. Es bleibt stets erfahrungswissenschaftlicher Feststellung bedürftig, ob und in welchem Maß Handlungen sich jenem Ideal der Verstehbarkeit annähern, das *Weber* mit „Freiheit" und „Persönlichkeit" meint, ja aufgrund seiner Vergleichsuntersuchungen hat *Göppinger* Anlaß zu zweifeln, inwiefern gerade in dieser Hinsicht wissenschaftliches- und Alltagswissen über den „Normalmenschen" oder gar die „Persönlichkeiten" der Geschichte für mehrfach Straffällige gültig ist. Straffälligkeit aus reinem zweckrationalem Kalkül mag wohl ein Grenzfall von *Göppingers* Typus „Kriminalität bei sonstiger sozialer Unauffälligkeit" (80, 321) sein. Ansonsten ist vielleicht eine der „pragmatischen Historik" in dieser Hinsicht vergleichbare Kriminologie noch unmöglicher als diese (s.o. V, 3.2.). Stets sind deshalb bei der konkreten kausalen Zurechnung auch solche „Regeln des Geschehens", z.B. statistische Gesetze, von Belang, die sich auf *nicht* verstehbare, sondern als „Seinsgegebenheiten" hinzunehmende Bedingungen oder Umstände beziehen, wie etwa manche Einzelergebnisse der großen multifaktoriellen Vergleichsuntersuchungen und seiner eigenen Forschungen zur Person des Täters, etwa den sogenannten endoreaktiven Drangzuständen (83 a, 130). Insofern gibt es für *Göppinger* äußerst gewichtige Tatsachen, bei denen wir uns, in *Webers* Worten, begnügen müssen, „sie nur intellektuell zu deuten (d.h. nicht nacherlebend, M.B.), oder unter Umständen, wenn auch das mißlingt, geradezu: Als Gegebenheiten einfach hinzunehmen" (WL 544).

Bezeichnend sind hier *Göppingers* Äußerungen über die Chancengleichheit bezüglich der

> „unterschiedlichen persönlichen Eigenschaften des je individuellen Menschen. Gemeint sind dabei nicht die psychisch Kranken und auch nicht jene, die sich ganz klar abwägend für einen entsprechenden Lebenszuschnitt und Straffälligkeit entscheiden[2]. Es geht viel-

---

[2] *Göppinger* scheidet bewußt hier die beiden Grenzfälle des völlig Unverständlichen und nur Erklärbaren und des ohne weitere Erklärung in sich Verständlichen aus und stellt auf die Bedeutung derjenigen zweckirrationalen Zusammenhänge ab, die „zwischen dem absolut ... zweckrational orientierten Handeln und den absolut unverständlichen psychischen Gegebenheiten in der Mitte liegen" (WL 433; s.o. V, 3.2.).

mehr um jene Menschen, die immer wieder mit sich und damit häufig auch mit ihrer sozialen Umwelt Schwierigkeiten haben ... Eine Werthaltung hinsichtlich eines sozial-adäquaten Lebens auch zu realisieren, kann dem einen Menschen sehr schwer fallen und von ihm immer wieder neuen Einsatz fordern, während für den anderen Menschen die Fähigkeit zu reibungsloser sozialer Einordnung geradezu ein hervorstechender Persönlichkeitszug ist" (83 b, 125).

Sofern ein Geschehen durch solche Tatsachen aber nicht vollständig *erklärbar* ist, mithin nicht nur Naturgeschehen ist, *bleibt* als Desiderat unseres Kausalitätsbedürfnisses die Deutung des *Handelns* vor dem Hintergrund aller möglicher Bedingungen des Täters in seinen sozialen Bezügen, so sicher es sich in der Kriminologie um „Verstöße gegen Wertnormen" (s. o.) handelt, oder um, wie *Weber* sagt, Handlungen, die in Wertbeziehungen stehen und uns zur „Stellungnahme" herausfordern.

Deutlich bewußt ist sich *Göppinger* auch des geringeren Grades der „Geltung" seines nomologischen Erfahrungswissens gegenüber den Gesetzen des rein natürlichen Geschehens, wenn er einräumt, ihm komme „nicht die große Aussagekraft zu, die etwa bestimmte Syndrome bei der naturwissenschaftlich-medizinischen Diagnostik besitzen, da sich das konkrete Handeln des Menschen als eines auch geistigen Wesens noch weniger als körperliche Prozesse im Einzelfall aus Bedingungen ‚deduzieren' läßt" (80, 311; s. auch o. V, 2.).

Daß die genannte Grenzziehung faktisch nicht so leicht und eindeutig vorzunehmen ist, wie hier zum Zweck der logischen Analyse unterstellt wurde, ändert an ihrer methodologischen Bedeutung für die Kriminologie nichts. Es liegt vielmehr in der Natur der Sache, daß sie nicht nur vom wissenschaftlichen Erkenntnisstand der Einzelfächer abhängt (s.o. V, 3.2. Anm. 5), sondern auch im Zentrum kriminal- und gesellschafts*politischer* Interessen- und Wertkonflikte steht. Denn mit dieser Grenze ist auch der in seinem Umfang allemal wert- und interessenabhängige Bereich forensischer und sozialer Zurechnung abgesteckt.

1.3. Zur historischen Kontinuität

Diese Ausführungen über die sachliche Verwandtschaft der Grundlagen von *Göppingers* Kriminologie mit denen *Max Webers* fügen sich auch in einen ideengeschichtlichen Zusammenhang ein. Teils noch direkt, teils vermittelt über seinen Lehrer *Kurt Schneider* ist *Göppinger* bestens vertraut mit der Heidelberger Psychiatrie, insbesondere auch von *Karl Jaspers*. *Max Weber* nennt diesen an prominenter Stelle (WL 427) unter den Autoren, die seine Ansicht weitgehend teilen und deshalb nicht ständig ausdrücklich zitiert werden. *Jaspers* seinerseits erwähnt hierzu nicht weniger als: „Mir ging das methodische Bewußtsein über das Verstehen im Zusammenhang mit der großen Überlieferung auf durch *Max Webers* Arbeiten, vor allem: *Roscher* und *Knies* u.s.w." (48,

250 Anm. 1) also genau jenen Arbeiten *Webers,* anhand derer auch hier sein methodologisches Modell von „Wirklichkeitswissenschaft" entwickelt wurde (s.o. IV, 3.). Man braucht sich auch gar nicht in psychiatrische Schulstreitigkeiten zu begeben, um konstatieren zu können, daß in der Psychiatrie die Sinnkontinuität der Lebensentwicklung, so umstritten ihre faktische Feststellung sein mag, logisch ein differentialdiagnostisches Kriterium ersten Ranges darstellt. *Jaspers* spricht hier von den „Grenzen des Verstehens" (48, 253) und *Kurt Schneider* verbindet seinen Krankheitsbegriff damit[3]. Bei *Göppinger* selbst begegnet der für diese Denktradition charakteristische Gedanke, daß das „Verstehen" von Sinnzusammenhängen nicht etwa ein gegenüber dem „Erklären" defekter Erkenntnismodus ist, sondern durch die dabei zu erzielenden Evidenzerlebnisse gegenüber theoretischen Hilfskonstruktionen (etwa psychoanalytischen) ein Plus an Objektivität aufweisen kann:

„Auf dem Weg des Verstehens, des Erfassens von Sinnzusammenhängen, gewinnt man Zugang zu der besonderen Wirkung, die bestimmte Erlebnisweisen auf dem Boden der vorgegebenen Dispositionen auf die Täterpersönlichkeit und deren Entwicklung hatten. Man kann darüber aussagen, welche Stellung die Tat in der Lebensentwicklung der Persönlichkeit hat, ob sie sich sinnvoll einfügt oder ob die Sinnkontinuität zerrissen wird. Eine solche Persönlichkeitsanalyse erfolgt *nicht durch Interpretationen* der Äußerungen und Verhaltensweisen des Täters anhand einer bestimmten Leitidee, sondern fußt auf einer großen Zahl einwandfrei nachweisbarer Einzeltatsachen, aus denen sich *ohne konstruktives Deuten mit Evidenz* die jeweiligen seelischen Zusammenhänge ergeben. Freilich wird durch das Fehlen des konstruktiven Momentes der Deutung sich häufig nicht alles auflösen und manches unklar bleiben; man kann sich jedoch andererseits auf die Ergebnisse verlassen und es werden verwirrende und entstellende Spekulationen vermieden" *(Göppinger 62, 119)*[4].

Ein weiterer entscheidender Punkt in diesem ideengeschichtlichen Zusammenhang ist die jeweilige Stellungnahme zum Problem der Willensfreiheit. Wieder und wieder verwahrte sich *Max Weber* gegen das Mißverständnis, „als sei eine bestimmte (antideterministische) philosophische Überzeugung Vor-

---

[3] „Psychosen schließen sich in erdrückender Mehrzahl nicht an Erlebnisse an, sind keinesfalls von solchen motiviert im Sinn der Erlebnisreaktion. Vor allem aber *zerreißen sie die Geschlossenheit, die Sinngesetzlichkeit, die Sinnkontinuität der Lebensentwicklung* ... Gewiß ruht auch alle Sinngesetzlichkeit auf einem unerlebten und unerlebbaren Untergrund. Seine ‚Bewegungen' können die Sinnkontinuität dehnen, anspannen, lockern, verletzen, wie in gewissen Entwicklungszeiten (Pubertät) oder bei manchen Verstimmungen (Untergrunddepression), aber sie zerreißen sie nicht, auch nicht bei psychopathischem Ausmaß. *Das tut nur Krankheit*" *(Schneider 76, 8/9)*.

[4] Mit „konstruktivem Deuten", das *Göppinger* hier der „Evidenz" gegenüberstellt, sind u.a. solche psychologischen und psychoanalytischen „Deutungen" gemeint, bei denen der „subjektive Sinn" nur auf dem Umweg über die Annahmen der jeweiligen Theorien „einleuchtet" (s.o. V, 3.1.). Lehrreich in diesem Zusammenhang sind die „Deutungen" des Diebstahls durch Vertreter verschiedener psychologischer Schulen, die *Göppinger* vorführt (80, 131 f.). Solche „Modelle" können wohl heuristische Funktionen haben, ein mit ihrer Hilfe verständlich *gemachter* Zusammenhang ist aber noch nicht „empirisch gesicherte wissenschaftliche Erkenntnis ... da meist – unter Zugrundelegung eines anderen Modells – ein anderer Zusammenhang ebenso überzeugend dargelegt werden kann" (80, 131; speziell zum Problem der mangelnden empirischen „Geltung" der psychoanalytischen Annahmen 80, 70 f.).

aussetzung der Geltung der historischen Methode" (WL 226). Kausale Zurechnung und ethische Verantwortlichkeit seien streng zu scheiden und mit ersterer sei über letztere niemals etwas auszusagen. *Göppinger* zitiert hierzu zustimmend sowohl *Jaspers* mit seinem berühmten Diktum: „Soweit (empirische) Forschung reicht, kommt Freiheit nicht vor" (*Göppinger* 80, 237) als auch *Kurt Schneiders* Feststellung, „man verlange es eben" (80, 242), zu der Frage, ob man von Psychopathen mit Recht verlangen könne, daß sie sich normgerecht verhalten. Beide verneinen also einerseits die empirische Beweisbarkeit der Willensfreiheit als eines *normativen* Postulats, andererseits ist dies auch bei beiden für die *Erfahrungs*wissenschaften vom menschlichen Handeln entbehrlich, auch wenn faktisch gerade die *normative Geltung dieses Postulats als Kulturwert* überhaupt den Ausgangspunkt des besonderen Interesses an der *kausalen* Erklärung menschlicher Handlungen bildet.

Diese Bemerkungen zur ideengeschichtlichen Lage mögen genügen. Eine nähere „Herleitung" ist weder beabsichtigt, noch wäre sie überhaupt sinnvoll, da es auf die sachliche Verwandtschaft und nicht auf den historischen Zusammenhang ankommt. *Göppingers* Kriminologie ist ja auch keineswegs als „Anwendung" einer bestimmten Methodologie auf einen neuen Gegenstand entstanden, sondern in der unmittelbaren Konfrontation mit dem Gegenstand selbst. Gerade dadurch erhält die nachträgliche Feststellung solcher Verwandtschaft ein *eigenes* Gewicht.

2. Entstehung und Bedeutung des nomologischen Erfahrungswissens

2.1. Das Grunddilemma der herrschenden Methodologie

Bei seinen eigenen Forschungen zum Täter in seinen sozialen Bezügen beginnt *Göppinger* mit Vorbehalten gegenüber dem multifaktoriellen Ansatz (dessen *induktives* Vorgehen er indessen uneingeschränkt gutheißt). Das Ziel, „durch eine gewichtete Gesamtbetrachtung bestimmter Einzelmerkmale aussagekräftige Kriterien zu finden" (80, 310), die zwischen mehrfach Straffälligen und der Durchschnittspopulation trennen (was identisch ist mit der Auffindung der für eine Kausalbetrachtung *wesentlichen* Züge des Geschehens) kann nicht erreicht werden, ‚wenn man *lediglich* Vorhandensein und Ausprägung bestimmter Einzelfakten — und sei es noch so differenziert — erhebt" (ebenda). Es komme, fährt *Göppinger* fort, „ganz grundsätzlich weniger darauf an, *daß* der eine oder andere Faktor vorliegt, sondern welches *Gewicht* er im Zusammenhang sowohl mit irgendwelchen Eigenschaften einer Persönlichkeit als auch mit deren sozialen Verflechtungen hat" (ebenda).

Eben dieses „Gewicht" oder „die kausale Bedeutung" entgeht den multifaktoriellen Vergleichsuntersuchungen trotz ihrer Versuche, Zusammenhänge von Einzelvariablen zu berücksichtigen. Denn die *rechnerischen* Verfahren setzen eine Art „*komplexer Zusammenhänge*" voraus, die der Wirklichkeit des Geschehens als eines (teilweise auch) deutbaren und deshalb auch *deutungsbedürftigen Sinnzusammenhanges nicht* entspricht, nämlich die *zahlenmäßig* erfaßbare Gewichtigkeit der Einzelmerkmale und, noch wichtiger, die Additivität (oder eine andere rechnerische Voraussetzung des jeweiligen Verfahrens) im Rahmen des Gesamtzusammenhanges (s. dazu o. III, 3.4.1.). Die Kompromisse von der anderen Seite aus scheitern ebenfalls, da den Einzelfallanalysen lediglich illustrative oder explorative Bedeutung eingeräumt wird. Ihre „Wirklichkeitsnähe" geht aber *nicht* in die eigentliche, hypothesentestende Untersuchung ein (s.o. III, 3.4.2.).

Ersichtlich steht also *Göppinger* mit seiner Kritik am multifaktoriellen Ansatz vor dem Grunddilemma, das die herkömmliche Methodologie nicht zu lösen vermochte. Denn sie nimmt an dieser Stelle eine eindeutige Trennung vor: Hier die komplexe Einzelfallanayse; dort das auf Verallgemeinerungsfähigkeit angelegte Testen von Hypothesen. Hier zwar Einsicht in die konkreten Wirkungszusammenhänge, aber keine intersubjektive Gültigkeit und Objektivität; dort zwar Abstraktion von den konkreten Zusammenhängen, dafür aber objektive Gültigkeit und Verallgemeinerungsfähigkeit.

Wissenschaftliche Erkenntnis, die diesem Grunddilemma entgehen wollte, mußte also ganz bestimmten Anforderungen genügen: Einerseits sollte sie unser Bedürfnis nach Deutung nicht unbefriedigt lassen (wie statistische Verteilungen von „Merkmalen" und Kriminalität) und insofern die konkreten Sinnzusammenhänge erfassen, andererseits mußte sie aber „nomologisch" sein, d.h. die Beliebigkeit der Verhältnisse des Einzelfalles überschreiten und insofern auch gültig sein.

2.2. Die Besonderheit der Tübinger Jungtäter-Vergleichsuntersuchung

Der Unterschied von *Göppingers* Verfahren läßt sich am besten anhand der Auswertung seiner eigenen großen Vergleichsuntersuchung, der sogenannten Tübinger Jungtäter-Vergleichsuntersuchung zeigen (zu Anlage und Durchführung vgl. *Göppinger* 80, 168 f. sowie 83 a, 3 ff) Neben der Breite und Sorgfältigkeit der Tatsachenfeststellungen zeichnet sich diese Untersuchung zunächst vor allem dadurch aus, daß von *allen* 400 Probanden, d.h. nicht nur von einigen illustrativen Fällen, Einzelfallbeschreibungen angelegt wurden, die allen weiteren Auswertungsarbeiten zugrundelagen. Im weiteren Verlauf erfolgte nun eine mehrgleisige Analyse dieses Ausgangsmaterials.

2. Entstehung und Bedeutung des nomologischen Erfahrungswissens

Dabei zeigte sich schon im Rahmen der methodisch eher konventionellen quantitativen Aufbereitung — aufgeteilt in Einzelbereiche und mit gesonderten Erhebungsbögen —, daß die Unterschiede zwischen den beiden Probandengruppen bei all denjenigen Fakten, die als „Umstände" gewissermaßen schicksalhaft vorgegeben waren, weit weniger gravierend waren als bei den konkreten Verhaltensweisen der Probanden selbst (vgl. hierzu im einzelnen *Göppinger* 83, 169 ff.). Was *Göppinger* hier bezüglich psychischer Tatsachen sagt, läßt sich auch auf soziale Tatsachen, wie etwa die Schichtzugehörigkeit oder die strukturelle Unvollständigkeit der Herkunftsfamilie verallgemeinern:

„... es (ist) kaum verwunderlich, daß es nicht recht gelingt, zwischen Straffälligen und der Durchschnittspopulation mit den üblichen psychiatrischen Methoden bzw. psychologischen Tests zu trennen oder graduelle Abstufungen herzustellen: Die gleichen psychischen Eigenschaften eines Menschen können sich eben — je nach Wertentscheidung — in dieser oder jener Richtung auswirken" (83 b, 123).

Dagegen fanden sich beim *eigenen* Sozialverhalten der Probanden, vor allem im Leistungs- und Freizeitbereich, Verhaltenssyndrome, die insofern klar „trennten", als kaum noch V-Probanden[5] betroffen waren. Dies war bei allen „konstitutionellen" oder schicksalhaften „sozialen" Umständen *nicht* der Fall.

Doch bleibt die Feststellung auch dieser Häufigkeitsverhältnisse, so wertvoll sie bei der „Erklärung" der Tatsache der späteren Straffälligkeit auch sein mögen, hinter den Anforderungen unseres Kausalitätsbedürfnisses zurück. Denn es bleibt „unverstanden", *warum* beispielsweise das Vorliegen eines bestimmten Verhaltenssyndroms in der Schule mit späterer Straffälligkeit zusammenhängt. Der Sinnzusammenhang bleibt selbst dann noch unberücksichtigt, wenn *alle* Probanden, bei denen dieses Syndrom vorlag, auch tatsächlich straffällig wurden. Es ist nun entscheidend, daß es *Göppinger* gelungen ist, zusätzlich idealtypische Begriffe zu bilden, die jene qualitativ andere Art von Erkenntnis liefern. Für den Lebensquerschnitt (vor der Tat) und den Lebenslängsschnitt wurden gedanklich idealtypische Verhältnisse konstruiert, aus denen heraus das Begehen von Straftaten unmittelbar evident verständlich wird (bzw. als Gegentypus, absolut unverständlich erscheint). In den kriminorelevanten Konstellationen des Lebensquerschnitts sind die entscheidenden Unterschiede des Sozialverhaltens und aus ihnen erschließbarer Persönlichkeitszüge so idealtypisch zugespitzt und verdichtet, daß beim Vorliegen der kriminovalenten Konstellation eine Straftat eine vollständig „adäquate" Folge ist, bei Vorliegen der kriminoresistenten Konstellation hat man sie als „zufällig" verursacht anzusehen. Von einem „verständlichen" Zusammenhang zu reden ist hier deshalb berechtigt, weil wir bei der inneren Nachbildung einer Lage von a) Vernachlässigung familiärer und sonstiger sozialer Verpflichtungen sowie b) fehlendem Verhältnis zu Geld und Eigentum, c) unproduktivem Freizeitverhalten und schließlich d) feh-

---

[5] Hier und im folgenden sind V-Probanden die Probanden der Vergleichsgruppe, dagegen H-Probanden diejenigen der Häftlingsgruppe.

lender Lebensplanung — dies sind z.B. die Einzelkomponenten der kriminovalenten Konstellation — ein *Evidenzerlebnis* haben („es kann gar nicht anders sein ..."), daß früher oder später der in diesen Kategorien implizierte Lebensstil nicht anders als durch die Begehung von Straftaten aufrechterhalten werden kann, sofern sich an den sonstigen Umständen nichts Wesentliches ändert. Die innere Folgerichtigkeit der Entwicklung, auf der die „Evidenz" hier beruht, besteht unabhängig von zusätzlichen Annahmen über psychische oder soziale Merkmale, d.h. ohne „konstruktives Deuten" im obigen Sinn. Der Zusammenhang der Einzelkomponenten ist hier in keiner Weise rechnerisch zu fassen. Es ist keinesfalls so, daß man sich ihre Bedeutung zu einem Gesamtmaß von „Gefährdung" aufsummiert vorzustellen hätte, so daß etwa bei Vorliegen von 3 statt 4 Einzelkomponenten eben nur eine „Drei-viertel"-Konstellation gegeben sei. Denn durch das Fehlen einer einzigen Komponente fällt oft die Bedeutung des ganzen „Gefüges" einer solchen Konstellation auseinander. Bezeichnend hierfür sind die Beispiele einiger Studenten aus der V-Gruppe, deren Lebensstil in auffallender Weise mit dem der H-Probanden Ähnlichkeiten aufwies, v.a. was den Leistungs- und Freizeitbereich betraf, doch waren die diesbezüglichen Auffälligkeiten in ihrer *kriminologischen* Bedeutung gleich null, da sie insgesamt die bestehende Lebensplanung nicht dauerhaft stören konnten. Bei diesen Voraussetzungen ergibt sich die Begehung von Straftaten eben nicht sozusagen „von selbst".

Dasselbe gilt im Prinzip für den Lebenslängsschnitt. Auch hier ist mit dem Ideal-Typus der „kontinuierlichen Hinentwicklung zum Verbrechen" eine gedachte Lebensentwicklung konstruiert, bei der die Entstehung einer kriminovalenten Konstellation und schließlich die Begehung von Straftaten unmittelbar evident verständlich wird. Es werden also nicht nur die einzelnen Tatsachen oder Verhaltensweisen, die zwischen H- und V-Probanden „trennen", auf ein formales zeitliches Kontinuum projiziert, sondern die „Kontinuität" der Entwicklung meint über die bloße Tatsache des Aufeinanderfolgens hinaus einen verstehbaren Sinnzusammenhang.

„Die innere Dynamik der kontinuierlichen Hinentwicklung zur Kriminalität wird vor allem dann sichtbar, wenn man das Vorliegen der Einzelkriterien der kriminovalenten Konstellation zeitlich zurückverfolgt. Hierzu ergaben sich bei einer differenzierten Analyse der letzten Tat aufschlußreiche Hinweise. Das typische unstrukturierte Freizeitverhalten mit offenen Abläufen kann relativ lange andauern, wenn die Freizeit nur auf Kosten des Schlafes ausgedehnt wird. Solange der Leistungsbereich wenigstens einigermaßen intakt bleibt, sind auch die Mittel vorhanden, die diese Freizeitgestaltung ermöglichen, wenngleich in der Regel schon auf Kosten sonstiger Verpflichtungen. Es liegt jedoch in der Natur der Sache, daß früher oder später, schon unter dem Druck des körperlichen Ruhebedürfnisses, die Ausweitung des Freizeitbereichs den Leistungsbereich zu tangieren beginnt. „Blaumachen", Nachlassen der Arbeitsleistung, häufiger Stellenwechsel mit Intervallen beruflicher Untätigkeit bedingen sich dann gegenseitig und wirken auf den Freizeitbereich insofern zurück, als dadurch zusätzlich verfügbare Zeit entsteht. Werden hier dann dieselben Freizeittätigkeiten – in der Regel verhältnismäßig kostspielige – weiterverfolgt, ergibt sich eine dramatische Zuspitzung der Situation. Alles drängt förmlich darauf hin, daß die für diesen Lebensstil notwendigen, aber mangels Berufstätigkeit nicht

2. Entstehung und Bedeutung des nomologischen Erfahrungswissens 109

vorhandenen Mittel durch ein (Eigentums-)Delikt beschafft werden. In den genannten Freizeittätigkeiten und den für sie typischen Kontakten sind gleichzeitig auch von der konkreten Situation her die Voraussetzungen für eine Deliktsbegehung gegeben. Unmittelbar vor der Tat ist bei der kontinuierlichen Hinentwicklung zur Kriminalität ein vollständiger Zusammenbruch der Strukturierung aller sozialen Bereiche zu verzeichnen, einschließlich des Aufenthaltsbereichs." (*Göppinger* 83 a, 226/7).

Freilich wird man hier immer an „Grenzen des Verstehens" stoßen. Dies war auch bei der Tübinger Jungtäter-Vergleichsuntersuchung der Fall. Je weiter man sich zeitlich von der Begehung der Straftat(en) entfernt, werden unmittelbar evidente (d.h. ohne theoretische Zusatzannahmen) Abläufe schwieriger zu fassen und die idealtypische Rekonstruktion der Lebensentwicklung wird sich mit der Feststellung von (statistischen) Regelmäßigkeiten über solche Fakten begnügen müssen, die in das Gebiet des Erklärens gehören, wobei wohl Abstufungen zu machen sind vom Sozialverhalten über psychische zu somatischen Eigenschaften. Im übrigen verläuft dieses methodische Gefälle parallel zu dem Gefälle der relativen Determination des Lebens eines Menschen durch ihm schicksalhaft vorgegebene Umstände (ist also hier wie dort beim konkreten Einzelfall der erfahrungswissenschaftliche Feststellung bedürftig). Die spezifisch *krimino*valente Bedeutung solcher Fakten, die als „Seinsgegebenheiten" hinzunehmen sind, läßt sich oft gerade *nicht* mehr fassen, da weit mehr und ganz andere Personen als Straffällige ebenfalls von ihnen betroffen sind. Doch ist damit auch nicht die Annahme einer *stetigen* (teleologischen) Zunahme des Gewichts eigener (Wert)Entscheidungen und deren Verstehbarkeit impliziert, die in der Straftat konsequent ihren Höhepunkt haben müßte. Dies mag bei jener besonderen Kategorie der „sophisticated, competent and socially mature offenders" der Fall sein, denn „they choose a criminal way of life at some stage because they believe it pays" (*West* 82, 160). Die Verallgemeinerung dieser Annahme wäre jedoch einer jener rationalistischen Irrtümer, die der Methode des Verstehens keineswegs notwendig anhaften. Der konkrete Anlaß des Delikts, die Dynamik der Tatbegehung selbst mag wieder (und war auch tatsächlich) in hohem Maß (subjektiv) „irrational" sein (oft sind z.B. erhebliche Mengen Alkohol im Spiel), was nichts daran ändert, daß insgesamt ein verständlicher (objektiver) Zusammenhang von Straffälligkeit und dem „Täter in seinen sozialen Bezügen" besteht.

Keinesfalls ist also, was den „subjektiven Sinn" bei der Tat selber betrifft, irgendeine vernünftige Abwägung vorausgesetzt, noch hängt die Verstehbarkeit von dieser Vernünftigkeit ab. Gerade wenn man über den subjektiven Sinn hinaus auf die objektive Lage rekurriert, *kann* ein Evidenzerlebnis über die innere Folgerichtigkeit einer Entwicklung zur Straffälligkeit entstehen, ohne daß ein spezifisches „aktuelles" Bewußtsein vorausgesetzt werden müßte.

So bestätigen sich in seinen Forschungen zu den idealtypischen Entwicklungen insbesondere des Lebenslängsschnitts *Göppingers* Grundanschauungen über den Menschen, der, sofern er nicht „krank" ist, ungeachtet seiner Anlagen und äußerer schicksalhafter Umstände verständliche Wertentscheidungen (festzustellenden Maßes) trifft. Anlagen und schicksalhafte Umstände mögen „Wertentscheidungen" erleichtern oder erschweren und diese mögen als solche nicht unmittelbar bewußt bei der Straftat getroffen werden. Ohne sie aber ist kein „Handeln" möglich, sondern es finden reine Naturereignisse statt. *Max Weber* verwahrt sich aus dem gleichen Grund gegen die Annahme.

„daß ‚Verstehen' und kausales ‚Erklären' *keine* Beziehung zueinander hätten, so richtig es ist, daß sie durch am entgegengesetzten Pol des Geschehens mit ihrer Arbeit beginnen, ... Denn ... sinnhaft verstandene seelische Zusammenhänge (sind) ... durchaus dazu qualifiziert, als Glieder einer Kausalkette zu figurieren, welche z.B. mit ‚äußeren' Verumständungen beginnt und im Endpunkt wieder auf ‚äußeres' Sichverhalten führt" (WL 436/347).

Die weitere Darstellung der *Göppinger'*schen Idealtypen ist hier nicht notwendig (vgl. hierzu *Göppinger* 80 und 83 a, 177 ff.). Es bleibt nur darauf hinzuweisen, daß es sich bei der sogenannten kriminologischen Trias um ein ganzes Netzwerk solcher Idealtypen zum Lebenslängsschnitt und Querschnitt, sowie um eine Erfassung der Relevanzbezüge und Wertorientierungen handelt, mit deren Hilfe der Einzelfall erfaßt werden kann (s.u. 3.).

2.3. Die Konkordanz von „Sinnadäquanz und Erfahrungsprobe"

Offen ist freilich immer noch die Frage, *wie Göppinger* zu dieser „Verdichtung" von Erfahrungswissen in idealtypischen Konstruktionen gelangt ist. Hier ist zu bedenken, daß die Kenntnis sämtlicher 400 Einzelfälle (annäherungsweise und natürlich nicht zur Reproduzierbarkeit geläufig) eine einzigartige Chance bietet, Vergleiche von Sinnzusammenhängen vorzunehmen. Zusammen mit einer langjährigen gutachterlichen Praxis liegt hier jene „Erfahrung" vor, die die Methoden der empirischen Sozialforschung nicht vermitteln. Man kann mit ihrer Hilfe Gruppen oder einzelne Probandenpaare ständig unmittelbar miteinander vergleichen, die ähnliche, aber an einzelnen Punkten dann diametral unterschiedliche Entwicklungen aufweisen, so daß das „wegdenken" einzelner Tatsachen bei der Bildung „objektiver Möglichkeitsurteile" in der Geschichte hier oft (nicht immer vollständig) durch einen Vergleich tatsächlicher Fälle ersetzt werden kann.

Es kommt hinzu, daß diese Art von Vergleichen nicht den Umweg über die Operationalisierung von bei allen Fällen äußerlich vergleichbaren Indikatoren benötigt, sondern die Vergleichbarkeit von Entwicklungen ergibt sich unter Berücksichtigung des Gesamtzusammenhangs des Falles, wo dann Gleiches sehr unterschiedliche *Bedeutung* haben kann und umgekehrt.

Dies ist ein ganz entscheidender Punkt. Die mangelnde Operationalisierbarkeit ist hier nicht ein beklagenswertes Zurückbleiben hinter bestimmten Kriterien „harter" Daten, sondern hat einen systematischen Grund. Die „trennkräf-

2. Entstehung und Bedeutung des nomologischen Erfahrungswissens 111

tigsten" Unterschiede zwischen den Probandengruppen ergaben sich nämlich erst, wenn man Relationsbegriffe bildete, bei denen die besondere Art des Handelns der Probanden in Beziehung zu *ihren* Lebensumständen gesetzt wurde. Erst dann „kürzten" sich belanglose Variationen in diesen Lebensumständen gewissermaßen „weg", an denen jedoch eine strenge Operationalisierung hätte festgemacht werden müssen. Bei Kriterien wie „paradoxe Anpassungserwartung" oder „inadäquates Anspruchsniveau" leuchtet dies unmittelbar ein. Aber auch etwa die „Vernachlässigung familiärer und sonstiger sozialer Pflichten" ist ersichtlich nicht beispielsweise durch einen Katalog von festliegenden Anforderungen zu erfassen, denn was „Pflicht" ist, variiert erheblich nach den sonstigen Umständen. Schichtspezifische oder (sub-)kulturspezifische Unterschiede etwa stören dann nicht mehr die Vergleichbarkeit, ein Umstand übrigens, der zur „Verallgemeinerungsfähigkeit" dieses nomologischen Wissens erheblich beiträgt.

Was die konkrete Anlage dieser Vergleiche (etwa: von „Zwillingspaaren von je einem H- und V-Probanden mit weitestgehend gleichem „Schicksal") betrifft, kann auf die einschlägigen Ausführungen *Göppingers* verwiesen werden (83 a, 177 ff.). Jedenfalls war dies der Weg, aus der Vielzahl möglicher Bedingungen die kausal Wesentlichen zu ermitteln, in denen sich tatsächlich die mehrfach straffälligen H-Probanden von der Durchschnittspopulation unterscheiden.

Ihre Entstehung verdeutlicht nun aber auch, in welchem Sinn diese Idealtypen, unbeschadet ihrer gedanklichen Konstruktion, auch gültiges nomologisches Erfahrungswissen einschließen. Denn es muß ja, wie *Weber* sich ausdrückt, eine „Konkordanz von Sinnadäquanz und Erfahrungsprobe" entstehen (WL 549/50). Hier ist nun erstens darauf hinzuweisen, daß bei gegebenem Auswahlverfahren der Probandengruppen die „Kontrolle der verständlichen Sinndeutung durch den Erfolg: den Ausschlag im tatsächlichen Verlauf" (WL 549) von vornherein gegeben war. Zweitens wurde die bestehende Möglichkeit, alle durch Vergleich gewonnenen idealtypischen Konstruktionen durch Feststellung der Häufigkeit ihres mehr oder weniger „reinen" Auftretens einer Erfahrungsprobe zu unterziehen, stets genützt[6]. Insofern bestehen bei dieser Untersuchung jene „günstigen Umstände", von denen *Weber* spricht, unter welchen „‚sinnhafte' Deutungen konkreten Verhaltens ... direkt der statistischen Nachprüfung und in diesen Fällen also einem (relativ) optimalen Beweise ihrer Gültigkeit als ‚Erklärungen' zugänglich" (WL 437) sind. Die deutlichste und zugleich entscheidende Aussage *Göppingers* in dieser Hinsicht ist nun aber die, daß die kriminovalente Konstellation bei 60 % der H-Probanden und keinem V-

---

[6] In der Praxis war dies oft mit einem erheblichen Aufwand verbunden, denn die Feststellungen über das Vorliegen solcher Zusammenhänge konnten ja eben nicht durch Rückgriff auf „vorhandene" und insofern stets abfragbare „Daten" getroffen werden, sondern oft nur durch eine Beurteilung des Lebensgesamts des Probanden!

Proband, die kriminoresistente Konstellation gar bei 80 % der V-Probanden und einigen ohnehin als Ausnahmen zu betrachtenden H-Probanden vorlag.

Damit ist das immer wieder als fehlend festgestellte Schlüsselglied des Erkenntnisweges einer wirklichkeitswissenschaftlichen Kriminologie bezeichnet: Nomologisches Wissen, das sowohl „sinnhaft adäquat" als auch „kausal adäquat" ist.

„Eine richtige kausale Deutung *typischen* Handelns . . . bedeutet: daß der als typisch behauptete Hergang sowohl (in irgendeinem Grade) als kausal adäquat festgestellt werden kann. Fehlt die Sinnadäquanz, dann liegt selbst bei größter und zahlenmäßig in ihrer Wahrscheinlichkeit präzis angebbarer Regelmäßigkeit des Ablaufs (des äußeren sowohl wie des psychischen) nur eine *unverstehbare* (oder nur unvollkommen verstehbare) *statistische* Wahrscheinlichkeit vor. Andererseits bedeutet für die Tragweite soziologischer (und kriminologischer, M.B.) Erkenntnisse selbst die evidenteste Sinnadäquanz nur in dem Maß eine wichtige *kausale* Aussage, als der Beweis für das Bestehen einer (irgendwie angebbaren) *Chance* erbracht wird, daß das Handeln den sinnadäquat erscheinenden Verlauf *tatsächlich* mit angebbarer Häufigkeit oder Annäherung . . . zu nehmen *pflegt*" (WL 551).

Wenn *Weber* hier von „angebbarer Häufigkeit oder Annäherung" spricht, so verweist er damit noch einmal auf den Doppelcharakter der Idealtypen. Betrachtet man sie unter dem Aspekt der Sinnadäquanz, wird auf die Steigerung zur idealen Form abgestellt. In dieser Eigenschaft fungiert der Idealtypus als methodisches Hilfsmittel zur Erfassung der Wirklichkeit durch Vergleich (s.u. 3.). Unterzieht man sie jedoch der Erfahrungsprobe, *kann* gar nicht das Vorliegen in seiner idealen Form gemeint sein, dies wäre ein Widerspruch in sich selbst, sondern die faktischen, realen Grade der Häufigkeit und Annäherung. *Jaspers* etwa bringt dies zum Ausdruck, wenn er sagt, die Idealtypen hätten „ihre Wirklichkeit . . . außer in jenen seltenen Grenzfällen (des faktischen Vorliegens der idealen Form, M.B.) in dem bruchstückhaften Erscheinen des Typus, der in der Wirklichkeit durch andere aus dem Typus selbst nicht verständliche Faktoren beschränkt wird und daher nicht allseitig zur Auswirkung kommt" (48, 362). Bei den Idealtypen der Tübinger Jungtäter-Vergleichsuntersuchung scheint sich oft die in diesem Doppelcharakter liegende logische Differenz zu verwischen, wenn von dem „Vorliegen" dieser oder jener Konstellation bei einem Probanden gesprochen wird. Allein die Differenz besteht auch hier, denn selbst wenn man bei der Würdigung der Gesamtlage zu dem Urteil kommt, etwa das Kriterium „Vernachlässigung sozialer Pflichten" oder „fehlende Lebensplanung" liege vor, so meint dies eben nur einen bestimmten Verwirklichungs*grad*. Eine noch weiter gehende, ideale „Vernachlässigung" ist aber stets denkbar ebensowie wie ein noch vollständigeres „Fehlen" von Lebensplanung. Freilich ist der Verwirklichungsgrad bei den H-Probanden der Tübinger Untersuchung vergleichsweise sehr hoch, da es sich überwiegend um mehrfach Straffällige mit verfestigter Kriminalität handelte (vgl. *Göppinger* 83 a, 8 ff. zu den Auswahlkriterien).

2.4. Konsequenzen für eine selbständige, integrierende Kriminologie

Dieses Erfahrungswissen ist nun nicht nur in sachlich-methodischer Hinsicht die entscheidende Differenz zu den bisherigen Leistungen der „empirischen" Kriminologie. Es bezeichnet gleichzeitig auch den Schritt über die interdisziplinäre Arbeitsteilung hinaus zur „integrierenden Kriminologie", die sich durch die Entstehung von „konstruktiv Neuem" (s.o.) auszeichnet. Allein dieses „Mehr" ist es jedoch auch, das von einer selbständigen Disziplin der Kriminologie zu sprechen berechtigt, was auch immer die wissenschaftsorganisatorischen Folgen davon sein mögen. Auf der Ebene der interdisziplinären Arbeit und des multifaktoriellen Ansatzes bleibt es bei Einzelbeiträgen der entsprechenden Spezialdisziplinen der Bezugswissenschaften. Das dort vorhandene theoretische und methodische Arsenal wird auf das Gebiet des Verbrechens übertragen. Kriminologisches Fachwissen ist dabei nicht erforderlich und eine besondere Disziplin Kriminologie entbehrlich.

Auch hierfür ist der Verlauf der Auswertung der Tübinger Jungtäter-Vergleichsuntersuchung aufschlußreich. Es zeigte sich in allen Einzelbereichen, daß mit den Fragestellungen der Bezugswissenschaften nur sehr beschränkt die Unterschiede zwischen den beiden Probandengruppen deutlich gemacht werden konnten. Das gilt bezeichnenderweise auch für die eigene Bezugswissenschaft *Göppingers*, die Psychiatrie. Denn im Verlauf seiner Explorationen sah er sich mehr und mehr gezwungen, das begriffliche und methodische Material der klassischen Psychopathologie zu verlassen, um die wesentlichen Differenzen zu erfassen:

„Während sich weder unter psychopathologischen Aspekten noch aufgrund der psychologischen Untersuchungen mit den damals angewendeten Tests ... bestimmende psychische Besonderheiten herauskristallisieren ließen, die beide Untersuchungsgruppen deutlich voneinander trennten, wurden insbesondere im Zusammenhang mit Explorationen durch die Psychiater bei vielen H-Probanden immer wieder mit ihrer Lebensweise verbundene Verhaltensmuster erkennbar, die sich bei den V-Probanden nicht fanden, zumindest nicht in dieser Art und Häufung. Sie waren freilich in der Untersuchungssituation selbst etwa als bestimmte Persönlichkeitsmerkmale nicht unmittelbar psycho(patho)logisch erfaßbar, sondern ließen sich erst bei einer genauen Betrachtung des gesamten Sozialverhaltens näher umreißen ..." (83 a, 136).

Feststellungen dieser Art sind es, die die Möglichkeiten dessen übersteigen, der sich nur als Vertreter seines Faches mit dem Verbrechen(r) befaßt und keine unmittelbar kriminologischen „Erfahrungen" macht. Entsprechendes gilt für Vertreter der Kriminalsoziologie, wobei hier die verengenden Festlegungen auf die Fragestellungen der jeweiligen Bezugswissenschaft durch die heutige normative Überbewertung gerade dieses Faches (vgl. hierzu *Bock* 80) noch schwerer überwindbar sind.

3. Die kriminologische Kausalanalyse

3.1. Das Verhältnis von Einzelfall und nomologischem Wissen

Das auf diese Weise entstandene (rein kriminologische) nomologische Erfahrungswissen ist jedoch für *Göppinger* nicht das *Ziel* seiner Kriminologie, sondern — ganz wie es für eine Wirklichkeitswissenschaft nach *Weber* konstitutiv ist — nur *Mittel* zur Erfassung des je individuellen Täters in seinen sozialen Bezügen. Er führt dazu aus: „Ungeachtet des großen Wertes solcher *allgemeiner* Syndrome für den (Erkenntnis-)Fortschritt der Kriminologie reichen diese deshalb für eine angemessene Betrachtung des individuellen Täters in seinen sozialen Bezügen (als Ziel, M.B.) *nicht* aus, auch wenn sie die relevanten Kriterien dafür abgeben (als Mittel, M.B.)" (80, 311). Der Einzelfall ist nicht aus dem nomologischen Wissen deduzierbar, sondern in seinen konkreten (Kausal)Zusammenhängen erst durch einen Vergleich mit nomologischem Wissen in seiner Eigenart zu verstehen. „Hierzu ist ... *in jedem einzelnen Fall* eine mehrdimensionale, je individuelle Betrachtung notwendig" (80, 311).

Näher zu beleuchten bleibt jetzt die Art und Weise, *wie* bei *Göppinger* das aus der Analyse von Einzelfällen entstandene nomologische Erfahrungswissen (als Mittel) nun seinerseits in die Analyse des Einzelfalls als des zum Verstehen anstehenden „individuellen Geschehens" eingeht (als Ziel). Daran wird die Parallele zum Modell von „objektiver Möglichkeit und adäquater Verursachung" deutlich, das nach *Max Weber* in der historischen Kausalanalyse zur Anwendung kommt.

Die Besonderheit des wirklichkeitswissenschaftlichen Vorgehens wird wieder durch einen Vergleich mit dem entsprechenden Schritt des gesetzeswissenschaftlichen, der „Anwendung" einer Prognosetafel, deutlich. Eine solche ist aus operationalisierten Merkmalen zusammengesetzt und deshalb erfordert die „Anwendung" auf einen beliebigen Einzelfall nichts anderes als die Feststellung, ob und gegebenenfalls in welchem Maß die einzelnen Merkmale in diesem Fall vorliegen oder nicht. Sodann erfolgt ein einfacher Subsumtionsschluß vom Explanans (Prognosetafel) auf das Explanandum (Einzelfall). Das Ergebnis ist in der Regel eine Wahrscheinlichkeitsaussage z.B. über einen möglichen „Rückfall" des Probanden. Dabei wirkt sich die Problematik der Zusammenrechnung von Einzelkorrelationen zu Gesamtmaßen voll aus. Denn ob die Annahmen der Additivität, der Gleichmäßigkeit und Gleichsinnigkeit der Auswirkungen der Einzelmerkmale im vorliegenden Einzelfall zutreffen, kann nicht mehr berücksichtigt werden (s.o. III, 3.4.1.).

Bei *Göppinger* sind die Einzelkriterien seiner Idealtypen, etwa der kriminorelevanten Konstellationen, nicht operationalisierbar. Schon bei der oben erwähnten „Erfahrungsprobe" war es notwendig gewesen, in *jedem* der 400 Fälle eine Würdigung der Gesamtlage des Probanden vorzunehmen, um etwa entscheiden zu können, ob man jeweils die „Vernachlässigung familiärer und sozialer Pflichten", „fehlende Lebensplanung" oder „paradoxe Anpassungserwartung" als gegeben anzusehen hatte. Dies folgt unmittelbar aus dem relationalen Charakter dieser Kriterien. Ebenso ist mit diesem nomologischen Wissen für die Beurteilung eines Einzelfalles gar nichts anzufangen, solange nicht die Gesamtheit jener Einzelfeststellungen über die Lebensumstände des Probanden getroffen ist (in *Webers* Begriffen: ontologisches Tatsachenwissen), deren Kenntnis erst jene vergleichende Betrachtung des Einzelfalls mit dem nomologischen Wissen ermöglicht. Die Frage der kausalen Zurechnung ist hier also nicht ohne genaue und vollständige Tatsachenermittlung überhaupt angehbar.

3.2. Die logische Struktur des Verfahrens

Der „Erfolg", um den es bei der Frage der kausalen Zurechnung gemäß *Webers* Geschichtsmethodologie geht, ist in der Kriminologie die Straffälligkeit eines Menschen. Auf diesen „Erfolg" bezieht sich das nomologische Erfahrungswissen, d.h. bei *Göppinger* im wesentlichen die sogenannte „kriminologische Trias", bestehend aus den idealtypischen Möglichkeiten der Stellung der Tat im Lebenslängsschnitt, den kriminorelevanten Konstellationen sowie den Relevanzbezügen und Wertorientierungen. Dieses Erfahrungswissen wird nun so mit dem Faktum der Straffälligkeit in einem gedanklichen Abstraktionsprozeß in Verbindung gebracht, daß man sich fragt, ob der „Erfolg", gemessen an dem, was nach den „generellen Regeln des Geschehens" zu erwarten gewesen wäre, als „adäquat" oder als „zufällig verursacht" gelten kann (oder eine Zwischenstufe davon). Wenn also nach einer generellen Regel des Geschehens beim Vorliegen einer kriminovalenten Konstellation die Begehung von Straftaten „erwartet" werden kann, so bedeutet dies in einer konkreten Einzelfallanalyse, daß bei dem — empirisch festzustellenden — Vorliegen dieser Konstellation im Rahmen einer Querschnittsbetrachtung (die freilich immer auch eine Erfassung der Relevanzbezüge und des Wertgefüges einschließt) auch die Straffälligkeit als „adäquat verursacht" gelten kann. Wenn es dagegen trotz des Vorliegens einer kriminoresistenten Konstellation zu einer Straftat kommt, so wird man (bezogen auf *dieses* Kriterium der kriminologischen Trias) diese nicht als „adäquat", sondern als „zufällig" verursacht ansehen, nämlich durch seltene, unwahrscheinliche, womöglich *einmalige* sonstige Bedingungen. In diesem Fall wäre dann das Vorliegen einer legal und sozial unauffälligen Lebensweise eine „objektive Möglichkeit" des Geschehens, von der man sagen kann, *sie wäre* nach den generellen Regeln des Geschehens adäquat verursacht gewesen, wenn man die in diesem Fall kausal wirksamen *einmaligen* Faktoren *wegdenkt* (so wie ein religiös-theokratisches Griechenland eine objektive Möglichkeit gewesen wäre, wenn man als Historiker die Schlacht bei Marathon *wegdenkt*, um gerade dadurch ihre kausale Bedeutung zu erfassen).

Dasselbe gilt für das nomologische Wissen, das den Lebenslängsschnitt betrifft. So wird man bei einer „kontinuierlichen Hinentwicklung zum Verbrechen" die Tat als, gemessen am nomologischen Wissen über den Lebenslängsschnitt von Straffälligen, adäquat verursacht ansehen. Umgekehrt ist in einem Fall, wo die Stellung der Tat im Lebenslängsschnitt als „krimineller Übersprung" anzusehen ist, davon auszugehen, daß eine *andere* Lebensentwicklung „objektiv möglich" gewesen *wäre*, wenn man in einem gedanklichen Abstraktionsverfahren gewisse einmalige Sonderbedingungen wegdenkt, die für den „Übersprung" kausal wirksam waren.

Dazwischen liegt der Längsschnittypus „Kriminalität im Rahmen der Persönlichkeitsreifung". Zwar wird hier wie beim „kriminellen Übersprung" davon ausgegangen, daß nach der bisherigen Lebensentwicklung ein anderer „Erfolg" als Straffälligkeit objektiv möglich war. Der „Erfolg" ist indessen nicht in dem Maß wie beim Übersprung „zufällig" verursacht, denn die kausal wesentlichen Faktoren werden zwar als „vorübergehend", nicht aber als einmalig angesehen. Ebenso ist mit dem Typus „Kriminalität bei sonstiger sozialer Unauffälligkeit" die Möglichkeit erfaßt, daß bestimmte (innere) Fakten – etwa rein zweckrationale, bewußte Erwägungen oder auch nur eine gewisse Bedenkenlosigkeit – in ihrer kausalen Bedeutung mit einer gewissen Stetigkeit diejenigen Faktoren des (äußeren) Sozialverhaltens überlagern, so daß man nicht von zufälliger Verursachung sprechen kann, auch wenn dies nach dem nomologischen Wissen über Straffälligkeit und *soziale* Unauffälligkeit der Fall sein müßte.

Übrigens zeigt die unvermeidlich *nacheinander* erfolgende Darstellung der verschiedenen Kriterien, daß die „komplexe Gesamtschau" nicht als solche zu vermitteln ist, sondern bei ihrer „Vergegenständlichung" doch immer zerlegt werden muß und kann!

Schon an diesen kurzen Bemerkungen zeigt sich der *praktische* Wert solcher Kausalbetrachtungen. Es liegt auf der Hand, daß etwa eine Prognose – sofern nicht irgendwelche Eingriffe erfolgen – in der Regel umso schlechter ist, je mehr die in Frage stehende Straffälligkeit als „adäquat" verursacht gelten kann, und um so besser, je mehr man zu dem Ergebnis einer „zufälligen" Verursachung gekommen ist. Diese Feststellungen geben nämlich nach dem eben Gesagten Auskunft darüber, ob ein wesentlich anderes Resultat als die Straffälligkeit eine *„objektive Möglichkeit"* (nach generellem Erfahrungswissen) darstellt oder nicht, und mithin ob man mit ihrer zukünftigen Realisierung rechnen kann oder nicht. Dies alles freilich immer mit der Maßgabe, daß aufgrund der besonderen Art von „Geltung" des nomologischen Wissens einer kriminologischen Wirklichkeitswissenschaft sichere Prognosen nicht möglich (und statistische Prognosen „sinn"los, s.u. 4.1.) sind.

Ebenfalls von unmittelbarer Bedeutung ist das Verstehen des kausalen Gewichtes einzelner Faktoren natürlich für die Frage nach der konkreten Ausgestaltung von Sanktionen, etwa der Strafaussetzung zur Bewährung oder der Erteilung von Weisungen. Hier ist dann vor allem auch die Betrachtung der sogenannten „Relevanzbezüge" sowie ganz allgemein das Gewichtsverhältnis zwischen „externen" und „internen" Fakten im Gesamt des Täters in seinen sozialen Bezügen angesprochen, die eine weitere Qualifizierung derjenigen Bedingungen zuläßt, unter denen dieser oder jener Erfolg objektiv eine Möglichkeit ist (zu einer Darstellung der Möglichkeiten und Bedeutung dieser Kriminologie für konkrete Probleme der Strafrechtspflege vgl. *Göppinger* 84). Derartige Differenzierungen entfallen bei einem abstrakten Gesamtmaß der „Gefährdung".

4. Schwierigkeiten dieser Kausalanalyse

4.1. Die Unmöglichkeit einfacher Subsumtionsschlüsse

So einfach dieses Modell aussehen mag, wenn man die logische Struktur des Schlußverfahrens betrachtet, so schwierig ist doch seine tatsächliche Anwendung im Einzelfall. Das hat mehrere Gründe. Zunächst einmal ist die Doppelbedeutung idealtypischer Begriffe in Erinnerung zu rufen (s.o. 2.3.). Zwar haben die genannten kriminologischen Idealtypen durchaus eine „Erfahrungsprobe" hinter sich, in die eben vorgeführte Kausalbetrachtung gehen sie jedoch in einer „reinen", auf die „Sinnadäquanz" hin verdichteten, von den bei jedem konkreten Einzelfall gegebenen Graden der Annäherung abstrahierenden Form ein.

Aus dieser Differenz von Idealtypus und Wirklichkeit, die ein einfaches Subsumtionsverfahren ausschließt, ergeben sich nun die praktischen Schwierigkeiten des Verfahrens.

Der „Erfolg" der Straffälligkeit ist in der Regel eben gerade nicht entweder völlig adäquat oder völlig zufällig verursacht, sondern „gemischt" (in einer nicht durch Wahrscheinlichkeitsgrade ausdrückbaren Weise). Das nomologische Erfahrungswissen der kriminologischen „Trias" stellt — außer der ohnehin nur im Einzelfall möglichen Erfassung der Relevanzbezüge und Wertvorstellungen — also nur ein mehrdimensionales Netzwerk von (vorwiegend dichotomen) Idealtypen dar, innerhalb dessen der Einzelfall verortet werden muß, und entsprechend differenziert müssen und können dann auch die praktischen, etwa prognostischen Überlegungen ausfallen.

„Bei der kriminologischen Stellungnahme gilt es, ... den auf diese Weise erfaßten individuellen Täter in seinen sozialen Bezügen mehr oder weniger stillschweigend mit den ‚Modellbildern' ... des ‚idealtypischen' Straffälligen in seinen sozialen Bezügen und andererseits der ‚idealtypischen' Durchschnittspersönlichkeit aus der Gesamtpopulation — ähnlich dem Vorgehen des Arztes beim Abtasten differential-diagnostischer Erwägungen im Rahmen der Diagnosestellung — zu vergleichen und darauf aufbauend zu versuchen, die

Delinquenz des Täters der einen oder anderen der oben beschriebenen Kategorien von Kriminalität im Lebensgesamt des Täters zuzuordnen. Dies dürfte in der Praxis in zahlreichen Fällen relativ zwanglos möglich sein. Da eine derartige Zuordnung jedoch zugunsten einer differenzierten Erfassung des Täters nicht ‚gewaltsam' ohne Berücksichtigung der je individuellen Täterpersönlichkeit geschehen soll, wird man regelmäßig auch abwägen müssen, ob das Verhalten des Probanden mehr zu der einen oder anderen der oben dargestellten Kategorien der Stellung von Kriminalität im Lebensgesamt tendiert, bzw. in welchen Bereichen das Verhalten des Täters nicht dem ‚Idealtypus' der jeweiligen Kategorie entspricht ... Es entfällt damit – entsprechend der Lebenswirklichkeit – eine einfache Subsumtion unter eine der dargestellten Kategorien" (*Göppinger* 80, 327/8).

Daraus folgt freilich, daß die objektiven Möglichkeitsurteile, die gefällt werden, um die kausale Bedeutung von Faktoren zu verstehen, Gradabstufungen haben müssen, in denen die mehr oder weniger großen Abweichungen von den Grenzfällen ausgedrückt werden können. Zu der Frage, wie man hier vorgehen kann und wieso diese Grade gerade nicht quantifizierbar sind (s. dazu übrigens o. V, 5.2.), sei noch einmal ausführlich *Max Weber* zitiert:

„Das objektive ‚Möglichkeits'-Urteil läßt ... seinem Wesen nach *Gradabstufungen* zu, und man kann sich die logische Beziehung so vorstellen, daß man jene kausalen Komponenten, auf deren ‚möglichen' Erfolg sich das Urteil bezieht, isoliert der Gesamtheit aller übrigen *mit* ihnen zusammenwirkend *überhaupt denkbaren* Bedingungen gegenübergestellt denkt und fragt, wie sich der Umkreis aller derjenigen Bedingungen, bei deren Hinzutritt jene isoliert gedachten Komponenten den ‚möglichen' Erfolg herbeizuführen ‚geeignet' waren, zu dem Umkreis aller derjenigen verhält, bei deren Hinzutritt sie ihn ‚voraussichtlich' *nicht* herbeigeführt hätten. Ein in irgendeinem Sinn ‚zahlenmäßig' zu schätzendes Verhältnis beider ‚Möglichkeiten' gewinnt man durch diese Operation natürlich in absolut gar keiner Weise. Derartiges gibt es nur auf dem Gebiet des ‚absoluten Zufalls' (im logischen Sinne), d.h. in Fällen, wo – z.B. beim Würfeln ... – bei einer sehr großen Zahl von Fällen bestimmte einfache und eindeutige Bedingungen sich absolut gleich bleiben, alle übrigen aber in einer unserer Kenntnis *absolut* entzogenen Weise variieren" (WL 284). Nicht möglich, fährt *Weber* fort, sind solche statistischen Möglichkeitsurteile auf dem Gebiet der historischen (und kriminologischen) Kausalität, weil dort „eben die *zahlenmäßige* Bestimmbarkeit, welche erstens den ‚absoluten Zufall' und zweitens bestimmte zählbare ‚Seiten' oder Ergebnisse als alleinigen Gegenstand des Interesses voraussetzt, ... durchweg fehlt. Allein trotz dieses Fehlens können wir ... den *Grad* der Begünstigung eines bestimmten Erfolges durch bestimmte ‚Bedingungen' ... durch den Vergleich mit der Art, in welcher andere, abgeändert gedachte Bedingungen ihn ‚begünstigt' haben ‚würden', den relativen ‚Grad' jener generellen Begünstigung einschätzen, und wenn wir diesen Vergleich in der ‚Phantasie' durch hinreichend viele denkbare Abänderungen der Konstellation durchführen, dann ist ein immerhin erhebliches Maß von Bestimmtheit für ein Urteil über den ‚Grad' der objektiven Möglichkeit wenigstens prinzipiell ... denkbar" (WL 285).

Insgesamt wird natürlich die Kausalbetrachtung in dem Maß schwieriger, muß das Netzwerk des Erfahrungswissens feiner gesponnen sowie jene methodisch kontrollierte „Phantasie" beweglicher werden, wie sich der Einzelfall von den Grenzfällen der Verursachung zum Mittelbereich der fließenden Übergänge hin bewegt. Das kann bis zu einem Punkt gehen, wo die Zurechnung teilweise oder ganz offenbleiben muß und konsequent keine Prognose gestellt werden kann, weil nichts dafür spricht, ob die eine oder die andere Möglichkeit objektiver gegeben ist.

4.2. Die Gefahr zirkulärer Begründungen

Eine zweite Schwierigkeite ergibt sich bei der objektiven Einordnung und Gewichtung der Tatsachen oder Einzelbefunde selbst. Neben den in der Sache liegenden, eher technischen Schwierigkeiten bei der Erhebung selbst (etwa: Verfälschung durch bestimmte Leitideen) lauert hier nämlich die *Gefahr zirkulärer Begründungen*. Als Beispiel führt *Göppinger* eine zirkuläre Bestimmung des „Hangtäters" vor:

„,Gewohnheitsverbrecher sind antisoziale Personen, die einen Hang zum Verbrechen haben. Man spricht deshalb auch von Hangtätern. Dieser Hang kann angeboren oder durch wiederholte Begehung entstanden sein . . .'. Danach wären *Gewohnheitsverbrecher* Personen, die man aufgrund ihrer Straftaten bzw. der Häufigkeit ihrer Straftaten als solche bezeichnet. Aus der Häufigkeit der Straftaten wird auf den Hang geschlossen, und die neuen Straftaten werden dann aus dem Hang hergeleitet" (*Göppinger* 80, 449; s. hierzu auch die „Erklärung" eines Verhaltens durch einen angeblich zugrundeliegenden „Wunsch" o. III, 3.2.).

Ein ähnlicher Fall läge etwa dann vor, wenn „fehlendes Verhältnis zu Geld und Eigentum" aufgrund der „Tatsache" eines Eigentumsdelikts als gegeben angenommen würde, um nachträglich bei der kriminologischen Stellungnahme zugunsten einer adäquaten Verursachung *eben dieses Delikts* in Anschlag gebracht würde.

Derartige Zirkelschlüsse können nur dann vermieden werden, wenn die Tatsache der Straffälligkeit selbst zu keinem Zeitpunkt die Auswahl, die Erhebung und selbst die Gewichtung der Einzelbefunde beeinflußt. Erst als Bezugspunkt der Frage nach dem Sinnzusammenhang des Delikts mit dem „Täter in seinen sozialen Bezügen" rückt es ins Zentrum der „Zurechnungsfrage". Das gleichwohl gewußte Delikt bei der Erhebung der Einzelbefunde *wegzudenken* ist freilich wieder leichter gesagt als getan. Besonders schwierig ist dies bei der Würdigung des Delinquenzbereiches eines Probanden selbst. Auch dieser kann aus kriminologischen Gesichtspunkten betrachtet werden, sofern besondere Umstände des Tathergangs Aufschluß über den „Täter in seinen sozialen Bezügen" geben, analog seinem Verhalten in den sonstigen sozialen Bereichen. Doch muß gerade auch hier von der Bedeutung des Delikts als Verletzung einer Strafrechts*norm* streng abgesehen werden, will man die *empirische* Bedeutung der Deliktsbegehung erfassen (vgl. *Göppinger* 80, 687/88 und 83 a, 153 ff.). Auch dafür ist eine Phantasie notwendig, die sich nicht an einem Erhebungsinstrument, sondern nur durch „innere" Kontrollen prüfen läßt.

4.3. Die Unentbehrlichkeit von Erfahrung, Intuition und Verantwortung

Die konkrete Verortung des Einzelfalles im idealtypischen nomologischen Wissen kann nur gelernt werden, indem man sieht, welcher Stellenwert diesen oder jenen Fakten in konkreten Fällen von jemand gegeben wird, der aus seiner

Erfahrung heraus diese Zuordnung treffen kann, oder indem der Betreffende selbst die erforderlichen Erfahrungen macht. Für diese Notwendigkeit ist der Vergleich mit der medizinischen Diagnostik anschaulicher, auch wenn es in der Geschichte im Prinzip genauso ist (der „Erfahrung" des Klinikers entspricht dort die „Bildung"). Auch dort kann zwar das nomologische Wissen gelehrt werden, nicht aber die konkrete Feststellung, ab wann z.B. eine Leber „vergrößert" ist oder bei welcher Klangfarbe des Tones beim Abklopfen des Thorax welche Veränderung der Lunge vorliegt. Das muß man hören bzw. tasten, und dann durch einen „Erfahrenen" korrigiert oder bestätigt werden. Entsprechendes gilt in der Kriminologie, etwa bei der Entscheidung, ob und in welchem Maß etwa ein Anspruchsniveau als „adäquat" zu bezeichnen ist, oder wann Lebensplanung „fehlt". Schon viele Einzelfeststellungen auf der Ebene des sogenannten „ontologischen Tatsachenwissens" erfordern also Vergleichsmöglichkeiten, die man sich erarbeiten muß.

In dem Maße jedoch, wie die strenge Objektivierbarkeit solcher Zuordnungen aufgrund eindeutiger Operationalisierungen abnimmt, muß die fehlende Technik eines validierten Instruments durch die eigene selbstkritische Integrität des Forschers beim Gebrauch seiner Erfahrung ersetzt werden.

Dies gilt nicht weniger für das Vermögen zu jener „komplexen Gesamtschau" des Einzelfalls, für die noch so umfassende Erfahrung nicht ausreicht und die doch das eigentliche Ziel des ganzen Erkenntnisweges ist. Bezüglich der Geschichtswissenschaft formuliert *Weber* entsprechend: „*Ranke* ‚errät' die Vergangenheit, und auch um die Fortschritte des Erkennens eines Historikers minderen Ranges ist es übel bestellt, wenn er über die Gabe der ‚Intuition' gar nicht verfügt: dann bleibt er eine Art historischer Subalternbeamter" (WL 278). Noch einmal ist hier jedoch der Hinweis angebracht, daß dieses Vermögen nichts mit der angeblich „subjektivierenden" Erkenntnisweise der Geisteswissenschaften zu tun hat (s.o. IV, 3.2.3.), sondern ganz allgemein für die eigentlichen Leistungen in *jeder* Wissenschaft kennzeichnend ist, die nicht aus dem schon bisher Bekannten deduzierbar sind. So stellt denn auch *Weber* die Experimentier*kunst Bunsens* unmittelbar neben *Rankes* Erraten (03, 98), und auch für *Jaspers* ist „verstehende Psychologie ... nicht aus allgemeinen Kenntnissen her mechanisch anzuwenden, sondern bedarf immer von neuem persönlicher Intuition" (48, 260). Die Deutung sei, so fährt er *Bleuler* zitierend fort, „eben nur in den Prinzipien eine Wissenschaft, in ihrer Anwendung ... eine Kunst" (ebenda). Nur ist ohne jeden Kompromiß daran festzuhalten, daß dies alles nur die Seite des psychologischen Hergangs der Entstehung von Erkenntnis betrifft, die alsbald in begrifflich vergegenständlichte Form gebracht und der Überprüfung zugänglich gemacht werden muß (s.o. IV, 3.2.).

Die vorstehenden Schwierigkeiten der kriminologischen Kausalanalyse zeigen auf ganz verschiedenen Ebenen, daß eine wirklichkeitswissenschaftliche Kriminologie nicht als technisches Instrument verfügbar gemacht werden kann wie etwa eine Prognosetafel. Sei es nun die „Phantasie", die notwendig ist, zu differenzierten „objektiven Möglichkeitsurteilen" zu gelangen, sei es die „Erfahrung", ohne die schon einfache Einzelfeststellungen oft nicht getroffen werden können oder sei es die „Intuition", ohne die keine „komplexe Gesamtschau" möglich ist, stets sind dabei persönliche Qualitäten des Forschers im Spiel, die durch kein noch so ausgereiftes technisches Verfahren ersetzbar sind. Es sind zudem Qualitäten, die entweder gar nicht lehrbar sind, oder aber nicht als abstrakte Lehrsätze vermittelt werden können, sondern nur im unmittelbaren Umgang mit dem Gegenstand.

Eine Folge dieser Unmöglichkeit, den Erkenntnisprozeß in lehrbaren Verfahren festzuhalten, ist die Verantwortlichkeit des Forschers für seine Resultate. Da das Geschehen, über das er Aussagen zu machen hat, *nicht* einer vorgegebenen Ordnung folgt, kann er sich zu keinem Zeitpunkt seiner Arbeit auf invariante Gesetze des Geschehens berufen, in denen diese Ordnung entschlüsselt ist. Von der Erhebung der Tatsachen über den Einsatz des nomologischen Erfahrungswissens bei der Erfassung der Täterpersönlichkeit in ihren sozialen Bezügen bis zu den Schlußverfahren der kriminologischen Kausalanalyse ist er in einer Weise beteiligt, daß er für das Resultat *persönliche Verantwortung* trägt.

Hier werden Voraussetzungen von „Wirklichkeitswissenschaft" sichtbar, die sicher nicht zuletzt dazu beigetragen haben, daß in der Kriminologie und ihren Bezugswissenschaften sich eine andere Wissenschaftsauffassung durchsetzen konnte.

5. Zusammenfassung

Sieht man von den Besonderheiten ab, die sich aus dem Gegenstand der Kriminologie ergeben, so zeigt *Göppingers* Kriminologie eine weitgehende Wahlverwandtschaft zu *Max Webers* Programm einer Wirklichkeitswissenschaft. Dies gilt nicht nur für entscheidende Grundübersetzungen über das Wesen des menschlichen Handelns, sondern vor allem auch für die Sachforschungen *Göppingers,* die *ohne* Rücksicht auf methodologische Positionen durchgeführt sind und sich dennoch völlig zwanglos als beispielhaft für diese Art von Wissenschaft darstellen lassen.

Für *Göppingers* Kriminologie entscheidend ist seine Annahme einer „Wertentscheidung", die dem Verbrechen vorausgeht und die Kriminologie von der forensischen Psychiatrie abgrenzt. Daraus folgt für ihn die Unzulänglichkeit aller „unverstandenen" Regelmäßigkeiten von „Merkmalen" jeder Art und Kriminalität, wie sie sowohl die einseitigen Kriminalitätstheorien und entsprechende Forschungen, als auch die multifaktoriellen Vergleichsstudien als Ergebnisse vorweisen können. Umgekehrt verfällt er nicht den Gefahren des Subjektivismus, sei es der Unverbindlichkeit einzelner illustrativer Falldarstellungen mit entsprechender „Anempfindung" (s.o. IV, 3.1.) in der Darstellung, sei es auch der parteilichen Identifikation (s.o. II, 3. sowie V, 3.1.) und den entsprechenden praktischen (kriminalpolitischen) Forderungen.

Vielmehr stellen seine Idealtypen, am Material seiner eigenen großen Vergleichsuntersuchung gewonnen, ein Beispiel für die Überwindung der Alternative von „Sinnadäquanz und Erfahrungsprobe" dar, die der herkömmlichen Methodologie als unmöglich erscheint. Darin liegt die große Bedeutung dieser Untersuchung nicht nur für die Kriminologie, sondern für die Human- und Sozialwissenschaften insgesamt, soweit sie sich als Wissenschaften vom menschlichen Handeln verstehen.

Nur als Wirklichkeitswissenschaft kann die Kriminologie eine selbständige Disziplin sein, die „konstruktiv Neues" gegenüber den Einzelbeiträgen der Bezugswissenschaften zu leisten vermag. Bei einer Betrachtung des „Täters in seinen sozialen Bezügen" werden die Einzelbefunde der Bezugswissenschaften lediglich Voraussetzungen einer völlig neuen Ebene der Analyse. Erst dadurch werden sie ihrer Herkunft (und den Möglichkeiten des reinen Fachwissenschaftlers der betreffenden Disziplin) gegenüber verselbständigt und unter einem anderen Gesichtspunkt integriert.

VII. Die praktische Bedeutung einer kriminologischen Wirklichkeitswissenschaft

1. Werturteilsfreiheit als Bescheidung der Wissenschaft

Bekanntlich steht *Max Webers* programmatische Erklärung, Sozialwissenschaft als Wirklichkeitswissenschaft betreiben zu wollen, in unmittelbarem Zusammenhang mit einer Ablehnung des traditionellen Verständnisses von Wissenschaft und Praxis. Sie kommt in dem Bekenntnis zur Werturteilsfreiheit der empirischen Kulturwissenschaften und der Ausgliederung der „Deutschen Gesellschaft für Soziologie" aus dem „Verein für Sozialpolitik" zum Ausdruck. Die praktische Relevanz der Kulturwissenschaften, so kann in aller Kürze die damalige Position der sogenannten „Kathedersozialisten" wiedergegeben werden, bestehe darin, den Politikern die „richtige" Politik, insbesondere Sozialpolitik, wissenschaftlich darzulegen. Diese Ansicht hält *Weber* für unmöglich, da ihre Voraussetzung sich als unhaltbar herausgestellt habe: Eben die Vorstellung des 19. Jahrhunderts, daß die gesellschaftlichen Verhältnisse von sich aus eine natürliche Ordnung aufweisen, an der sich die Politik orientieren könne, sofern die Wissenschaften ihr die Gesetze dieser Ordnung entschlüsselten. Da es diese Ordnung nicht gebe, könne auch die Wissenschaft, so *Weber,* den „Sinn des Weltgeschehens" nicht entschlüsseln und entsprechend ist für *Weber* das menschliche Handeln eben nicht an einem objektiven Sinn des Weltgeschehens als „richtig" oder „falsch", „gut" und „böse" zu messen. Insofern könne es auch *die* richtige Politik gar nicht geben, da in den politischen Entscheidungsprozessen stets widerstreitende „letzte" Werte involviert sind, über deren „Wert" eine empirische Wissenschaft keine Aussage machen könne. Dies gelte auch für den „mittleren Weg", den noch *Schmoller* (1893) durch „objektive Werturteile" wissenschaftlich begründen zu können glaubte (WL 499; vgl. hierzu *Lindenlaub* 67). Für die Kriminologie bedeutet dies entsprechend, daß ihre praktische Relevanz nicht darin bestehen kann, die „Richtigkeit" dieser oder jener kriminalpolitischen Maßnahme oder — innerhalb bestehender Spielräume — richterlichen Entscheidung festzustellen bzw. als „berechtigt" zu legitimieren, weil sie das *gar nicht kann.*

Wenn etwa, um ein Beispiel zu nennen, völlig klar am Tage läge, daß eine an der „Schuld"strafe orientierte Strafrechtspraxis die Begehung von Straftaten, insbesondere von Rückfälligen, nicht oder unzureichend verhindert, so folgt daraus kriminalpolitisch noch gar nichts. Man kann nämlich den Standpunkt vertreten, daß ohne Ansehen des Täters allein der Tat „Recht" geschehen müsse. Man kann aber auch von einem sozial-utilitaristischen Standpunkt aus die Vermeidung von „Schaden" als oberstes Ziel ansetzen und die „Schutz"-strafe vertreten. Daß dieser im Grund andauernde Streit nicht durch die Wissenschaft entschieden werden kann, weil es sich um einen Wertkonflikt handelt, liegt auf der Hand. Weder ist empirisch zu beweisen, daß „Recht" geschehen *soll*, noch daß „Schaden" verhindert werden *soll*. Ebenso ist *wissenschaftlich* gar nichts zu der prognostischen Frage zu sagen, „ob *verantwortet* werden kann, zu erproben ...", weil auch dies stets nur von außerwissenschaftlichen Wertprämissen her zu entscheiden ist, an denen die entsprechenden Risiken gemessen werden. Das Postulat der Werturteilsfreiheit bringt also eine *Bescheidung* der Wissenschaft vor den praktischen Entscheidungen der Politik und Rechtspflege mit sich. Keinesfalls ist damit notwendig eine Annahme von der Art verbunden, die Rechtswissenschaft müsse eine reine Sollenswissenschaft bleiben, die empirischen Ergebnisse der Seinswissenschaften dagegen gingen sie prinzipiell nichts an. Nur wird mit dieser Ansicht behauptet, daß die Frage, ob und mit welchem Stellenwert empirisches Wissen in derartige Entscheidungsprozesse eingehen soll, selbst eine normative Frage ist, die die Kriminologie nicht aus ihren erfahrungswissenschaftlichen Sätzen ableiten kann.

Dies erfordert eine klare Grenzziehung zwischen Kriminologie und Strafrecht einerseits, zwischen Kriminologie und Kriminalpolitik andererseits. So könnten gerade bei der „Bildung neuer dogmatischer Regelungen ... die Erkenntnisse der Kriminologie nicht unmittelbar *ver*wertet werden, da sie ... erst *be*wertet ... werden müssen" (*Göppinger* 80, 16, Herv. M. B.; zur Abgrenzung von der Kriminalpolitik entsprechend 80, 18 f.).

2. Theorie und Praxis in den herrschenden Schulen der Kriminologie

2.1. Die latenten normativen Ansprüche „wertfreier" Wissenschaft

Trotz des gemeinsamen Bekenntnisses zum Postulat der Werturteilsfreiheit, das in dieser Allgemeinheit und als „Programm" wohl mit großer Zustimmung rechnen kann, ergibt sich bei den herrschenden Schulen der „empirischen" Kriminologie eine ganz andere Argumentationskette zu dieser Frage. In deren Wissenschaftsverständnis gibt es durchaus noch jene stillschweigende Annahme einer vorgegebenen Ordnung des Geschehens, die die Wissenschaft auf einem langen Weg kumulativer Forschung entschlüsseln könne. Und je ausschließlicher „wertfrei" im Sinn von voraussetzungslos sie dabei vorgehe (Trennung von Subjekt und Objekt als oberstes Postulat „empirischer" Methoden im Sinne von III, 2.3.), desto reiner verkörpere ihre Erkenntnis die objektive Sachlogik des Geschehens als solche. Gerade deshalb aber *sei* sie und *nur* sie in der Lage, einer politischen und strafrechtlichen Praxis, die sich als sachlich rational begreifen wolle, als Legitimitätsgrundlage zu dienen, sie mit der normativen Kraft des in der „Natur der Dinge" liegenden zu versehen.

Dabei ginge es am Kern der Sache vorbei, wollte man hierin nur eine affirmative Tendenz sehen. Die „Natur der Dinge", so wie sie die Wissenschaft auslegt, ist oft gerade nicht identisch mit der gegenwärtig bestehenden Praxis, die vielmehr hinter den Erfordernissen der „Natur der Dinge" zurückbleibt. Dadurch entstehen oft erst die „Probleme" einer Praxis, die „vernünftig" sein will. Nun schreibt etwa *R. König* im „Handbuch der empirischen Sozialforschung", dem Postulat der Werturteilsfreiheit liege selbst eine doppelte Wertentscheidung zugrunde:

„1. eine Wertentscheidung für die Regeln der sachgerichteten (?) Forschung, weil einzig durch eine solche Forschung die vorliegenden Probleme adäquat erkannt werden *können*, und zwar unabhängig von der Interessenverstrickung des individuellen Forschers und auch der zahllosen Verschleierungstendenzen der weltlichen Mächte; und 2. die Werterfahrung, daß es unerträgliche soziale Situationen gibt, in denen die menschliche Würde zugrunde zu gehen droht, und die darum adäquat erkannt werden *müssen*, da einzig auf diesem Wege die Möglichkeit angebahnt wird, diesen Verhältnissen durch geeignete Maßnahmen Abhilfe zu schaffen. *Die Entscheidung für eine rein theoretische* (in diesem Sinn wird sonst das Wort „wertfrei" verwendet, ähnlich wie oben „sachgerichtet", M.B.) *Ausgestaltung der Sozialforschung erfolgt also aus der Einsicht, daß nur so die Mittel einer wirksamen Praxis entdeckt werden können.* Diese Einsicht allein dürfte es unmöglich machen, die postulierte Werturteilsfreiheit der Sozialforschung als Ausdruck eines wirklichkeitsenthobenen Szientismus aufzufassen" (73, 15).

König erweckt hier den Anschein, als verstehe es sich von selbst, was denn „unerträgliche soziale Situationen" seien, die der „menschlichen Würde" entgegenstünden, als gebe es hier ein gleichsam naturrechtliches Einverständnis aller Einsichtigen und Gutwilligen. Dadurch scheint es so, als ob über die Ziele, nämlich Abhilfe bei unerträglichen Situationen, gar kein Dissens möglich sei und es daher nur um „Mittel einer wirksamen Praxis" gehe. Hier sei die Sozialforschung gefragt, da sie allein „adäquat" erkenne, was „geeignete" Maßnahmen sind. Damit werden jedoch die eigentlichen Probleme beiseite geschoben. So ist schon keineswegs eine spontane Übereinkunft über die Unerträglichkeit sozialer Situationen zu erzielen, vielmehr hat etwa *W. Brugger* gezeigt, inwiefern sich gerade sozialwissenschaftliche Kriterien dessen bemächtigen, was als der Inhalt von Menschenrechten anzusehen ist (*Brugger* 80).

Auch die für sehr unterschiedliche kriminalpolitische Programme gebrauchte Rechtfertigung einer zu erwartenden „Humanisierung" wäre hier zu nennen (s.o. II, 2.4.). Aber auch sonst, wo es nicht gleich um Abhilfe bei (gemessen an der Menschenwürde) unerträglichen Situationen geht, sondern ganz einfach um Lösungen von „Problemen", wirkt das, was die Wissenschaft aus ihrer angeblichen Kenntnis der „Natur der Dinge" heraus über „wirksame", „geeignete" Mittel zu sagen hat, explizit oder implizit, gewollt oder ungewollt, auf das zurück, was überhaupt als der „sachliche" Kern des Problems anzusehen sei und welche Lösungen überhaupt als „sinnvoll" und „vernünftig" angestrebt werden können. Damit liefert sie aber der Praxis nicht einfach nur die Kenntnis der Mittel, sondern greift selbst unmittelbar in die zentralen normativen Vorgaben der Praxis ein. Dies geschieht in dem Maß, wie eine Praxis unter dem Zwang zur Rationalität und Effektivität steht und die Sozialforschung glaubhaft machen kann, nur „rein theoretisch", nur „sachgerichtet" die „Natur der Dinge" auszulegen.

2.2. Ein kriminologisches Beispiel: Resozialisierung als Vollzugsziel

Wie man sich das vorzustellen hat, mag wiederum ein Beispiel von *K. D. Opp* zeigen. Bei einer Diskussion von „Vollzugszielen" (*Opp* 79) beginnt er mit der Feststellung, daß man über Mißstände, Verbesserungen oder Wirksamkeit des Strafvollzugs nicht reden könne, ohne sich über die zugrundeliegenden Vollzugs*ziele* klar zu sein. Daran läßt sich nichts aussetzen. Es ist die alte Sache, daß bei *vorgegebenen* Zielen die Wissenschaft (eventuell) sehr wohl über Mittel, Kosten, Folgen und Nebenfolgen Aussagen machen kann (bis sie auf die jeweils nächsten Wertkonflikte stößt).

Zunächst ist denn auch noch ausdrücklich davon die Rede, man wolle die „Wirksamkeit *bestehender* Institutionen untersuchen ... Unser Projekt ist so konzipiert, daß sich Hinweise für eine wirksamere Gestaltung des Vollzugs ergeben können. Da Vollzugsanstalten noch in absehbarer Zeit existieren werden, halten wir es für sinnvoll, diese Anstalten so einzurichten, daß die akzeptierten Ziele (hier doch wohl: von der Praxis im Vollzug akzeptiert, M.B.) möglichst erreicht werden" (79, 15).

Diese Ebene verläßt *Opp* aber alsbald und schreitet zu allgemeinen „Kriterien für die Formulierung und Akzeptierung von Vollzugszielen" (79, 16) fort, wobei es völlig unklar bleibt, um wessen „Formulierung" oder „Akzeptierung" es sich handelt, nämlich der Wissenschaft oder der Praxis, will er sich doch „generell (?) mit Problemen der Formulierung und Akzeptierung von Vollzugszielen befassen" (ebenda). Vollzugsziele müßten „präzise" formuliert sein, fordert nun *Opp*, und mißt daran das Vollzugsziel „Fähigkeit, künftig in sozialer Verantwortung ein Leben ohne Straftaten zu führen". Die Antwort *Opps* lautet, dieses Ziel sei eine „Leerformel", denn es könne „nicht überprüft werden, ob z.B. relativ häufige Außenkontakte, relativ geringe Haftdeprivationen usw. (also gerade diejenigen Indikatoren, die *Opp* im Verlauf seines Projektes verwenden wird, M.B.) zur Erreichung dieses Zieles beitragen" (79, 16). Die *Überprüfbarkeit* entscheidet über den „Sinn", wenn nicht gar über die Existenzmöglichkeit eines Zieles, denn als „Leerformel" ist es gemäß neupositivistischer Orthodoxie eigentlich nicht-existent, metaphysisch.

2. Theorie und Praxis in den herrschenden Schulen der Kriminologie 127

Doch damit nicht genug. Wenn die „Fähigkeit zur Verantwortung" meßbar wäre (und dadurch wieder erschaffen würde) und sich herausstellen sollte, daß sie durch den Vollzug *nicht* realisiert werden könne (auch nicht graduell), kann dieses Ziel ebenfalls nicht „sinnvoll" sein. Mit dem Appell an das Einverständnis der Einsichtigen und Gutwilligen formuliert *Opp:* „Ein derartiges Ziel, das nicht realisierbar ist, wird man nicht als sinnvoll betrachten" (79, 17). Die *Machbarkeit* wird hier zum nächsten Kriterium eines Vollzugszieles. Aber sind nicht gerade Ziele, die *ohne Rücksicht* auf die Machbarkeit *um ihrer selbst willen* verfolgt werden, in der Praxis (und der Geschichte) stets am wirkungsvollsten gewesen bzw. haben die größten Veränderungen herbeigeführt? Dafür muß freilich eine Wissenschaft blind sein, die zwischen Wünschen und Werten nicht zu unterscheiden vermag (s.o. III, 3.2. und 3.3.).

Diese und weitere Überlegungen führen *Opp* zum „Resozialisierungsziel" als dem Gegenstand seines Projekts. Man wird nun vollends verblüfft sein zu hören, daß es nun plötzlich, ganz betont, „nicht darum (ging), bestimmte Ziele bei den Anstalten zu *ermitteln* und festzustellen, inwieweit diese realisiert sind. Von der Forschungsgruppe wurde vielmehr eine Entscheidung (sic!) der Art getroffen, daß ein bestimmtes Ziel realisiert werden *soll*, d.h. es wurde ein bestimmtes Werturteil akzeptiert" (79, 19). Wie verhält sich diese überraschende Kehrtwendung zu dem vorgenannten Ziel des Projekts, die Wirksamkeit *bestehender* Institutionen zu untersuchen? Oder soll denn die Wirksamkeit des Vollzugs in bestehenden Anstalten an einem Ziel gemessen werden, das diese gar nicht „akzeptieren"? Kann man bei der von *Opp* selbst herausgestellten Abhängigkeit aller Bewertungen vom jeweiligen Ziel „Hinweise für eine wirksamere Gestaltung des Vollzugs" in Aussicht stellen, wenn man den Ist-Zustand an einem nicht bestehenden, weil nicht „akzeptierten" Ziel mißt? Offenbar doch nicht. Die Widersprüche lösen sich nur auf, wenn man die Ansicht unterstellt, das Resozialisierungsziel sei, weil machbar und meßbar, für Wissenschaft und Praxis gleichermaßen „sinnvoll" und deshalb sei eben eine „wirksame Gestaltung" gleichbedeutend mit einer „Akzeptierung" des Resozialisierungszieles und der aus ihm folgenden praktischen Anweisungen; nebenbei genau eine „Manipulation" der Variablen, die in *Opps* Projekt über allgemeine statistische Regelmäßigkeiten mit der Realisierung dieses Zieles zusammenhängen. Daß die „soziale Verantwortung", die bei der Definition der Ziele unter den Bann kam, nun auch bei den praktischen Folgerungen fehlen muß, ist eine notwendige Konsequenz. Wie einfach alles wäre, wenn *Opp* mit seiner Reduzierung der Wirklichkeit auf das Machbare und Meßbare recht hätte, bringt denn auch der Rezensent zum Ausdruck, der von einem „Opparadies ohne Schlange" spricht (*Klausa* 80, 401). Dies nur als ein Beispiel für den Zusammenhang von Reifizierung der Methode und „sinnvoller" Praxis bei diesem Wissenschaftsverständnis.

2.3. Ähnliche Argumente bei der „neuen" Kriminalsoziologie

Der Vollständigkeit halber und um Fehldeutungen zu vermeiden muß noch angefügt werden, daß die Werturteilsfreiheit, so wie *Max Weber* sie versteht, auch von jenen ganz anderen Positionen aus abgelehnt wird, für die wieder der Beitrag von *Sack* stehen mag. Das eben beschriebene Verhältnis von Wissenschaft und Praxis in den ätiologischen Schulen ist zwar für *Sack* eine „Anbindung der Kriminologie an Verwertungsauflagen seitens der Praxis" (*Sack* 78, 225; zum Vorwurf der „Praxisunterwerfung" s.o. IV, 3.3.1.). Aber *Sack* kritisiert gar nicht das direkte Umsetzungsverhältnis von Wissenschaft und Praxis, sondern nur, daß es sich auf die herrschende Praxis als die Praxis der Herrschenden beziehe: „Nicht das Bedürfnis und der Anspruch, Befunde und Wissen zu produzieren, die auch Anwendung und Umstzung in praktisches, außerwissenschaftliches Handeln anstreben und möglich machen, sind zu kritisieren, sondern die Besonderheiten der Austauschbeziehungen zwischen Kriminologie und Praxis, auf die sich erstere eingelassen hat" (80, 222). Eine andere Theorie hat natürlich auch eine andere praktische Anwendung (etwa: Entkriminalisierung). Entscheidend für *diesen* Zusammenhang bleibt: auch für *Sack* ist, wie für den von ihm gescholtenen „Positivismus, Praxisrelevanz die direkte Umsetzung einer als „sachlich richtig" angesehenen allgemeinen (soziologischen) Theorie über die Ursachen des Verbrechens in politisches Handeln, das sich dadurch angeblich als „sinnvoll", „vernünftig" und „rational" legitimieren kann.

Dieselbe Argumentation findet sich auch in den oben (II, 3.2.) erwähnten „kritischen Anmerkungen" von *Blankenburg, Kaupen, Lautmann* und *Rotter* (72), die sich einerseits dagegen verwahren, daß bei Studien zur Effektivität des Rechts Herrschaftswissen produziert wird, andererseits werden jedoch ganz unverblümt programmatische Forderungen nach „sozialen Veränderungen durch Recht" (72, 602) erhoben; auf der Grundlage „empirischer" Daten natürlich, wäre zu ergänzen. Hier und bei *Sack* wird also die Wertfreiheit noch verbal in Anspruch genommen, um die eigene Position vom „Herrschaftswissen" zu distanzieren, da sich die normzentrierte Kriminologie angeblich keine „Denk-, Frage- und Forschungsverbote" (*Sack* 78, 223) von der Praxis der Herrschenden diktieren lasse. Auf diese Weise erscheinen die eigenen kriminalpolitischen Forderungen in einer Aura objektiver wissenschaftlicher Begründbarkeit.

In jeder streng marxistischen Kriminologie schließlich wird die Wertfreiheit ausdrücklich durch die Parteilichkeit ersetzt (zu der hierbei prätendierten Einheit von Objektivität und Parteilichkeit sowie von Theorie und Praxis, die sich aus den grundlegenden Prämissen des Marxismus-Leninismus ergibt, vgl. im einzelnen *Brugger* 80, 121 ff.).

3. Die (Kultur-)Bedeutung einer kriminologischen Wirklichkeitswissenschaft

Worin besteht nun aber die praktische Bedeutung einer Wissenschaft, bei der die unmittelbare „Umsetzung" nicht möglich ist? Erkenntnis von Mitteln, Kosten, Folgen und Nebenfolgen bei *gegebenen* Zwecken oder Zielen lautet bei *Max Weber zunächst* die Antwort.

Zunächst deshalb, weil diese Antwort zwar richtig, aber doch vordergründig ist. Wäre das die äußerste Leistung einer solchen Kriminologie, so würden die alten und neuen Vorwürfe treffen, die gegen die Werturteilsfreiheit vorgebracht wurden: *Ethische Indifferenz* durch eine rein immanente Rationalisierung beliebiger Ziele, und, anders gewendet, Überantwortung der Praxis an einen *blinden Dezisionismus* bezüglich ihrer Ziele. Daß diese Vorwürfe nicht treffen, hängt mit zwei entscheidenden *zusätzlichen Vorgaben* zusammen: Zum einen mit der Eigenart der modernen Kultur, daß ihr im Verlauf des weltgeschichtlichen „Entzauberungsprozesses", wie *Max Weber* sich ausdrückt, das Bewußtsein abhanden gekommen ist, daß alle „Handlungen" in letzter Konsequenz *Entscheidungen* für bestimmte und gegen andere „letzte" Werte darstellen. Insofern sind keinesfalls die Zwecke als „gegeben" anzusehen, es bedarf vielmehr der Wissenschaft, sie den Handelnden *überhaupt zum Bewußtsein zu bringen* und in ihrer Bedeutung vor Augen zu führen. Zum anderen — und damit schließt sich der Kreis im Hinblick auf die anthropologischen und weltanschaulichen Implikationen einer Wirklichkeitswissenschaft — die Überzeugung, daß zwischen diesen „letzten" Werten *keine* Harmonisierung möglich ist und deshalb dem Menschen als Kulturwesen die Aufgabe zufalle, „zum Leben Stellung zu nehmen". An dieser entscheidenden Stelle soll noch einmal ausführlich *Max Weber* zu Wort kommen:

„Das Verflachende des ‚Alltags' in diesem eigentlichsten Sinn des Wortes besteht ja gerade darin: daß der in ihm dahinlebende Mensch sich dieser teils psychologisch, teils pragmatisch bedingten Vermengung todfeindlicher Werte nicht bewußt wird und vor allem: auch gar nicht bewußt werden will, daß er sich vielmehr der Wahl zwischen ‚Gott' und ‚Teufel' und der eigenen letzten Entscheidung darüber: welcher der kollidierenden Werte von dem Einen und welcher von dem Andern regiert werde, entzieht. Die aller menschlichen Bequemlichkeit unwillkommene, aber unvermeidliche Frucht vom Baum der Erkenntnis ist gar keine andere als eben die: um jene Gegensätze wissen und also sehen müssen, daß jede einzelne wichtige Handlung und daß vollends das Leben als Ganzes, wenn es nicht wie ein Naturereignis dahingleiten, sondern bewußt geführt werden soll, eine Kette letzter Entscheidungen bedeutet, durch welche die Seele, wie bei Platon, ihr eigenes Schicksal: – den Sinn ihres Tuns und Seins heißt das – wählt. Wohl das gröblichste Mißverständnis, welches den Absichten der Vertreter der Wertkollision gelegentlich immer wieder zuteil geworden ist, enthält daher die Deutung dieser Standpunkte als ‚Relativismus', – als einer Lebensanschauung also, die gerade auf der radikal entgegengesetzten Ansicht vom Verhältnis der Wertsphären zueinander beruht" (WL 507/8).

Werturteilsfreiheit bedeutet, gleich weit entfernt von einer Unterwerfung unter die Praxis und einem Plädoyer für Beliebigkeit oder Parteilichkeit, die

Versagung der Möglichkeit, die „Stellungnahmen" des politischen (und forensischen) Handelns *zu umgehen* unter Berufung auf das angeblich „in der Natur der Dinge liegende", das „sachlich", „vernünftig" Gebotene, wie es bei der „Umsetzung" bzw. „Anwendung" von Wissenschaft üblich ist. „Rein" sachlich und „nur" vernünftig ist *keine* Entscheidung. Sie kann es immer nur im Hinblick auf „Werte" oder „Ziele" sein, die selbst nicht wissenschaftlich als „gültig" erwiesen werden können. Dieses Problem unter Berufung auf die Wissenschaft abzuschieben, ist eine heute geläufige Form der „Verflachung des Alltags".

Gegen diese Art von „Verflachung des Alltags" wendet sich eine Wirklichkeitswissenschaft. Sie fordert dem Handelnden ab, „sich selbst Rechenschaft zu geben über den letzten Sinn seines eigenen Tuns" (WL 608). Dies mag nun gerade für den Alltag der Strafrechtspflege als eine unangemessen pathetische Ausdrucksweise erscheinen. Doch kommt in ihr zum Ausdruck, daß jede Einzelentscheidung auch in diesem Bereich im Dienst von bestimmten letzten Werten und Zielen steht und damit auch eine Entscheidung gegen andere bedeutet, ganz unabhängig davon, ob der Einzelne tatsächlich einen Spielraum hat, sich „frei" zu entscheiden, oder ob ihm sein Tun durch institutionelle Regeln vorgeschrieben ist. Und dies gilt vornehmlich bei den angeblichen Notwendigkeiten einer „rationalen" und „effektiven" Verbrechensbekämpfung oder sonstigen angeblich an bloßen Nützlichkeitserwägungen orientierten Maßnahmen.

Statt Unterwerfung unter die Praxis *zwingt* also eine kriminologische Wirklichkeitswissenschaft den Handelnden, seine „Handlungen" *ganz bewußt als Entscheidungen vor sich zu bringen* und d.h. eben auch: Verantwortung dafür übernehmen. Bei der unmittelbaren „Umsetzung" wissenschaftlicher Erkenntnis in der Gesetzgebung oder vor Gericht kann er dagegen die Verantwortung an das angeblich objektiv „Notwendige", „Vernünftige" oder „sachlich" Gebotene abgeben, das die entsprechende Wissenschaft auslegt.

Mit dieser Maßgabe einer besonderen Art der Bedeutung für das praktische Handeln bleibt für eine „Angewandte Kriminologie" (*Göppinger* 80, 91 f.) ein breites Betätigungsfeld. Es bleibt hierbei jedoch zu bedenken, daß in dem Maß, wie sich die Kriminologie von der Erfassung des Täters in seinen sozialen Bezügen entfernt und sich eher kriminalpolitischen Fragen zuwendet, sie als besondere Disziplin im Grunde entbehrlich wird (s.o. VI, 2.4.). So sieht etwa auch *Göppinger* „spezifisch kriminologische Untersuchungs- und Beurteilungsmöglichkeiten für die ... (Jugend-)Gerichtshilfe und die Bewährungshilfe ebenso ... wie für die Rechtsprechung und den Vollzug" (80, 92), dagegen liege bei *Kaiser* ein an kriminalpolitischen Interessen orientiertes und insofern „völlig anderes Verständnis von angewandter Kriminologie" vor (ebenda).

4. Zusammenfassung

Zu einer kriminologischen Wirklichkeitswissenschaft gehört das Postulat der Werturteilsfreiheit. Dieses wird in den anderen kriminologischen Schulen teils von vornherein abgelehnt, teils steht es in der Gefahr, durch die faktischen Verhältnisse in Wissenschaft und Praxis unterlaufen zu werden, auch wo es formell in Geltung steht. Der Druck zur Rationalität auf seiten der Praxis des politischen und forensischen Handelns, das Versprechen auf reine Erkenntnis der „Natur der Dinge" auf seiten der Wissenschaft führen zu Grenzüberschreitungen, bei denen empirische Aussagen normativ wirksam werden und sei es nur dadurch, daß ihnen die Kriterien überhaupt möglicher Probleme und Lösungen entnommen werden. „Eine Verletzung dieses Prinzips (der Werturteilsfreiheit, M.B.) ist (insofern) die weitverbreitete Meinung, gerade die aus der ‚Wertfreiheit' des wissenschaftlichen Vorgehens resultierende ‚Objektivität' der Wissenschaft erlaube es, aus ihr auch ‚richtige' Entscheidungen zu deduzieren" (*Göppinger* 80, 97).

In der Bereitstellung von Wissen über Mittel, Kosten und Folgen von praktischen Entscheidungen unterscheidet sich eine Wirklichkeitswissenschaft prinzipiell nicht von anderen Schulen, wenn man ihre — hier allerdings prätendierte — höhere Sachangemessenheit einmal beiseite läßt. Darüber hinaus hat sie jedoch eine praktische (Kultur-)Bedeutung grundsätzlicher Art, indem sie das Handeln als Verwirklichung von Werten zu sehen zwingt, für die Verantwortung besteht, die nicht unter Berufung auf sachliche Notwendigkeiten umgangen werden kann.

VIII. Schluß

Der Unterschied einer Wirklichkeitswissenschaft zu dem herkömmlichen „gesetzeswissenschaftlichen" Verständnis zeigt sich auf allen Ebenen: methodologisch, was die sachlichen Aussagen betrifft, bezüglich der letzten Werte und Ziele, die mit der Wissenschaft verbunden werden und in der besonderen Art, für die Praxis bedeutsam zu werden.

Als durchgehende Grundlage des gesetzeswissenschaftlichen Verständnisses erwies sich die Annahme, der Gegenstandsbereich habe eine vorgegebene Ordnung und Wissenschaft sei Erkenntnis bzw. Auslegung dieser Ordnung. Wie die Natur und die Gesellschaft, als deren Teil das Verbrechen zu begreifen sei, weise es eine nach wie auch immer logisch zu definierenden und empirisch zu fassenden Gesetzen geordnete feste Struktur auf. Freilich ist diese Annahme heute nicht mehr mit ihren ehemaligen offen metaphysischen Konnotationen verbunden.

Auch die säkularen Hoffnungen auf Fortschritt und Perfektion der Menschheit, wie sie noch das Pathos der positivistischen Schule ausmachten, treten eher am Rande in Erscheinung, so daß der Eindruck entsteht, mindestens im normalen Betrieb der Wissenschaft spielten sie keine Rolle. Der eingeschränkte Wahrheitsbegriff der pragmatistischen Philosophie, der Rückzug auf das Falsifikationsprinzip in der neupositivistischen Wissenschaftstheorie und der Rückzug auf ein probabilistisches Verständnis empirischer Gültigkeit in der sozialwissenschaftlichen Methodologie finden sich hier zusammen.

Trotz dieser Einschränkungen, die es übrigens erlauben, noch jeden Mißerfolg der Wissenschaft als Fortschritt zu verbuchen, blieb jedoch das alte Grundmodell erhalten. Nur unter der Voraussetzung einer feststehenden, begrenzten, in sich abgeschlossenen Struktur des Gegenstandes ist die Annahme plausibel, in dem Wechselspiel von Theorie und empirischer Überprüfung vollziehe sich ein kumulativer Erkenntnisprozeß, der in einer sowohl allgemeinen (vollständigen) wie auch wahren Theorie sein Ende findet. Und nur unter der Annahme, daß auch bezüglich des Verbrechens die Menschheit zu ihrem Wesen kommt, wenn man die biologische und psychische Natur des Menschen sowie die Natur seiner sozialen Verhältnisse, von der Kriminologie ausgelegt, zur Grundlage der Einrichtungen der Strafrechtspflege und flankierender Maßnahmen der Sozialpolitik macht, wird jene stille Aufwertung empirischer Aussagen zu normativen Prämissen in ihrer Bedeutung verständlich.

Demgegenüber sind die methodologischen Differenzen innerhalb der „empirischen" Kriminologie sekundärer Art. Ob man *zunächst* mit dem „offenen" Verfahren des multifaktoriellen Ansatzes beginnt, ob man *im Vorgriff* auf spätere Erkenntnis ein Wissen anstrebt, das (angeblich) den Erfordernissen der Praxis genügt, dies sind im wesentlichen nur Alternativen in der Forschungs*strategie*. Schwerer wiegt zwar der Unterschied zwischen der Annahme, „letztlich" lasse sich das Verbrechen kausal auf die Tatbestände („Seinsordnung") einer einzelnen Bezugswissenschaft zurückführen und der Annahme der Vielschichtigkeit der Verbrechenswirklichkeit. Doch gerade auch der Versuch, diesem Umstand durch *Additions*verfahren Rechnung zu tragen, wie es überwiegend bei den multifaktoriellen Untersuchungen der Fall ist, zeigt ebenso wie der Glaube an eine „Erkenntnis*sammlung*", der in verschiedenen Varianten der Idee einer interdisziplinären Kriminologie oder einer clearing-Zentrale zugrundeliegt, deutlich seine Herkunft aus der Annahme, Stück für Stück lasse sich von gleichwohl verstreuten Orten, jedoch aus *feststehenden* Teilen das Gesamtbild des Verbrechens zusammentragen.

Das Scheitern der „empirischen" Kriminologie, ihre Selbständigkeit als Wissenschaftsdisziplin durch die Besonderheit einer spezifisch kriminologischen Erkenntnis zu begründen, ist eine Folge dieses Grundverständnisses. Erkenntnisfortschritt auf dem Gebiet des Verbrechens wird hier allein von der Optimierung von Umfang und/oder — je nach Standort — Koordination von Einzelforschungen gesehen, die in den Bezugswissenschaften stattfinden. Daß diese selbst unter der stillschweigenden Voraussetzung arbeiten, einst die gesamte Lebenswirklichkeit des Menschen durchmessen zu haben, sei nur erwähnt um noch einmal darauf hinzuweisen, daß die Kriminologie hier nicht von der Lage der Human- und Sozialwissenschaften insgesamt isoliert gesehen werden darf, auch im Hinblick auf die gesamte äußere Organisation des Wissenschaftsbetriebes.

Umgekehrt ergibt sich bei einem wirklichkeitswissenschaftlichen Vorgehen, wie es bisher nur in der „Erfassung des Täters in seinen sozialen Bezügen" erprobt wurde, die Selbständigkeit einer spezifisch kriminologischen Erkenntnis aus einem unmittelbaren Eingehen auf den Gegenstand, das nicht durch theoretische oder methodische Vorannahmen verstellt ist. So ist die Erkenntnis, die, bei diesem Vorgehen erzielt wurde, *gleichzeitig* ein Schritt im Hinblick auf die Lösung der sachlichen Probleme der Kriminologie und im Hinblick auf die Begründung ihres Selbständigkeitsanspruchs.

Doch es geht ja letztlich nicht um die akademische Frage nach der Selbständigkeit der Kriminologie. Es geht auch nicht *nur* um die im Wortsinn „sachliche" Frage, in welcher Gestalt die Kriminologie ihrem *Gegenstand* gerecht wird. Es geht letzten Endes auch um die Frage, in welcher Gestalt sie die *individuelle und soziale Lebenswirklichkeit selbst* verändert und inwiefern ihre sachlichen Ergebnisse tragfähig sind, der damit verbundenen Verantwortung gerecht zu werden. Hierbei zeigt sich nun, daß die — den einzelnen methodologischen Prämissen vorgelagerte — Grundannahme einer vorgegebenen Ordnung sich nicht nur wissenschaftlich, sondern auch im Hinblick auf die sozialen Folgen der Kriminologie fatal auswirkt. Sie verhindert die Einsicht in die Tatsache, daß sozialwissenschaftliche Erkenntnis ihren Gegenstand selbst wieder verändert, und zwar in einer *jeweils* nicht vorhersehbaren, oft paradoxen Weise. Ihre eigenen Wirkungen können der (gesetzeswissenschaftlichen) Kriminologie jeweils gar nicht präsent sein und dadurch erhält sie sich die Illusion, daß immer mehr Erkenntnis zu immer mehr Wissen führe, bis eines Tages das Nichtwissen ausgeschöpft sei. In Wirklichkeit produziert sie selbst neue Verhaltensweisen und Bewußtseinsformen, Reaktionen und Unsicherheiten sowie Rationalisierungs- und Dikreditierungschancen. Sie verändert Normen und Einstellungen, urteilt über Sinn und Zweck von Urteilen, Strafzwecken, Behandlungsformen. Überall greift sie in die bestehenden Deutungen und Rechtfertigungen der Handelnden ein, indem sie mit der Autorität der Wissenschaft das angeblich Sachliche, Zweckmäßige, Vernünftige, in der Natur der Dinge Liegende, das sie aus einer vermeintlich vorgegebenen Ordnung ableitet, dem faktisch Gegebenen gegenüberstellt. Sie tut das ganz unwillkürlich, denn bei Wissenschaften ihrer Art kann man nicht Erkenntnisse produzieren und publizieren und sich dann hinterher fragen, ob man sie nun in der Praxis „anwenden" wolle oder nicht. Während sich allein durch die Kenntnis der Naturgesetze die Natur noch nicht verändert, stellt sozialwissenschaftliches und kriminologisches Wissen schon selbst seine „Anwendung" dar. Straffällige, Polizisten und Richter *sind anders geworden,* seit es Kriminologie gibt, deren Wissen durch die Medien zu einem festen Bestandteil der öffentlichen Meinung geworden ist. *Exners* Mahnung an die Kriminologie, die sozialethischen Anschauungen einer Epoche zu berücksichtigen, bekommt hier ein zusätzliches Gewicht (*Exner* 39, 116 ff.).

Hiermit ist das grundsätzliche Problem unvorhergesehener und ungewollter Folgen der Wissenschaft bzw. ihrer Anwendung angesprochen. Auf dem Gebiet der Naturwissenschaften ist es inzwischen klar ins öffentliche Bewußtsein getreten, insbesondere als Furcht vor den zerstörenden Kräften, die dieses Wissen freisetzt. Im Bereich der Human- und Sozialwissenschaften stellt sich dieses Problem jedoch in ganz ähnlicher Schärfe. Einerseits sind — und zwar stets und unvermeidlich — elementare „Tatsachen" betroffen wie etwa das Bewußtsein der Menschen über Verbrechen und Recht und damit die Grundlage der moralischen Ordnung unserer Gesellschaft. Auf der anderen Seite kann man nicht allein durch Entschluß Veränderungen dieser Art rückgängig machen. Aus dem Bewußtsein ungewollter negativer Folgen für die persönliche Identität kann man nicht die Säkularisierung, die Entzauberung der Welt rückgängig machen und wieder den seither so genannten Köhlerglauben einführen. Dasselbe gilt mutatis mutandis für die kriminologische Aufklärung, über die

Normalität des Verbrechens etwa sowie über die „eigentlichen" Ursachen, die es herbeiführen.

Mit der Thematik der vorliegenden Arbeit hat das insofern zu tun, als die Human- und Sozialwissenschaften insgesamt, aber auch die Kriminologie, besonders in ihrer Gestalt als *Gesetzeswissenschaft* dazu neigen, jene teils gewollten, teils ungewollten Veränderungen zu bewirken. Eine Gesetzeswissenschaft legt ihre ständige „Anwendung" bei den Problemen der „praktischen Gesellschaftsgestaltung" nahe, denn welches Problem wäre nicht ein Erklärungs-, Prognose-, Maßnahme-, Deskriptions- oder Wertproblem, für deren Lösungen eine Gesetzeswissenschaft angeblich bestens gerüstet ist? Sie vor allem bewirkt, daß im Bewußtsein der handelnden Menschen die — despektierlich so genannten — „Alltagstheorien" (z.B. über „Werte" und „Verantwortung") dem wissenschaftlichen Wissen (z.B. über „Wünsche" und „institutionelle Hilfen") das Feld räumen. Der zentrale Mangel all der „empirischen" kriminologischen Schulen war ja gerade ihre Unfähigkeit, zwischen möglichen Ursachen und konkreten Handlungen die (objektiven) Sinn- und (subjektiven) Deutungs- und Bewertungszusammenhänge deutlich zu machen. Als Kehrseite dieses Mangels wird alles, was die Betroffenen selbst aus unmittelbarer Erfahrung über Verbrechen, Recht usw. glauben, denken und fühlen dadurch entwertet, daß es entweder als subjektiv, wertverdächtig, falsch angesehen, oder zur „Funktion" der angeblich eigentlich objektiven Realität jener Ursachen gemacht wird, mit denen die Kriminalitätstheorien das Verbrechen in kausale Verbindung setzen: Sozialstruktur, Intelligenz, Vitaminmangel oder Ähnliches. Allenfalls als Wünsche und Einstellungen fristen sie ein Schattendasein in einer Form, die sich den wissenschaftlichen Verfahren fügt. In einer Zeit, in der zumindest alles, was öffentlich geschieht, am Kriterium einer wissenschaftlich definierten Rationalität gemessen wird, zerfallen die „vorwissenschaftlichen" Alltagstheorien der Handelnden zusehends. Nicht zufällig beschließt auch *Opp* sein Kapitel über die Relevanz sozialwissenschaftlicher Methodologie (in seinem Sinne) mit dem Satz: „Es ist nicht übertrieben zu behaupten, daß die meisten Politiker (oder auch Vertreter der Exekutive oder der Kirchen) der Lächerlichkeit preisgegeben würden, wenn methodologische Ergebnisse weit verbreitet wären — aber dann gäbe es auch keine Politiker mehr, die diese Ergebnisse nicht kennen und anwenden würden" (76, 22/23).

Solche Sätze sind schnell gesagt. Was aber, wenn zwar Politiker, Verwaltungsbeamte und Kirchenmänner mit antiquierten Vorstellungen der Lächerlichkeit preisgegeben werden, jedoch das Wissen, das *Opp* als bessere Alternative anbietet, bei der „praktischen Gesellschaftsgestaltung" *nicht* trägt bzw. ungewollte und paradoxe Folgen zeitigt? Wie auch immer man diese Frage beantworten mag, eine kriminologische Wirklichkeitswissenschaft ist hier jedenfalls behutsamer. Auch sie bewirkt in der ihr eigenen Weise „Veränderungen", ist also weder folgenlos noch praktisch irrelevant (vgl. hierzu o. VII.). Da sie aber nicht eine vorgegebene Ordnung der Wirklichkeit auslegt, *umgeht* sie auf keiner Ebene die Bedeutungs- und Bewertungszusammenhänge der Handelnden selbst: weder bei der Frage nach der kausalen Bedingtheit des (jeweiligen) Verbrechens, noch bei der Frage nach ihrer eigenen Aufgabe und Stellung in der Gesellschaft. Insofern ist die Kriminologie in dieser Gestalt eher in der Lage, ihre eigenen Grenzen zu bestimmen, statt leichtfertig Überzeugungen und Institutionen der Lächerlichkeit preiszugeben, ohne sicher zu sein, auch Ersatz bieten zu können. Auch auf dieser Ebene trägt der Wissenschaftler Verantwortung.

In einem kürzlich gehaltenen Vortrag macht *Tenbruck* (81 b) die Blindheit der Wissenschaft gegenüber ihren stillschweigenden Annahmen, insbesondere ihren jeweiligen „Vorgriffen auf den Gegenstand" für ihre heutige Lage verantworlich, die er so schildert:

„Trotz aller Vorsicht und Kontrolle wird mehr Erkenntnis mehr Nebenfolgen, also mehr Nöte und Zwänge bringen. Und es geht ja nicht bloß um die praktischen Folgen der Wissenschaft; wir leiden doch auch an dem Widersinn, daß die Vernunft, mit der wir unser Leben führen sollen, sich, zur Wissenschaft gesteigert, gegen dieses Leben kehrt. Ist Erkenntnis noch vernünftig, wenn sie unsere Vernunft und Erfahrung enteignet; wenn sie unbeherrschbare Prozesse in Gang setzt; wenn wir unsere Wirklichkeit in ihr nicht wiedererkennen können; wenn sie uns nur Fakten und Techniken, aber keine Orientierung liefert; wenn sie uns so dem Zufall unseres Beliebens ausliefert?" (81 b, 90)

Wissenschaft, so führt er *Max Weber* folgend weiter aus, sei immer Erkenntnis von etwas wissens*wertem,* sie sei Betrachtung der Wirklichkeit unter ausgesuchten Gesichtspunkten, die jeweils als richtig gelten und angesichts dieser, von der herkömmlichen Geschichte der Wissenschaft verdrängten Tatsache stelle sich heute wie damals unausweichlich die Frage nach einer *anderen Wissenschaft.* Freilich, „ob etwas wissenswert ist oder nicht, läßt sich ... wissenschaftlich nicht beweisen; es ist eine Wertfrage" (81 b, 93). Aber jedenfalls *ist* eine kriminologische Wirklichkeitswissenschaft eine andere Wissenschaft.

Literaturverzeichnis

Adorno, Theodor W.: Soziologie und empirische Forschung; in: Aufsätze zur Gesellschaftstheorie und Methodologie; Frankfurt a.M. 1970, S. 86–107, zuerst 1957.

Albert, Hans: Probleme der Wissenschaftslehre in der Sozialforschung, in: *König*, René (Hrsg.): Handbuch der empirischen Sozialforschung Band I; Stuttgart 1973, S. 57–102.

Ancel, Marc: Die neue Sozialverteidigung (La Défense Sociale Nouvelle). Eine Bewegung humanistischer Kriminalpolitik; Stuttgart 1970, zuerst 1956.

Baumann, Jürgen: Strafrecht Allgemeiner Teil; 8. Aufl.; Bielefeld 1977.

Blankenburg, E., W. *Kaupen*, R. *Lautmann*, F. *Rotter:* Kritische Anmerkungen zur rechtssoziologischen Forschung und Argumentation; in: *Rehbinder*, M., H. *Schelsky* (Hrsg.): Jahrbuch für Rechtssoziologie und Rechtstheorie, Band 3: Zur Effektivität des Rechts; Düsseldorf 1972, S. 600–603.

Bock, M.: Soziologie als Grundlage des Wirklichkeitsverständnisses. Zur Entstehung des modernen Weltbildes; Stuttgart 1980.

– Naturrecht und Positivismus im Strafrecht zur Zeit des Nationalsozialismus; erscheint in: Zeitschrift für neuere Rechtsgeschichte, 1984.

Boring, Edwin G.: A History of Experimental Psychology; 2. Aufl.; New York 1957.

Boudon, R.: Die Krise der Soziologie; in: Widersprüche sozialen Handelns; Darmstadt und Neuwied 1979, S. 13–47.

Brugger, Winfried: Menschenrechtsethos und Verantwortungspolitik. Max Webers Beitrag zur Analyse und Begründung der Menschenrechte; Freiburg 1980.

Buikhuisen, W.: An Alternative Approach to the Etiology of Crime; in: *Mednick*, S. A., S. G. *Shoham* (Hrsg.): New Paths in Criminology. Interdisciplinary and Intercultural Explorations; Lexington 1979, S. 27–45.

Carnap, Rudolf: Die alte und die neue Logik; in: Erkenntnis, Band I; 1931, S. 12 ff.

Conger, J. J., W. C. *Miller:* Personality, Social Class and Delinquency; New York, London, Sidney 1966.

Dernedde, Karl: Staatslehre als Wirklichkeitswissenschaft; in: Juristische Wochenschrift, Band 63; 1934, S. 2514 ff.

Dolde, Gabriele: Theorie und Erklärung; in: *Kaiser*, G., F. *Sack*, H. *Schellhoss* (Hrsg.): Kleines Kriminologisches Wörterbuch; Freiburg 1974, S. 349–362.

– Sozialisation und kriminelle Karriere; in: *Göppinger*, H. (Hrsg.): Beiträge zur empirischen Kriminologie, Band 4; München 1978.

Durkheim, Emile: Regeln der soziologischen Methode; 2. Aufl.; Neuwied 1965, zuerst 1895.

Eisenberg, Ulrich: Kriminologie; Köln 1979.

Eisermann, G.: Die Krise der Soziologie; Stuttgart 1976.

Estel, Bernd: Soziale Vorurteile und soziale Urteile. Kritik und wissenssoziologische Grundlegung der Vorurteilsforschung; Opladen 1983.

Exner, F.: Kriminalbiologie in ihren Grundzügen; Hamburg 1939.

Feigl, Herbert: Wahrscheinlichkeit und Erfahrung; in: Erkenntnis, Band I; 1931, S. 249 ff.

Ferguson, T.: The Young Delinquent in His Social Setting; London, New York, Toronto 1952.

Ferracuti, F., S. *Dinitz*, E. *Acosta de Brenes:* Delinquents and Nondelinquents in the Puerto Rico Slum Culture; Columbus 1975.

Ferri, Enrico: Die positive kriminalistische Schule in Italien; übersetzt von *Müller-Röder*, E.; Frankfurt 1903.

Frey, E. D.: Kriminologie, Programm und Wirklichkeit; in: Schweizerische Zeitschrift für Strafrecht 66; 1951, S. 4–73.

Freyer, Hans: Soziologie als Wirklichkeitswissenschaft. Logische Grundlegung des Systems der Soziologie; Leipzig und Berlin 1930.

Friedrichs, Robert W.: A Sociology of Sociology; New York und London 1970.

Glueck, Sheldon / *Glueck*, Eleanor: Of Delinquency and Crime. A Panorama of Years of Search and Research; Springfield / Ill. 1974.

Göppinger, Hans: Methodologische Probleme und ihre Auswirkungen bei der Begutachtung; in: Kriminalbiologische Gegenwartsfragen 5; 1962, S. 110–121.

– Kriminologie; 4. Aufl., München 1980.

– Der Täter in seinen sozialen Bezügen. Ergebnisse der Tübinger Jungtäter-Vergleichsuntersuchung; Heidelberg 1983 (a).

– Angewandte Kriminologie und ihre Bedeutung für die forensische Psychiatrie; in: *Gross*, G., R. *Schüttler* (Hrsg.): Empirische Forschung in der Psychiatrie; Stuttgart, New York 1983 (b), S. 119–127.

– Angewandte Kriminologie für die Rechtspraxis; Heidelberg 1984.

Goudsblom, J.: Soziologie auf der Waagschale; Frankfurt 1979.

Gouldner, A.: The Coming Crisis of Western Sociology; New York und London 1970.

Hahn, Alois: Problematische Explikationen. Anmerkungen zum Buch von *Opp*, K. D.: Abweichendes Verhalten und Gesellschaftsstruktur; unveröffentlichtes Manuskript ohne Jahr.

Healy, W., A. F. *Bronner:* Delinquents and Criminals. Their Making and Unmaking; New York 1926.

– New Light on Delinquency and its Treatment. Results of a Research Conducted for the Institute of Human Relations Yale University; Westport 1936.

Hippchen, L. J.: The Need for a New Approach to the Delinquent-Criminal Problem; in: Ecologic-Biochemical Approaches to Treatment of Delinquents and Criminals; New York u.a. 1978, S. 3–19.

Hoffer, A.: Some Theoretical Principles Basic to Orthomolecular Psychiatric Treatment; in: *Hippchen*, L. J. (Hrsg.): Ecological-Biochemical Approaches to Treatment of Delinquents and Criminals; New York u.a. 1978, S. 31–55.

Horkheimer, Max: Zum Problem der Voraussage in den Sozialwissenschaften; in: Institut für Sozialforschung (Hrsg.): Zeitschrift für Sozialforschung; Jahrgang II, 1933; Paris 1934, S. 407 ff.

Jaspers, Karl: Allgemeine Psychopathologie; 5. Aufl., Berlin und Heidelberg 1948.

Kaiser, G.: Kriminologie; 4. Aufl., Heidelberg und Karlsruhe 1979.

Kant, Immanuel: Kritik der reinen Vernunft; Königsberg 1781, 2. Aufl. 1789; zitiert nach der Ausgabe von *Schmidt*, Raymund; Leipzig 1930.

- Prolegomena zu einer jeden künftigen Metaphysik, die als Wissenschaft wird auftreten können; Königsberg 1783, zitiert nach: Immanuel Kants Sämtliche Werke in chronologischer Reihenfolge herausgegeben von: *Hartenstein*, G., IV Band; Leipzig 1867.

Kaufmann, Hilde: Kriminologie I. Entstehungszusammenhänge des Verbrechens; Stuttgart 1971.

Keske, Monika: Die Kriminalität der „Kriminellen". Eine empirische Untersuchung von Struktur und Verlauf der Kriminalität sowie ihrer Sanktionierung; in: *Göppinger*, H. (Hrsg.): Beiträge zur empirischen Kriminologie, Band 9; München 1983.

Klausa, E.: Besprechung von *Opp*, K.-D. (Hrsg.): Strafvollzug und Resozialisierung; KZfSS 1980, S. 400 f.

Kofler, Rolf: Beruf und Kriminalität; in: *Göppinger*, H. (Hrsg.): Beiträge zur empirischen Kriminologie, Band 7; München 1980.

König, René: Kritik der historisch-existentialistischen Soziologie. Ein Beitrag zur Begründung einer objektiven Soziologie; München 1975, zuerst 1937.

- Einleitung, zu: ders.: (Hrsg.): Handbuch der empirischen Sozialforschung; 3. Aufl. 1973, S. 1–20.

von Kries, Joachim: Über den Begriff der objektiven Möglichkeit und einige Anwendungen desselben; in: Vierteljahresschrift für wissenschaftliche Philosophie Band 12; 1888, S. 179 ff.

- Über die Begriffe der Wahrscheinlichkeit und Möglichkeit und ihre Bedeutung im Strafrecht; in: Zeitschrift für die gesamte Strafrechtswissenschaft Band 9, S. 528 ff.

Kupke, Rainer: Methoden der Kriminologie; in: *Kaiser*, G., F. *Sack*, H. *Schellhoss* (Hrsg.): Kleines Kriminologisches Wörterbuch; Freiburg 1974, S. 215 ff.

Lange, R.: Das Rätsel Kriminalität. Was wissen wir vom Verbrechen? Frankfurt/M. und Berlin 1970.

- Anthropologische Grenzbereiche zwischen Psychiatrie, Psychologie und Recht; Neue juristische Wochenschrift 1980, S. 2729–2733.

Leferenz, H.: Literaturbericht Kriminologie; Zeitschrift für die gesamte Strafrechtswissenschaft 91, 1979, S. 988 ff.

Lekschas, J.: Theoretische Grundlagen der sozialistischen Kriminologie; in: *Buchholz*, E. (Hrsg.): Sozialistische Kriminologie; 2. Aufl., Berlin 1971, S. 43–172.

Lewin, Kurt: Der Übergang von der aristotelischen zur galileischen Denkweise in Biologie und Psychologie; in: Erkenntnis, Band I; 1931, S. 421 ff.

Lieber, Hans-Joachim: Der Erfahrungsbegriff der empirischen Sozialforschung; in: Archiv für Rechts- und Sozialphilosophie XLIII (1957), S. 487 ff.

Liepmann, Moritz: Einleitung in das Strafrecht. Eine Kritik der kriminalistischen Grundbegriffe; Berlin 1900.

Lindenlaub, Dieter: Richtungskämpfe im Verein für Sozialpolitik; Vierteljahresschrift für Sozial- und Wirtschaftsgeschichte, Beiheft 52/53; Wiesbaden 1967.

Lipp, W.: Selbststigmatisierung; in *Brusten*, M., J. *Hohmeier* (Hrsg.): Stigmatisierung I. Zur Produktion gesellschaftlicher Randgruppen; Neuwied und Darmstadt 1975, S. 25–54.

von Liszt, F.: Strafrechtliche Aufsätze und Vorträge, Band 1; Berlin 1905.

Lüderssen, K., F. *Sack*: Seminar: Abweichendes Verhalten I. Die selektiven Normen der Gesellschaft; Frankfurt 1975.

Mannheim, Hermann: Vergleichende Kriminologie (2 Bände); Stuttgart 1974, zuerst London 1965.

Matza, D.: Abweichendes Verhalten. Untersuchungen zur Genese abweichender Identität; Heidelberg 1973, zuerst 1969.

Mayer, Hellmuth: Strafrechtsreform für heute und morgen; Berlin 1962.

– Die gesellige Natur des Menschen. Sozialanthropologie aus kriminologischer Sicht; Berlin 1977.

McCord, W., J. *McCord*, J. K. *Zola:* Origins of Crime. A new Evaluation of the Cambridge-Somerville-Youth Study; 2. Aufl., New York und London 1962.

Meinefeld, Werner: Einstellung und soziales Handeln; Reinbek 1977.

Mergen, Armand: Die Kriminologie. Eine systematische Darstellung; 2. Aufl., München 1978.

Mezger, E.: Kriminologie. Ein Studienbuch; München und Berlin 1951.

Mill, John Stuart: A System of Logic, Ratiocinative and Inductive. Being a Connected View of the Principles of Evidence and the Methods of Scientific Investigation; 2. Aufl., (2 Bände), London 1860, zuerst 1843.

Moser, Tilmann: Jugendkriminalität und Sozialstruktur; in: *Lüderssen*, K., F. *Sack*, Seminar: Abweichendes Verhalten I, Die selektiven Normen der Gesellschaft; Frankfurt 1975.

Münzberg, Wolfgang: Verhalten und Erfolg als Grundlage der Rechtswidrigkeit und Haftung; Frankfurt 1966.

Neurath, Otto: Wege der wissenschaftlichen Weltauffassung; in: Erkenntnis, Band I, 1931, S. 106 ff.

– Soziologie im Physikalismus; in: Erkenntnis, Band II; 1932, S. 393 ff.

– Radikaler Physikalismus und ‚Wirkliche Welt'; in: Erkenntnis, Band IV; 1934, S. 346 ff.

– Unified Science as Encyclopedic Integration; in: International Encylopedia of Unified Science, Vol I, Nr. 1; Chicago 1938, veröffentlicht 1946, fünfter Nachdruck 1952.

Opp, K.-D.: Soziales Handeln, Rollen und soziale Systeme. Ein Erklärungsversuch sozialen Verhaltens; Stuttgart 1970.

– Soziologie im Recht; Hamburg 1973.

– Abweichendes Verhalten und Gesellschaftsstruktur; Darmstadt 1974.

– Methodologie der Sozialwissenschaften. Einführung in Probleme ihrer Theorienbildung; Hamburg 1976.

– Strafvollzug und Resozialisierung; München 1979.

Otterström, Edith: Delinquency and Children from Bad Homes. A Study of Their Prognosis from a Social Point of View; Stockholm 1946.

Popper, Karl R.: Ein Kriterium des empirischen Charakters theoretischer Systeme; in: Erkenntnis III; 1932/33, S. 426 f. (mit einer Bemerkung von *Hans Reichenbach*).

– Logik der Forschung; 5. Aufl., Tübingen 1973, zuerst 1934.

Powers, E., H. *Witmer:* The Cambridge-Somerville-Youth Study. An Experiment in the Prevention of Delinquency; New York 1951.

Radbruch, Gustav: Die Lehre von der adäquaten Verursachung; in: *von Liszt*, F. (Hrsg.): Abhandlungen des kriminalistischen Seminars; Neue Folge, Band I, Heft 3; Berlin 1902, S. 325 ff.

Reichenbach, Hans: Die philosophische Bedeutung der modernen Physik; in: Erkenntnis, Band I; 1931 (a), S. 40 ff.

– Kausalität und Wahrscheinlichkeit; in: Erkenntnis, Band I; 1931 (b), S. 158 ff.

- Über Induktion und Wahrscheinlichkeit. Bemerkungen zu Karl *Poppers* „Logik der Forschung"; in: Erkenntnis, Band V; 1935, S. 267–284.

Robins, L. N.: Deviant Children Grown Up. A Sociological and Psychiatric Study of Sociopathic Personality; Baltimore 1966.

Rosenquist, C. M., E. J. *Megargee:* Delinquency in Three Cultures; Austin und London 1969.

Sack, F.: Probleme der Kriminalsoziologie; in: *König,* R.: Handbuch der empirischen Sozialforschung; Band 12: Wahlverhalten. Vorurteile. Kriminalität; 2. völlig neu überarbeitete Aufl., Stuttgart 1978, S. 192–492 (1. Aufl. 1969).

Sauer, W.: Kriminologie als reine und angewandte Wissenschaft; Berlin 1950.

Schelsky, H.: Soziologiekritische Bemerkungen zu gewissen Tendenzen von Rechtssoziologen; in: Die Soziologen und das Recht. Abhandlungen und Vorträge zur Soziologie von Recht, Institution und Planung; Opladen 1980, S. 187–195.

Schlick, Moritz: Die Wende der Philosophie; in: Erkenntnis, Band I; 1931, S. 4 ff.

- Über das Fundament der Erkenntnis; in: Erkenntnis, Band IV; 1934, S. 79 ff.

Schmehl, Hans Henning: Jugendliche und heranwachsende Straftäter während ihrer Ausbildung; in: *Göppinger,* H. (Hrsg.): Beiträge zur empirischen Kriminologie, Band 6; München 1980.

Schmoller, Gustav: Die Volkswirtschaft, die Volkswirtschaftslehre und ihre Methode, 1893; wieder abgedruckt in: *Skalweit,* A. (Hrsg.): Sozialökonomische Texte, Heft 16/17; 1949.

Schneider, H. J.: Kriminologie. Standpunkte und Probleme; 2. Aufl., Berlin 1977.

Schneider, Kurt: Klinische Psychopathologie; 11. Aufl., Stuttgart 1976, zuerst 1946.

Schöch, Heinz: Kriminologie und Sanktionsgesetzgebung; in: Zeitschrift für die gesamte Strafrechtswissenschaft 92; 1980 (a), S. 143–184.

- Verstehen, Erklären, Bestrafen? Vergangenes und Aktuelles zur „gesamten Strafrechtswissenschaft"; in: Göttinger Rechtswissenschaftliche Studien, Band 111; 1980 (b), S. 305 ff.

Schönke, A., H. *Schröder:* Strafgesetzbuch, Kommentar; 21. neubearbeitete Aufl. von *T. Lenckner* u.a., München und Berlin 1982, zuerst 1942.

Seelig, E., H. *Bellavic:* Lehrbuch der Kriminologie; 3. Aufl., Darmstadt 1963, zuerst 1950.

Tenbruck, F. H.: Die Genesis der Methodologie Max Webers; in: KZfSS 1959, S. 573–630.

- Die Glaubensgeschichte der Moderne. Beitrag zum Seventh European University Meeting; Rom, März 1975 (a).

- Der Fortschritt der Wissenschaft als Trivialisierungsprozeß; KZfSS Sonderheft 18; 1975 (b), S. 19 ff.

- Die unbewältigten Sozialwissenschaften; in: *Zöller,* M. (Hrsg.): Aufklärung heute. Bedingungen unserer Freiheit; Zürich 1980, S. 28–49.

- Die unbewältigten Sozialwissenschaften II; in: *von Alemann,* H., H. P. *Thurn* (Hrsg.): Festschrift für René König; Opladen 1981 (a), S. 359–374.

- Anatomie der Wissenschaft. Zur Frage einer anderen Wissenschaft; in: *Schatz,* O. (Hrsg.): Brauchen wir eine andere Wissenschaft? X. Salzburger Humanismusgespräch; Graz, Wien, Köln 1981 (b), S. 89–99.

- Die unbewältigten Sozialwissenschaften oder die Abschaffung des Menschen; Graz, Wien, Köln 1983.

Touraine, A.: Was nützt die Soziologie? Frankfurt/M. 1976.

Weber, Max: Gesammelte Aufsätze zur Wissenschaftslehre; 4. Aufl., Tübingen 1973, zuerst 1922, darin:
- Roscher und Knies und die logischen Probleme der historischen Nationalökonomie; zuerst 1903, S. 1–145.
- Die „Objektivität" sozialwissenschaftlicher und sozialpolitischer Erkenntnis; zuerst 1904, S. 146–214.
- Kritische Studien auf dem Gebiet der kulturwissenschaftlichen Logik; zuerst 1906, S. 215–290.
- R. *Stammlers* „Überwindung" der materialistischen Geschichtsauffassung; zuerst 1907, S. 291–359.
- Über einige Kategorien der verstehenden Soziologie; zuerst 1913, S. 427–474.
- Der Sinn der „Wertfreiheit" der soziologischen und ökonomischen Wissenschaften; zuerst 1917, S. 489–540.
- Soziologische Grundbegriffe; zuerst 1921, S. 541–581.
- Wissenschaft als Beruf; zuerst 1919, S. 582–613.

West, D. J.: Present Conduct and Future Delinquency. First Report of the Cambridge Study in Delinquent Development; London 1969.
- D. P. *Farrington:* The Delinquent Way of Life. Third Report of the Cambridge Study in Delinquent Development; London 1977.
- Delinquency, Its Roots, Careers and Prospects; London 1982.

Würtenberger, T.: Die geistige Situation der deutschen Strafrechtswissenschaft; 2. Aufl., Karlsruhe 1959.
- Methodik der Kriminologie; in: Enzyklopädie der geisteswissenschaftlichen Arbeitsmethoden; 11. Lieferung: Methoden der Rechtswissenschaft, Teil 1; München und Wien 1972.

Wüstendörfer, W., W. *Toman*, F. *Lösel:* Freizeitaktivitäten von Jugendlichen mit abweichendem Sozialverhalten; Monatsschrift für Kriminologie 59; 1976, S. 133–141.

Printed by Libri Plureos GmbH
in Hamburg, Germany